Das Buch

Der Hauptverwaltung Aufklärung (HVA) des MfS wurde damals nachgesagt, zu den besten Geheimdiensten der Welt zu rechnen. (Diese Behauptung hat, so scheint es, die Institution überlebt.) Nach welchen Kriterien dabei geurteilt wurde, ist nicht überliefert – es läßt sich nur ahnen.
Bohnsack, einst Referatsleiter in dieser Einrichtung, berichtet als Insider. Und es wird offenbar: Auch dieser Kaiser war nackt! Die geheimnisumwitterte Dienststelle in Berlin-Lichtenberg war so langweilig, so bürokratisch, so hierarchisch, so grotesk, so unsinnig wie manch andere Behörde auch.
In den von Bohnsack oft anekdotisch wiedergegebenen Ereignissen und Entwicklungen wird schlaglichtartig der innere Zustand sowohl dieser Einrichtung als auch der gesamten Gesellschaft erkennbar.
Bohnsack will dokumentieren, nicht denunzieren. Deshalb verwendet er Klarnamen nur in den Fällen, die bereits aktenkundig sind. Denn nicht nur ehemalige Kollegen anderer Firmen interessieren sich für Namen.

Die Autoren

Günter Bohnsack, Jahrgang 1939, studierte von 1959 bis 1963 Journalistik an der Leipziger Karl-Marx-Universität. Er war ab 1964 Mitarbeiter der HVA des MfS und in der Abt. X zuständig für Sonderaufgaben und die »Bearbeitung« westlicher Medien. Fernstudium am Institut für Internationale Beziehungen in Potsdam-Babelsberg, Abschluß als Diplomaußenpolitiker 1975. Als Oberstleutnant aus dem MfS 1990 ausgeschieden. Arbeitet seither als freier Journalist in Berlin.

Jörg Gfrörer, Jahrgang 1944, freier Autor und Regisseur, Absolvent der Deutschen Film- und Fernsehakademie Berlin 1972, bekanntgeworden durch die beiden Kinofilme »Günter Wallraff – der Mann, der bei Bild Hans Esser war« (1975) und »Günter Wallraff – ganz unten« (1986). Dafür geehrt mit hohen Filmpreisen in Großbritannien und Frankreich. Obwohl in fast allen Ländern Europas im Fernsehen ausgestrahlt, durften die Filme nicht in der ARD gesendet werden.

Günter Bohnsack

Hauptverwaltung Aufklärung: Die Legende stirbt

Das Ende von
Wolfs Geheimdienst

Mit einem Beitrag
von Jörg Gfrörer

edition ost

ISBN 3-929161-25-7

© edition ost, Berlin 1997
Alle Nachdrucke sowie
Verwertung in Film, Funk und
Fernsehen und auf jeder Art
von Bild-, Wort- und
Tonträgern honorar- und
genehmigungspflichtig.
Alle Rechte vorbehalten.

Titelfoto: H. Herrmann
Fotos: Privat
Dokumente: BStU, mit Dank
an Frau Worst; Günter Wallfaff
Reihenentwurf: Trialon
Satz: edition ost
Druck: Nørhaven A/S,
Dänemark

Die Deutsche Bibliothek –
CIP-Einheitsaufnahme
Bohnsack, Günter:
Hauptverwaltung Aufklärung :
Die Legende stirbt : Das Ende
von Wolfs Geheimdienst /
Günter Bohnsack. Mit einem
Beitrag von Jörg Gfrörer. –
Berlin : edition ost, 1997
(Rote Reihe)
ISBN 3-929161-25-7

Inhalt

Vorwort · Seite 7

Nekrolog · Seite 8

Die Werbung · Seite 9

Heimkehr in ein fremdes Land · · · · · · · · · · · · · · · · Seite 14

Die Abteilung X · Seite 26

Zwei Welten · Seite 41

Wolf · Seite 47

Rote Rosen für Emmi · Seite 60

Die Freunde · Seite 63

HVA-Alltag · Seite 69

HVA-Innenansichten · Seite 77

Alarm · Seite 84

Die Partei, die Partei, die hat immer recht · · · · · · · · · · · Seite 88

Belzig · Seite 92

Die Journalisten · Seite 97

Einflußagenten .... Seite 105

Eine Tulpe für Genscher .... Seite 115

Wenn einer eine Reise tut... .... Seite 119

Reise nach Kanada .... Seite 124

Tatort Messe .... Seite 131

Aus dem prallen Leben .... Seite 135

Der Untergang .... Seite 141

Unternehmen »Phoenix« .... Seite 151

Ausklang .... Seite 153

Jörg Gfrörer:
Wallraff, die Stasi und die Bundesanwaltschaft .... Seite 156

Begriffserklärung .... Seite 183

Dokumente .... Seite 185

Vorwort

Die Existenz von Geheimdiensten mag man bedauern oder gutheißen – die Tatsache, daß sie nun einmal seit Jahrhunderten ihrem Hand- und Lauschwerk nachgehen und auch heute im Hintergrund präsent sind, muß zur Kenntnis genommen werden.

So alt wie die Spionage ist auch die Unterscheidung in gute und böse Geheimdienste und die Mär, sie seien politisch kontrollierbar. Demokratie endet objektiv dort, wo die Konspiration beginnt.

Wie jeder Berufsstand hat auch dieser sein Credo und seine nationalen und internationalen Meister. Daß dies offenbar selbst in den Hochzeiten des Kalten Krieges so war, zeigt im Grunde nur, wie relativ unabhängig von den jeweiligen politischen Strukturen und Ideologien die Geheimdienste ihren Selbstverpflichtungen nachgehen. Erklärbar darum auch der Ehrgeiz, daß die in der vermeintlichen Globalliga mitspielende Hauptverwaltung Aufklärung (HVA) als Teil des allseits in Verschiß geratenen Ministeriums für Staatssicherheit (MfS) sich vor und nach 1989 als elitäre Einheit darstellte, die mit der flächendeckenden Überwachung des Staatsvolks der DDR überhaupt nichts zu tun hatte.

Zweifellos war selbst das MfS eine legale Institution eines Staates, der international anerkannt und akzeptiert wurde. Sie wurde wohl von den wenigsten geliebt, aber ihr Vorhandensein zumindest mehrheitlich als notwendiges Übel hingenommen – wie dies gewiß auch bei den analogen Organen der Bundesrepublik der Fall ist. Die kritische und selbstkritische Auseinandersetzung mit der DDR schließt die Debatte um das MfS ein – sie einzig darauf zu reduzieren, wäre ahistorisch und falsch. Ebenso einseitig wäre es auch, die HVA vom MfS zu abstrahieren. Sie war, um mit Engels zu sprechen, Bein von ihrem Beine und darum weder besser noch anders als die ganze Institution. Anderslautende Gerüchte besitzen den Charakter einer Legende. Warum diese sowohl von einstigen Aufklärern als auch von ihren vermeintlichen (damaligen und heutigen) Gegnern gemeinsam am Leben erhalten wird, liegt auf der Hand: Die einen kämpfen für ihre Biographie, die anderen um ihr Feindbild. Und umgekehrt.

Nekrolog

Die HVA geht mit der DDR unter. Am 19. April 1995 – so scheint es – stirbt der »Dienst« ein zweites Mal: Günter Guillaume, Symbolfigur im Hause Wolf, wird beigesetzt. Einmal mehr wirft der gesamtdeutsche Medienrummel seine Schatten voraus. Die Reporter wissen zunächst nicht, wo und wann die Zeremonie stattfinden soll. Daß Markus Wolf persönlich erscheint, gilt als sicher. Kurzfristige Recherchen bei Guillaumes ehemaliger Ehefrau Christel und Sohn Pierre geben keinen Aufschluß. Beide sind weder geladen noch teilnahmebereit. Eine auflagenstarke Tageszeitung wittert Unterschwelliges, bietet in aller Schnelle zehntausend DM für drei bis fünf Sätze »O-Ton« der Hinterbliebenen. Frau Christel lehnt ab. Wenige Stunden vor Beginn der Trauerfeier endlich die Blitzmeldung: Berlin-Marzahn, Park-Friedhof. Der Pressetroß setzt sich in Bewegung, Fotoreporter gehen in Stellung, Kamerateams drehen Probeaufnahmen ab.

Die ergraute, entmachtete und immer noch stolze Abordnung der MfS-Elite fährt vor, um dem verstorbenen Top-Kundschafter die letzte Ehre zu erweisen. Die HVA-Generalität erscheint nahezu vollzählig – HVA-Chef Werner Großmann, Horst Jänicke und Otto Ledermann. Im Hintergrund auch die unmittelbaren Führungsoffiziere, die in Gestalt Günter Guillaumes Bundeskanzler Willy Brandt viele Jahre dezent über die Schulter gesehen haben.

Nach jahrzehntelanger Konspiration an der unsichtbaren Front genießen sie offensichtlich das Medieninteresse. Die Trauer tritt in den Hintergrund, Tradition wird sichtbar. Dann Markus Wolf. Sein Auftritt mit protokollarischer Akribie, pünktlich um 13 Uhr in Begleitung von Ehefrau Andrea. Die Trauergäste nehmen unwillkürlich Haltung an, als seien sie noch immer im Dienst. Die Dialoge im Flüsterton, im Schatten der Feierhalle diskret geführt, signalisieren Usancen alter Zeiten. »Die HVA lebt« urteilt ein Kameramann. Andächtig filmt er die rote Rose, die Markus Wolf demonstrativ in der Hand trägt.

Großmann würdigt in seiner Rede den Verstorbenen als Kundschafter des Friedens...

Die Werbung

Es ist ein warmer, hochsommerlicher Julitag 1961, als ich am Berliner U-Bahnhof Alexanderplatz die Linie Richtung Pankow besteige. Zwei Jahre Studium an der Fakultät für Journalistik in Leipzig liegen hinter mir. Vor mir habe ich das sogenannte »praktische Jahr.« Endlich Journalismus vor Ort, bei der verehrten »Berliner Zeitung«, deren innerbetriebliches Selbstverständnis meinem eigenen nahekommt. Am »Roten Kloster« in Leipzig sieht man das Blatt seit jeher aus kritischer Distanz. Leitende Dozenten handeln die »Berliner« als bürgerliche Postille, die sich von der Berliner SED-Führung nur mit Mühe unter Kontrolle halten läßt. Diesen politischen Argwohn hat man mir vorsorglich (wie ein weltanschauliches Stullenpaket) mit auf den Weg in die Hauptstadt gegeben. Wohl voller Furcht, es könnte dem Praktikanten Aufweichung oder Zersetzung drohen, zumal es im Gebälk des DDR-Staatsgebäudes hörbar kracht und knackt. Der Flüchtlingsstrom gen Westberlin verbreitert sich täglich, ja stündlich. Von bevorstehenden »Maßnahmen zur Sicherung der Staatsgrenze der DDR« ist in den Kommentaren der DDR-Medien immer häufiger die Rede. Der »große Gelehrte WU«, Walter Ulbricht, wiegelt zwar verbal ab, niemand hätte die Absicht, eine Mauer zu bauen. Die Berliner Bauarbeiter seien im Wohnungsbau nötiger. Aber, so recht traut dem bärtigen Sachsen keiner. Vor dem Hintergrund dieser sich zuspitzenden Situation und den sich daraus ergebenden persönlichen Unwägbarkeiten kommt es in der U-Bahn unmittelbar vor der Station »Schönhauser Allee« zu einem Zusammentreffen, das sich später als folgenschwer erweisen sollte. Unverhofft spricht mich ein jüngerer Mann freundlich an. Ich erinnere mich alter Zeiten: Ja, natürlich – Horst Saar! Nach dem Krieg saß er mit mir im Brandenburger Land auf einer Schulbank. Waisenkind, immer etwas vorlaut im Unterricht, Fußballspieler, guter Kumpel. Seiner Einladung »auf ein Bier« folgend, sitzen wir wenig später in einer Restauration, Erinnerungen werden ausgetauscht. Unbefangen schildere ich meine persönliche Situation – nicht ahnend, daß der »Freund« sie nahezu so gut kennt wie ich selbst. Schon vor Jahr und Tag hat er mich »getippt«, das heißt, meinen Werdegang beobachtet, dann schon mal die Akteneinsicht beantragt und eine kleine gelbe Karte in seine zentrale Kartei gesteckt. Amtlich hieß das »IM-Vorlauf« oder »Erfassung zugunsten einer HVA-Diensteinheit«, der er, wie er mir später offenbarte, als Unterleutnant angehörte. Die dienstlichen Offenbarungen schließen auch die Mitteilung ein, daß die gesamte Fakultät für Journalistik als Basisobjekt der Hauptverwaltung A bearbeitet und als Kaderschmiede betrachtet werde.

Zunächst jedoch unterläßt es mein Gesprächspartner, mir reinen Wein einzuschenken. Er hat den »Prozeß der Werbung« eingeleitet und den Kandidaten »unter Legende« angesprochen. So jedenfalls nennt es die Diktion der HVA-Schule in Belzig unter dem Stichwort »Operative Methodik«. Danach hüllt sich mein Unterleutnant wochenlang in Schweigen. Die politischen Turbulenzen, die sich aus dem 13. August 1961 ergeben und auch die Redaktionsarbeit der »Berliner Zeitung« gründlich auf den Kopf stellen, lassen mich die Begegnung wieder vergessen.

Die SED bläst hysterisch zum Sammeln. Agitationseinsätze und Ergebenheitsversammlungen jagen einander. Die Fakultätsführung plant sogar, die Praktikanten aus den Redaktionen kurzerhand abzuziehen, in Uniformen zu stecken und an die, nun gesicherte, Grenze zu schicken.

Mit dem Beginn des Jahres 1962 gewinnt die Normalität des Alltags wieder die Oberhand. In Ost und West richtet man sich darauf ein, über kurz oder lang mit diesem Bauwerk zu leben, von der DDR-Führung bombastisch als »antifaschistischer Schutzwall« deklariert.

Im März holt mich die Vergangenheit in Gestalt jenes alten Schulfreundes ein, der mir seinerzeit, zufällig wie ich meinte, den U-Bahn-Treff beschert hatte. Er klopft an die Tür meiner bescheidenen, auf einem Hinterhof im Prenzlauer Berg gelegenen Parterrewohnung. Er begrüßt mich leutselig, als hätten wir uns am Vortage das letzte Mal gesehen. »Damit wir uns gleich richtig verstehen…« lächelt er, nestelt an seiner Jacke und zieht an einer langen Silberkette einen kleinen, unscheinbaren Klappausweis heraus. Ich sehe sein Bild, darüber in schwarzen Druckbuchstaben »Ministerium für Staatssicherheit«. Natürlich bin ich verlegen, Röte schießt mir ins Gesicht, ich vermute das Schlimmste – die Festnahme. »Komm zu dir«, erklärt mein Gegenüber väterlich, es gehe nicht um Verfolgung oder Repressalien, eher um Freundschaft, wie in alten Zeiten. Vielleicht um gemeinsame berufliche Ziele und damit um Kooperation. Indessen steht mir keineswegs der Sinn nach Konspiration und geheimem Untergrund. »In deinem Kriminalfilm kann ich vermutlich nicht mitspielen«, wehre ich ab. »Schnüffelei ist nicht meine Welt, und mit einer Pistole kann ich auch nicht umgehen...«

Offenbar hat der Werber mit diesem Einwand gerechnet und kommt gleich zur Sache. »General Markus Wolf ist, falls du das nicht weißt, Chef der DDR-Spionage. Das ist eine Spezialtruppe, die in Richtung Westen arbeitet, ohne ›Horch und Guck‹ an der Straßenecke. Mit einer MPi brauchst du auch nicht 'rumzurennen. Und der General ist ein ganz moderner Typ, kein Holzkopf. Wir bauen da momentan eine neue Abteilung auf, die sich vor allem um die Journalisten im Westen kümmert. Das ist eine bunte Truppe, da gibt's so manchen schrägen Vogel... Wir machen ganz irre Sachen, greifen in die Politik ein und verarschen die Heinis in Presse und Fernsehen. Na, was ist?«

»Mir fehlt da irgendwie der Überblick«, flüchte ich mich aus der Situation. »Außerdem bin ich Parteikader, da kann ich nicht so einfach abhauen, ohne die Genossen zu fragen.« Mein Gegenüber bleibt hartnäckig. »Das MfS ist Schild und Schwert der Partei, verstehst du. Das ZK führt natürlich, aber Konspiration, das ist etwas anderes. Die unsichtbare Front, die ist das größte. Da lassen wir uns auch nicht von der Partei über die Schulter gucken. Übrigens«, fährt er fort, »kein Wort über unser Gespräch an Dritte. Nicht an deinen Parteisekretär, Kollegen oder deine Freundin... Hier hast du einen Schrieb«, sagt er und schiebt mir bedeutungsvoll ein Blatt Papier über den Tisch.

»Verpflichtung« heißt es in der Überschrift, von der historischen Mission ist die Rede, vom Klassenauftrag, von Ehre, Mut, Treue und Verschwiegenheit. Auch von strafrechtlichen Konsequenzen für den Fall des Bruchs der Verpflichtung. Mit gemischten Gefühlen unterschreibe ich. Richtig wohl ist mir bei meiner

Entscheidung nicht, andererseits fühle ich mich auf eine eigenartige Weise gefordert.

»Hast du dir schon einen Decknamen überlegt, ich meine, für die Zukunft? Schließlich geht's um deine Sicherheit.« »BERNHARD« schreibe ich schnell und gebe das Papier zurück. »Prima«, sagt mein Unterleutnant, »das kann ein Vor- oder auch ein Nachname sein. Mach's gut, du hörst von mir.«

Monatelang höre ich nichts. Inzwischen ist das leichte Prickeln des heimlichen Indianerspiels eher der Erleichterung gewichen, noch einmal davongekommen zu sein. Vielleicht ist es so am besten, denke ich, die haben bestimmt ein Haar in der Suppe gefunden und mich bereits im Vorfeld storniert.

Da ich das Geheimdienst-Milieu zu diesem Zeitpunkt noch nicht kenne, kann ich auch nicht wissen, daß man Zusagen oder jedwede Äußerung von Vertretern des »Dienstes« nicht auf die Goldwaage legen darf. Der »Dienst« ist allemal bereit, sich von eigenen Beschlüssen kurzfristig zu distanzieren, wenn die operative Lage es erfordern sollte. Denn, wer sollte derartige Zusagen schon einklagen wollen.

Im Frühjahr 1963 überraschen mich unerwartete Weichenstellungen der Parteiführung im Leipziger »Roten Kloster«. Sogenannte Einsatzgespräche stehen ins Haus. Das Absolventenkarussell beginnt sich zu drehen. Wieder einmal befindet das Zentralkomitee der Partei in Berlin darüber, ob »zentrale Medien« sich der Absolventen annehmen oder die »Basis«. Die zweite Variante betrifft den Einsatz in Betriebs- und Kreiszeitungen und wird als Strafexpedition empfunden. Sie kann eine lebenslängliche Verurteilung zur Provinz bedeuten.

Mein Arbeitsvermittler befindet aus ungeklärten Gründen, mein Kontakt zur Arbeiterklasse sei der beste nicht. Er delegiert mich deshalb in ein Stahlwerk. Dort soll ich mit einer kleinen Betriebszeitung den Kampf um die Erfüllung der Pläne aufnehmen. Die schriftliche Anforderung der »Berliner Zeitung« bleibt unbeachtet, es ruft die Produktion.

Parallel zu meinem Schicksal nimmt der Plan der HVA Gestalt an, die westlichen Medien als operatives Objekt langfristig zu bearbeiten. Horst Saar, inzwischen zum Leutnant befördert, erinnert sich an den Kandidaten von einst. Er erkennt dessen mißliche berufliche Lage als begünstigenden Umstand und nimmt den Kontakt wieder auf.

Bevollmächtigte der »Hauptabteilung Kader und Schulung« durchforsten Archive und Strafregister, ermitteln verdeckt im Wohngebiet, holen über den Aspiranten von aussagefähigen Zeitgenossen Beurteilungen ein. Da die Ermittlungen die gesamte Verwandtschaft einschließen, ist reichlich Bearbeitungszeit nötig. Die Zahl von im Westen lebenden Verwandten ist gering, sogenannte »aktive Verbindungen« dorthin können die Untersuchenden nicht feststellen. Auch die angeordnete Briefkontrolle erbringt keine negativen Resultate. Nachdem grünes Licht signalisiert wird, probt plötzlich die SED-Kreisleitung den Aufstand gegen den beobachteten Abwerbungsversuch. Sie will den soeben erworbenen Betriebszeitungsredakteur nicht ohne Widerstand ziehen lassen und meldet Protest an. Der Kampf tobt, am 1. September 1964 ist er entschieden.

In einer konspirativen Wohnung in der Schönhauser Allee breitet sich eigentümliche Festlichkeit aus. Eine Kerze brennt, Leutnant Saar guckt bedeutungsvoll. Major Wagenbreth, der Abteilungschef, hat es sich nicht nehmen lassen zu erscheinen. »Das ist ein ganz moderner Typ, so ähnlich wie Wolf selber«, hatte Horst Saar vorab wissen lassen. »Der trockende Kader-Mann ist Formsache, den siehst du nie wieder.« Der heiße Kaffee dampft in der Tasse, eine Schale mit Keksen steht auf dem Tisch. Der Kadergenosse hüstelt. In breitem Sächsisch beginnt er seine Rede. Von Ehre und Verantwortung spricht er, von neuem Glied in langer Kette und tschekistischen Traditionen.

Major Wagenbreth bemerkt meine Hilflosigkeit und zwinkert kurz. Leutnant Saar starrt, offenbar auch von der Feierlichkeit angerührt, ins Kerzenlicht. Der Redner kommt zum Schluß. »Genosse, von heute an stehst du an einem bestimmten Platz der unsichtbaren Front. Herzlichen Glückwunsch!«

Heimkehr in
ein fremdes Land

Ein Spion weiß, daß er täglich mit der Bedrohung durch die gegnerische Abwehr leben muß. Er kennt sein Risiko, versucht es zu minimieren und zu verdrängen. Aber auch das kann ihm passieren: Die Zentrale erhält operative Hinweise, daß »die Quelle« gefährdet ist und ruft sie über Nacht ab. Die Inhaftierung wird vermieden, aber das Ende des Einsatzes ist endgültig. Erwarten ihn der dankbare Händedruck der Genossen, wehende Fahnen und knallende Sektkorken sowie der dicke Scheck als materielles Äquivalent für seinen Dienst am Sozialismus?

Oft sind die sogenannten Kundschafter viele Jahre im »Operationsgebiet« gewesen und dem sozialistischen Alltag entfremdet. Andere sind nur indirekt in die Zwangslage gekommen, untertauchen zu müssen. Ihr neues Gastland ist ihnen entfernter als die innere Mongolei. Die »Heimkehr« in die DDR leitet einen neuen Lebensabschnitt ein.

Einer, der da wider Willen und unter dubiosen Umständen in die DDR gerät, ist Kapitänleutnant Erhard Müller, im Jahr 1978 gerade vierzig Jahre alt und zuvor zwanzig Jahre bei der Bundeswehr tätig. Unter anderem beschäftigte er sich mit der elektronischen Aufklärung der »gegnerischen Potentiale«, das heißt mit den Truppen des Warschauer Vertrags. Mit Hilfe der entsprechenden Geräte »blickte« er weit in das östliche Territorium, gewonnene Daten wertete er zusammen mit amerikanischen Militärexperten aus. Als Spion fühlte er sich nicht. Seine Frau jedoch hatte geheimnisvolle Kontakte zu östlichen Diensten, was ihm verborgen blieb. Im Rahmen einer »operativen Kombination« flüchtete die Dame während eines Osterfestes von West nach Ost; der »Kaleu« blieb erschüttert und sprachlos zurück.

Es ist kein Zufall, daß die so spontan verschwundene Angetraute sich mit der Forderung bei Erhard Müller meldet: »Komm nach, oder ich lasse mich scheiden.« Der Offizier, verliebt und verzweifelt, hat nichts anderes im Sinn als das Wiedersehen. Kurzfristig beauftragt er eine Speditionsfirma mit dem Abtransport der Möbel in Richtung DDR, folgt alsbald selbst bei Nacht und Nebel. Erwartet wird er von einem sowjetischen Empfangskomitee und einigen deutschsprechenden Herren; einer ist Oberst Emilius, stellvertretender Leiter der Hauptabteilung II und Experte für delikate Operationen im Hause Mielke. Schnell und unauffällig transportiert der ihn in eine verschwiegene Villa nach Birkenwerder bei Berlin. Das Gästehaus liegt versteckt hinter uralten Bäumen, mit Blick auf einen romatischen Weiher. Die Köchin erkundigt sich diskret nach den Eßgewohnheiten des westdeutschen Besuchers, zwei bewaffnete Jung-Tschekisten des Obersten Emilius gehen in Position.

Dem Wiedersehen mit der geliebten Frau folgen stunden- und tagelange Gespräche, die schnell in Vernehmungen hinüberwechseln. Denn der Kapitänleutnant ist kein Wachposten oder Kraftfahrer gewesen. Er weiß viel, und deshalb haben die Vernehmer länger als erwartet zu tun.

Als Anerkennung erhält er von der Hauptabteilung II eine Wohnung, ein Auto, monatliche finanzielle Zahlungen. Aber der seelische Druck nimmt zu. Seine Frau, für die er alles aufgegeben und riskiert hat, zeigt plötzlich wenig Interesse am ehelichen Zusammenleben und reicht die Scheidung ein. Als ich ihn 1979 in der Villa am Stadtrand kennenlerne, ist er ein gebrochener Mann. »Unser Freund braucht Ablenkung«, erklärt Oberst Emilius, »und die beste Variante ist da einfach Arbeit«. So entsteht die Idee, den »Heimkehrer« propagandistisch in den Zeugenstand zu rufen. »Mit Müller den Amis kräftig in den Hintern treten« nennt Oberst Hans drastisch, aber treffend diese Zielstellung. Gemeint ist im Klartext die Fortsetzung der langfristig konzipierten Aktion »Abkopplung«, deren Ziel darin besteht, die USA als Führungsmacht zu diskreditieren. In Westeuropa soll sich die Überzeugung festigen, daß die Nordamerikaner auf dem europäischen Kontinent nichts verloren hätten. »Ami go home, das muß wieder zur zündenden Losung werden.«

Der Kapitänleutnant, seelisch angeschlagen, sieht sich zunächst überfordert. In die Öffentlichkeit wolle er auf keinen Fall – wenn ja, dann nur in Verkleidung. »Genehmigt«, sagt Oberst Emilius.

»Bart und Brille besorgen«, befiehlt er einem Leutnant. Die Militärexperten der HVA-Auswertung erarbeiten kurzfristig eine Studie zur Tätigkeit der »Geheimen Verbindungsgruppe USA/BRD«, in der Müller seinerzeit als Mann der funkelektronischen Aufklärung östlicher Waffensysteme gedient hatte. Die entscheidende »Enthüllung« ist eingefügt: Die Amerikaner manipulieren die Analysen, frisieren Auswertungen. Dadurch wird die Furcht vor der sowjetischen Bedrohung verstärkt, um die NATO-Partner zu höheren Rüstungsausgaben zu nötigen.

Der »Kaleu« prägt sich – anfangs mühsam, später eher belustigt – Einzelheiten ein. Er trainiert rhetorische Übungen, auch die Vermummung wird, unter fröhlicher Anteilnahme der jungen Personenschützer, schon einmal angelegt. Pressevertreter erhalten Einladungen in das Berliner Internationale Pressezentrum (IPZ). Vom Moskauer KGB delegiert, reist ein komplettes Fernsehteam an, um den geheimnisumwitterten Überläufer mit dem kräftigen Oberlippenbart zu interviewen. Oberst Emilius befindet zwar bei den ersten Einstellungen des Kameramanns, der Kapitänleutnant würde wie ein kolumbianischer Drogenhändler aussehen, die sowjetischen Journalisten sind jedoch zufrieden, als die letzte Klappe fällt. Auch Erhard Müller bekennt schließlich, die Enthüllungen träfen den Nagel auf den Kopf. Endlich erklärt er sich (vielleicht unter dem Eindruck des Hegelschen Grundsatzes von der »normativen Kraft des Faktischen«?) zu weiteren Auftritten bereit.

Zwei Wochen später wird die Mission auch politisch gewürdigt. In einem Brief an Minister Mielke dankt das KGB für die hervorragende Kooperation. Als sich das Jahr 1979 dem Ende nähert, präsentiert Karl-Eduard von Schnitzler den Überläufer im »Schwarzen Kanal«. Das Dialog-Ballett, welches am 10. Dezember über den DDR-Bildschirm flimmert, ist zuvor mit HVA-Unterstützung trainiert worden. Die Sicherheitsbedenken der rivalisierenden Hauptabteilung II sind inzwischen in Fortfall geraten, so daß der Moderator »Kled« einen glattrasierten Ex-»Kaleu« vorführen kann.

Die Nachwendezeit bringt Müller 1991 die Enttarnung und Verhaftung. In Dresden spürt man ihn auf – wieder verheiratet und Vater inzwischen, berufstätig in der dortigen Flugzeugwerft. Heute ist er wieder ein freier Mann.

Noch auf der Flucht (ein weiblicher Richard Kimble) ist die ehemalige Assistentin für Ratsoperationen bei der NATO in Brüssel, Ursel Lorenzen. In ihrer Gesellschaft befindet sich Ehemann Dieter Will, der seinerzeit sein Geld als Hotelmanager verdiente. Unter geheimnisvollen Umständen kommen beide 1979 in die DDR. »Aus politischen Gründen in die DDR übergetreten«, meldet ADN, die amtliche Nachrichtenagentur der DDR. In der HVA weiß man es besser. Ein organisierter Rückzug des Pärchens war notwendig. Einige Mitarbeiter vermuten einen Zusammenhang mit der Flucht des HVA-Oberleutnants Stiller im Januar 1979 gen Westen. Gegenwärtig bieten deutsche Medien zudem im Zusammenhang mit dem Spionagefall Rupp (»Topas«) die Version, Frau Ursel Lorenzen sei 1979 das Bauernopfer für Rupp gewesen. In einem unlängst im »Spiegel« veröffentlichten Interview beurteilt sie ihre Flucht in die DDR als einen ihrer größten persönlichen Fehler.

Wir lernen sie 1979 kennen, die schlanke, zierliche Hamburgerin und ihren hintergründig lächelnden Lebenskameraden, der mit ihr so viele Jahre unter einem Brüsseler Dach, nicht aber in der gemeinsamen Wohnung logierte. Sie lebten getrennt, weil es aus Sicherheitsgründen geboten war. Die Eheschließung darf erst in der DDR stattfinden. Diese neue Heimat, in die sie überraschend und unfreiwillig hineingeraten sind, erwartet sie zunächst mit Orden, Ehrenzeichen und anderen Attributen moralischer Aufrüstung. Staatsobere (bis hin zum Generalsekretär) lassen die »Exotin« kommen und Erinnerungsfotos anfertigen. Bei Parteitagen präsentiert Markus Wolf lächelnd »unsere Ursel«, Ehemann Dieter steht immer etwas scheu im zweiten Glied. Natürlich erhält das Ehepaar im Berliner Umland eine Wohnung, aber zuvor muß es mit der »Rund-um-die-Uhr«-Bewachung der Hauptabteilung Personenschutz in einer Köpenicker Villa leben. Anfangs geschmeichelt durch soviel Fürsorge, empfindet die kapriziöse Frau ihre Isolierung zunehmend als schmerzlich. Sie vermißt ihren Alfa Romeo, der in irgendeiner belgischen Tiefgarage geparkt ist. Melancholisch berichtet sie von einstiger Leidenschaft, in fremdländischen Lokalen pikant am Abend zu speisen. Auch der im Köpenicker Exil gelagerte »Bordeaux« ruft nur Erinnerungen wach an Erlebnisse mit charmanten Offizieren des Brüsseler Hauptquartiers. Nach einigen Wochen erkennt der von Markus Wolf autorisierte General Horst Jänicke (zuständig für die USA, die NATO und die EG), die HVA sei in einer besonderen Betreuungspflicht. Die Übersiedler erhalten eine Wohnung in einem als »Stasi-Dorf« bezeichneten Wohnort vor Bernau, auch »Zick-Zack-Hausen« genannt. Ein Sowjet-PKW vom Typ Lada wird als Trost für den feurigen Italiener vor die Tür gestellt. Ursel und Dieter planen in der zugewiesenen Einöde ein Enthüllungsbuch über die NATO. Sie wollen im Osten den Übungsmechanismus der NATO verständlich erklären.

Mehr als siebenhundert Seiten entstehen, im Mittelpunkt der Abhandlung die Übungen »Hilex« und »Wintex«. Spannung vermag das Manuskript nicht zu erzeugen, befindet ein beauftragter Lektor. General Jänicke informiert im kleinen Kreis, daß eine Veröffentlichung nicht entscheidend sei, die sinnvolle Beschäftigung der beiden reiche aus. Indessen, im Generalsobjekt Karow/Bahnhofstraße, ermuntert »der große Horst« beim Dinner die Autoren zu weiterem Eifer und offeriert hohe Auflagen. Erst beim Verlagsgespräch in der Berliner Friedrichstraße klären sich die Fronten. Günter Hofé, Chef im »Verlag der Nation«, findet das Manuskript uninteressant. Die vorgelegten Schilderungen des Fluidums von London, Paris und Brüssel, so Hofé, könne man bei Baedeker plastisch nachlesen. Das Projekt droht abzustürzen. Schnell machen die Betreuer der HVA den unfreiwillig Heimgekehrten neuen Mut. Wolf weist den Irritierten ein verschwiegenes Domizil in unmittelbarer Nähe des Berliner Tierparks zu. Eine Villa mit Fitness-Raum, Doppelgarage, englischem Rasen und Marmorterrasse. Bei Geburtstagen und ähnlichen Gelegenheiten lassen es sich die HVA-Generäle nicht nehmen, persönlich in Begleitung ihrer Ehefrauen zum »Small Talk« zu erscheinen. Das leibliche Wohl ist garantiert. Eine neu gegründete »Arbeitsgruppe Betreuung« der HVA transferiert Leckereien aus der Feinschmeckerabteilung des Westberliner KaDeWe. Wolf-Referent Thilo Kretschmar, später Chef des Rückwärtigen Dienstes, weiß als »Persönlicher« ohnehin um die Geschmacksrichtungen der Generalität. Er fertigt die Bestell-Listen eigenhändig an. Vor der gediegenen Villa warten, wie immer, gelangweilte Kraftfahrer auf den Abmarsch der Führung.

Trotz alledem kommt gelegentlich Frust auf bei den Heimgeholten, wenn sich Kollisionen mit dem Protokoll der DDR-Spitze ergeben. Als Ursel Lorenzen ihren 50. Geburtstag in den heiligen Hallen der HVA mit Sekt und Wein zu begehen plant, hat der alkoholfeindliche Generalsekretär der KPdSU soeben ein entsprechendes Verbot erlassen, dem sich die befreundete SED natürlich sofort anschließt. Auch die HVA bietet fortan Cola und Mineralwasser bei Feierlichkeiten. Frau Ursel jedoch verweigert sich der alkoholfreien Zeremonie. Sie besteht darauf, Sekt zu reichen. Nach heftigen Debatten in der Neunten (der Chefetage) wird dem Wunsch der Hamburgerin entsprochen. Nur ein enger Kreis vertrauenswürdiger Tschekisten hat am Ende Zutritt zum blumengeschmückten Raum in der 11. Etage der HVA, den Parteichef Otto Ledermann eigens für diesen Zweck geräumt hat.

Ähnlich den Prozeduren des Kapitänleutnant Müller muß Ursel Lorenzen auf internationalen Pressekonferenzen vorgefertigte Erklärungen verlesen, als Trost folgen Reisen in die Sowjetunion und nach Bulgarien. Wieder werden Filme produziert, Interviews gegeben. Auch Karl-Eduard von Schnitzler meldet sein Interesse an. Was bleibt, ist Unzufriedenheit. Nun folgen die hoffnungsvollen Autoren einer Empfehlung des Verlegers Hofé, über sich selbst, ihre Konflikte innerhalb der NATO in Brüssel, die Übersiedlung und über die neue Heimat DDR zu schreiben. Ein Schriftsteller wird als Ghostwriter vermittelt. Trotz Krankheit und Krankenhausaufenthalt gehen beide erneut ans Werk. Die HVA-Verantwortlichen betrachten auch dieses Unternehmen als psychische Kompensation. Der tatsächliche Konflikt der Ursel Lorenzen, der 1979 zur Flucht in die DDR führte, darf aus innenpolitischen Gründen nicht veröffentlicht werden.

Die aufgebaute Legende der aggressiven NATO, konstruiert für die Öffentlichkeit, bleibt schwindsüchtig und letztlich leblos. Während Ursel Lorenzen weiterhin der Illusion anhängt, über das eigene Leben schreiben zu können, bemüht sich Markus Wolf um die Darstellung des Gegenteils. Er veranlaßt die Produktion eines mehrteiligen Fernsehfilms, der den fiktiven NATO-Konflikt zur

Grundlage hat. Das Drehbuch muß sich selbstverständlich an der offiziellen Lorenzen-Version orientieren. Für den angestrebten Propagandaeffekt soll der bekannte Fernsehautor Dr. Karl-Georg Egel mit einem qualifizierten Drehbuch sorgen. Darin heißt Frau Lorenzen »Vera Lenz« *(siehe auch Dokument 1)*. Wolf bittet Mielke als Politbüro-Mitglied in einem mehrseitigen Schreiben, die moralische und materielle Unterstützung des Partei-Gremiums für dieses Projekt zu gewinnen. Der Film, der nach starken Geburtswehen entsteht, findet weder den Beifall der Öffentlichkeit noch den von Ursel Lorenzen. Propaganda mit eklatantem Mangel an Wirklichkeitsbezug kann nicht erfolgreich sein.

Das Vertrauen der »Heimkehrer« hat sich durch die vielen taktischen Winkelzüge der Verantwortlichen erschöpft. Ursel Lorenzen faßt den Entschluß, ihr neues Buchmanuskript einem westlichen Verlag anzubieten. Diese Absicht versetzt die »Arbeitsgruppe Betreuung« und die gesamte Generalität in Alarmbereitschaft.

Um die beiden wird es einsam. Die HVA-Offiziellen erscheinen seltener. Außerdem bemerken die beiden, daß es dem ihnen zugewiesenen »Haus DDR« an Stabilität mangelt. Diesbezügliche Befürchtungen kann ihnen auch die Arbeitsgruppe Betreuung nicht ausreden. Sie werden unmittelbar Zeugen des Untergangs. Kurz vor dem Exitus meldet sich letztmalig ein hochrangiger Offizier mit der erwarteten Auskunft: »Wir können jetzt nichts mehr für euch tun...« Das Angebot, eventuell nach Moskau zu gehen, lehnen sie ab. Über Nacht treten sie den Rückweg an. Die Odyssee geht weiter...

Die Liste der Heimkehrer ist lang, die Einzelschicksale ähneln sich. Imelda Verrept, einst Sekretärin in der NATO (sie schrieb den sogenannten Doppelbeschluß) verschwindet ebenfalls über Nacht aus Brüssel. Der Mann in ihrer Begleitung legt seine Anonymität ab, als er den Boden der DDR betreten hat. Jetzt erst darf er die Beziehungen zu Frau Imelda legalisieren und den Bund der Ehe schließen. Weshalb sie so eilig mit der Fähre über Dänemark flüchten, bleibt weitgehend geheim. »Der Nachrichtendienst der Nationalen Volksarmee«, so heißt es später, hatte seine Gründe dafür. Nach ihrem »Übertritt in die DDR aus politischen Gründen« ergeht es ihr ähnlich Ursel Lorenzen. Bescheiden und irritiert vom Pressewirbel lernen wir von der HVA die Belgierin in einem noblen Gästehaus der Nationalen Volksarmee am Berliner Müggelsee kennen. An der Wand ein übergroßes Bild des Verteidigungsministers Heinz Hoffmann. Die Kellner, eine Spur zu fein im Gehabe, huschen diskret mit Krimsekt durchs Gemach. An ihrer Seite zwei Führungsoffiziere des militärischen Geheimdienstes und ein zunächst anonymer Mann. Später erfahren wir, daß der »Genosse Winfried« (ein treuer DDR-Bürger) einst ins belgische Exil übersiedelte, um zarte Bande zur NATO-Sekretärin Imelda zu knüpfen. »Heiraten schicken« nennen etwas salopp die militärischen Aufklärer diese operative Kombination, die so oft erfolgreich zur Anwendung kommt.

Die Sekretärin, im christlichen Elternhaus in strengem Glauben erzogen, bemerkt zunächst nichts von den nachrichtendienstlichen Hintergründen. Die behütete Imelda hegt keinerlei Verdacht gegenüber dem sympathischen Verehrer. »Allmähliche Einbeziehung in die nachrichtendienstliche Arbeit« heißt diese Phase der Annäherung im Lehrbuch der östlichen Dienste.

Für den »Genossen Winfried« erfolgt nun die überraschende Heimkehr in die (vielleicht schon verdrängte) Heimat. Seiner unkomplizierten Geliebten fällt diese Reise ins Ungewisse eher leichter. Die Hochzeit, bislang ein Traum, darf endlich stattfinden. Auch dem Mutterglück steht nun nichts mehr im Wege.

Imelda kann ihre Sprachkenntnisse, bislang in der NATO nutzbringend angewendet, bei einem DDR-Fremdsprachendienst verwerten. Auch der HVA ist sie zu Diensten, übersetzt Geheimes und Vertrauliches – je nach Bedarf. Natürlich muß sie für die DDR-Propaganda ins Rennen. Die Abteilung X der HVA entwirft Interviews, Enthüllungs-Stories und bereitet Fernsehauftritte vor. »Ich schrieb den NATO-Doppelbeschluß« meldet die Frauenillustrierte »Für Dich« und zitiert seitenlang die glaubwürdige Kronzeugin der aggressiven NATO-Politik *(siehe auch Dokument 3)*. Mit der Wende kommt für die Familie, die zurückgezogen in Eichwalde, am Stadtrand von Berlin, lebt, die unerwartete Zuspitzung. Wohin die Familie flüchtet, bleibt vorerst unbekannt.

Inge Goliath, seinerzeit in Bonn Sekretärin beim außenpolitischen Experten der CDU Dr. Werner Marx, verläßt überstürzt ihren Arbeitsplatz. Der Mann an ihrer Seite, einst als Romeo übergesiedelt, weiß warum. Die HVA ruft beide ab. Wie Frau Imelda Verrept, kann sich auch Frau Inge Goliath erst in der DDR ihren Kinderwunsch erfüllen. Zuvor enthüllt sie nach Regieanweisungen der HVA-Experten auf Pressekonferenzen das Zusammenspiel der CDU mit den Geheimdiensten.

Auf der Liste der Heimkehrer findet sich ferner der Name Christa Broszey. Sie hat viele Jahre als Sekretärin in der CDU-Führung, ebenfalls für die Abteilung II der HVA, wichtige Interna gesammelt. Zur nachrichtendienstlichen Posse entwickelt sich eine Heimkehr im doppelten Sinne. Als Oberleutnant Stiller, Mitarbeiter der HVA-Abteilung XIII, im Januar 1979 über den Bahnhof Friedrichstraße die Seiten wechselt, löst er eine umfangreiche Verhaftungswelle aus. Auch Reiner Fülle, Kernkraft-Experte in Karlsruhe, gehört zu den Festgenommenen. Ihm gelingt jedoch unter spektakulären Umständen die Flucht. Der Beamte, der ihn zur Vernehmung bringen soll, rutscht bei dem herrschenden winterlichen Glatteis aus. Sein Gefangener entweicht zunächst in die Obhut der sowjetischen Militärmission Baden-Baden. Später wird er in einer Kiste diskret in die DDR transportiert. Allerdings hegen seine Betreuungsoffiziere der Abteilung XIII Zweifel an dieser eisigen Story. Für so ungeschickt halten sie nicht einmal einen westdeutschen Vollzugsbeamten. Dessen ungeachtet wird der glücklich geflüchtete Reiner Fülle dem Minister Mielke persönlich präsentiert und mit dem Vaterländischen Verdienstorden der DDR geehrt. In Potsdam erhält der Nuklearspezialist ein repräsentatives Haus nebst Motorboot.

Verdächtig bleibt der Neubürger wegen der Fluchtumstände und aus einem weiteren Grund. Die Ehefrau vermag sich nicht für Potsdam zu entscheiden und verbleibt in der Bundesrepublik. »Ein abgekartetes Spiel?« fragt Oberst Streubel den Chef des Sektors Wissenschaft und Technik (SWT) Horst Vogel. Der rät zu weiterer Wachsamkeit.

Inzwischen interessiert sich auch die Enthüllungsabteilung X für den Mann. Oberst Knaust, bereits seit mehr als zwanzig Jahren auf der Suche nach Skandalen und Affären in der Bundesrepublik, hat den Einfall: »Wir müssen vor der Weltöffentlichkeit enthüllen, daß Bonn Atommacht werden will und deshalb streng geheim an der Bombe baut. Am besten mit Südafrika und Pakistan«, entwickelt er seinen Plan. Verschwörerisch entnimmt er seinem Panzerschrank technische Zeichnungen, die ihm gelegentlich »zugefallen« sind, und deren Sinn auch er nicht zu deuten weiß. Sichtbar begeistert von der eigenen Idee, konstatiert der Oberst: »So könnte die Bombe aussehen!«

Reiner Fülle wird uns in einer konspirativen Wohnung am Platz der Vereinten Nationen von Oberst Streubel vorgestellt. Er lächelt höflich, als Knaust das Projekt entwickelt, und nennt es unverhohlen eine »Luftnummer.« Am Ende ist er jedoch bereit, an einer Pressekonferenz mitzuwirken. Im Mittelpunkt soll die These stehen, daß die Bundesrepublik technisch in der Lage sei, eigene Atomwaffen zu produzieren. Die Konferenz wird vorbereitet, findet allerdings niemals statt. Kronzeuge Fülle kungelt unbemerkt mit den Verfassungsschützern. Hans-Joachim Tiedge, leitender Mitarbeiter des Kölner Hauses, dirigiert die Aktion. Die Ehefrau von Fülle vermittelt und überbringt geheime Signale. Fülle bereitet seinen Abgang vor und meldet sich vorsorglich bei der HVA in den Urlaub via Prag ab. Zuvor wirft er seine Orden in eine Potsdamer Mülltonne, unter anderem auch das überdimensionierte Abzeichen der Sozialistischen Einheitspartei Deutschlands, das er zuvor an der Lederjacke getragen hatte.

Dem Stiller-Abgang ähnlich herrscht wenig später Großalarm in der Lichtenberger Spionagezentrale. Wolf erfährt aus Köln, ein Mann seines Hauses sei geflohen. Der Name bleibt zunächst unbekannt. Alle Abteilungsleiter der HVA werden »ins Haus« gerufen. Sofortige Stärkemeldung ist gefragt. Urlaubslisten werden analysiert, Telefon-Rundrufe nach dem Motto »Wer hat wen zuletzt gesehen?« erfolgen im Alarmstil. Schließlich die Entwarnung. Zugleich herrscht Erleichterung darüber, daß es keinen zweiten Fall Stiller gibt. Mielke, so heißt es, tobt dennoch – vor allem wegen der Tatsache, daß er »diesen Verräter« persönlich empfangen hatte. Generalleutnant Kratsch, schwergewichtiger Chef der Spionageabwehr, Hauptabteilung II, reibt sich die Hände und eilt zum Minister. Seine Theorie, wonach die HVA vom Gegner aufgeweicht und unterwandert sei, so hält er Vortrag, habe sich erneut bestätigt.

Günter Guillaume ist der wohl prominenteste und klassische Heimkehrer. HVA-Offizier Paul Laufer realisierte in den 50er Jahren die Übersiedlung des DDR-Mannes vom »Verlag Volk und Wissen« nach Westdeutschland. Langfristig eine stabile und vorzeigbare Position aufbauen, so lautete die Zielstellung. Daß er diesen Auftrag zusammen mit seiner Ehefrau Christel mustergültig erfüllt, ist bekannt.

Inzwischen ist das Wirken des erfolgreichen DDR-Geheimdienstlers Geschichte. Viele Fragen zur Lebensbilanz des hochdekorierten HVA-Offiziers allerdings bleiben unbeantwortet. Da ist das einzige Kind, der Sohn Pierre, Bundesbürger von Kopf bis Fuß, 1974 unvermittelt mit der Festnahme seiner Eltern konfrontiert. Er ist in Bonn von heute auf morgen der Geächtete, das Waisenkind, dem nur die Großmutter als familiärer Halt bleibt.

Die HVA holt ihn in die DDR, sie ist in der Fürsorgepflicht. Den Sozialfall vermag sie zu lösen, die moralische und die politische Betreuung gelingen nicht. Der Guillaume-Sohn »läuft immer wieder aus dem Ruder«, wie die beauftragten Mitarbeiter feststellen. Mit stereotypen Zucht- und Ordnungsdekreten ist dem jungen Mann nicht beizukommen. Den angestrebten vertrauensvollen Gesprächen weicht er immer wieder aus, flüchtet in die Welt der klassischen Musik und der Fotografie. Politische Agitation in seiner neuen Heimat ist ihm lästig, das Vertrauen in die DDR-Führung schwindet. Ich führe viele Gespräche mit ihm, ohne direkten HVA-Auftrag. Meine Befürchtungen bestätigen sich, die Probleme nehmen im Laufe der Zeit eher zu. Die Ehescheidung der Eltern nach der Haftentlassung verstärkt seine seelischen Belastungen.

Zum Eklat kommt es, als er sich in die Tochter des HVA-Obersten Zörner verliebt und das junge Paar nach seiner Eheschließung (welch ungeheuerlicher Vorgang für die Personalpolitik des MfS!) den Antrag auf Ausreise in die Bundesrepublik stellt. Das »Kaderorgan« ist außer sich, befürchtet den Präzedenzfall, zumal der Druck der Mitarbeiter gegen die Verbotspolitik des MfS und disziplinarische Gängeleien wächst. Schließlich wird dem Antrag stattgegeben. Die Ausreisewilligen erhalten die Auflage, keine die DDR und das MfS betreffenden Einzelheiten in der Bundesrepublik zu verbreiten und sich der gültigen Schweigepflicht zu unterwerfen.

Die moralische Vorbildwirkung der Ausreise ist in HVA-Kreisen nicht zu begrenzen. Sogenannte »kleine Dienstgrade« verlangen von der Führung Gleichbehandlung aller Mitarbeiter und verurteilen öffentlich die Privilegierung der HVA-Leitung.

Auch Günter Guillaume bleiben die Konsequenzen der Heimkehr nicht erspart. Gesundheitlich durch die lange Haft angeschlagen und zusätzlich durch die geschilderten Familienprobleme belastet, muß er noch einen weiteren politischen Rucksack tragen. Aus dem ehemaligen SED-Mitglied ist ein Sozialdemokrat geworden. Ob durch die jahrzehntelange intensive Arbeit in der Sozialdemokratischen Partei oder durch die persönliche Vorbildwirkung von SPD-Führern sei dahingestellt. Die Hochachtung vor dem politischen Lebenswerk und der Person seines ehemaligen Chefs Willy Brandt ist überliefert. Als Brandt seinen Rücktritt bekanntgibt, gerät der getreue Referent in den größten Konflikt seines Lebens. Verschiedene Äußerungen von ihm nach der Rückkehr in die DDR belegen das. Einige Obristen der »Firma« kommentieren später verdrossen, »der Günter macht hier in der DDR Werbung für die SPD«.

Ein weiterer Anlaß für die zunehmende Desillusionierung des Spätheimkehrers mag im gesunkenen Selbstwertgefühl gelegen haben. Natürlich ist er nach seiner Haftentlassung längere Zeit der hochdekorierte Kundschafter, der tschekistische Exot, der Vorzeige-Spion und operative Ratgeber *(siehe auch Dokument 2)*. Mielke läßt ihm gar den Doktortitel verleihen und genehmigt dem Promovierten großzügig das Tragen eines Vollbartes, was laut Dienstvorschrift dem Normaloffizier im MfS streng verboten ist. Doch Ehrungen, die nicht durch erneute Leistungen bestätigt werden, nutzen sich ab.

Mit Erstaunen konstatieren einige Gäste auf der Beisetzungsfeier, daß sich Guillaume unter dem Namen seiner zweiten Ehefrau für immer von dieser Welt verabschiedet hat, so, als wolle er sein eingeführtes Markenzeichen selbst tilgen. Ex-Ehefrau Christel und Sohn Pierre haben diesen Namen bereits vorher demonstrativ abgelegt.

Die Abteilung X

Generaloberst Werner Großmann ruft im Oktober 1989 wie immer auf der Direktleitung an. Oberst Rolf Wagenbreth, Chef der Abteilung X, meldet sich in vorgeschriebener Kürze: »Genosse General?« »Wir erwarten dich zur Parteiaussprache, Otto Ledermann wird auch dabeisein.« Mit gemischten Gefühlen legt der Oberst Notizbuch und Schreibutensilien zurecht. Er weiß, daß dieser Oktobertag für ihn persönlich eine entscheidende Weichenstellung bedeuten kann.

Die Situation im Spionagehauptquartier ist desolat, die Krise der Parteiführung am Werderschen Markt lähmt auch den Sicherheitsapparat. Von demokratischer Erneuerung der DDR ist zwar die Rede, gleichzeitig von neuen Strukturen der Kundschafterzentrale. Aber auch von der Verjüngung der Leitungsebene wird gemunkelt. Beim gewohnten Treffen der höheren Stabsoffiziere zur Mittagszeit auf dem »Feldherrn-Hügel« – eine Art Informationsbörse – geht gar das Gespenst der »Zwangsberentung« um. Oberst Wagenbreth weiß, daß es für einen Sechzigjährigen das Aus bedeuten könnte, der Abschied vom jahrzehntelang betriebenen Geschäft der psychologischen Kriegführung. Ein Kampf mit eher unerlaubten und unfeinen Mitteln – oft genug weit unterhalb der gegnerischen Gürtellinie.

Im 9. Stock der HVA – schon unter Markus Wolf das Allerheiligste der Führung – erwarten ihn die Generäle Großmann und der 1. Sekretär der Parteiorganisation, Otto Ledermann. Die Gesichter der Männer wirken erhitzt. Offenbar haben sie zuvor bereits eine »Parteiaussprache« absolviert, wie sie das ZK der SED zur Erneuerung und Erhöhung der Kampfkraft eines jeden Mitglieds angeordnet hat. Der Chef der Abteilung X ist angesichts der neuen politischen Unwägbarkeiten verunsichert, die Zeremonie der Parteiaussprachen hat er schon früher nicht eben mit Freude ertragen. »Wie ist der politisch-moralische Zustand deiner Diensteinheit?« fragt der Parteisekretär sofort nach kurzer Begrüßung. Der Oberst ahnt das Tribunal. »Ich frage nicht von ungefähr«, fügt »Genosse Otto« hinzu. »Deine Mitarbeiter sind ein besonderes Völkchen – Schauspieler, Journalisten, Verkleidungskünstler und professionelle Fallensteller. Es gibt Hinweise, daß einige deiner Genossen unter dem Druck des Klassengegners wankelmütig geworden sind und Zweifel an der führenden Rolle der Sowjetunion hegen. Dem Politbüro des ZK der SED wird von einigen deiner Mitarbeiter, hört man, die Sachkompetenz abgesprochen. Und schließlich wird vom Kaderbereich »Disziplinar« signalisiert, daß einige von deinem Haufen für den Fall entsprechender Befehle die Annahme der Waffen verweigern wollen.« General Großmann sekundiert mit ähnlichen Lagebeurteilungen, spricht überdeutlich von Abnutzungserscheinungen in der Leitungstätigkeit und von notwendigen neuen Anfängen. Wagenbreth versteht diesen Wink als Abschiebevariante á la Markus Wolf 1986. »Ab 1. Januar 1990 stelle ich meine Funktion zur Verfügung«, sagt er lakonisch und verläßt grußlos den Raum. Dabei hatte vor 35 Jahren seine Karriere so verheißungsvoll begonnen...

Am 28. Juni 1929 im Süden von Ostdeutschland geboren, scheint sein Weg nach 1945 programmiert. Der Vater, ein führender Jurist des Landes, steuert ihn politisch im Fahrwasser der Familientradition. Gerade zwanzig Jahre alt, übernimmt der Sohn bereits lokale Ämter im Staatsapparat, ist mit Handel und Versorgung befaßt und erlernt das Einmaleins des Organisierens. Daß das MfS auf ihn aufmerksam wird, ist kein Zufall. Politisch fest verankerte Kandidaten werden gebraucht. Umtriebige junge Leute, die sich unterordnen können, mit wachem Auge für das Umfeld, parteiergeben. Außer diesen Voraussetzungen bringt der Aufsteiger noch eine weitere Empfehlung ein. Er spürt die Eignung zum Zuchtmeister, hat Ordnungssinn und eine Neigung zum Kommandieren. Auch viel später (als hochdekorierter Offizier der HVA) hält er diese Charaktereigenschaften für unabdingbar – Kollegen der geheimen Front in Budapest nennt er deshalb abschätzig »Kaffeehaus-Tschekisten«.

Das MfS honoriert den Eifer des jungen Aufsteigers. Der bringt es zum Chef einer Kreisdienststelle im Bezirk Frankfurt/Oder. Dort bemerkt er bald, daß seine Entfaltungsmöglichkeiten im Kreisgebiet ihre natürlichen Grenzen haben. Die Jagd auf Parteifeinde, Pyromanen und aufmüpfige Kleinbürger ermüden ihn ebenso wie die biederen wöchentlichen Anleitungen durch den Parteisekretär des Kreises. Als sich eine Chance zur Flucht aus dem deprimierenden Alltag bietet, nutzt er sie. Die übergeordnete Bezirksverwaltung in Frankfurt erkennt die gebremsten Talente, ruft den Kreisdienststellen-Leiter zu sich. Auch dort erklimmt er bald die Chefetage.

Im fernen Berlin etabliert sich 1954 der »Außenpolitische Nachrichtendienst der DDR« unter Anton Ackermann, zugleich Staatssekretär im Ministerium für Auswärtige Angelegenheiten. Männer der ersten Stunde sind ferner Richard Stahlmann, Robert Korb, Alfred Schönherr, Horst Jänicke, Heinrich Weiberg, Gerhard Heidenreich und – Markus Wolf. Kaum zweihundert Mitarbeiter legen seinerzeit die Fundamente für die Hauptverwaltung Aufklärung, die sich – wie Experten der CIA, aber auch westdeutscher Dienste später kommentieren – zu einem der effektivsten Nachrichtendienste der Welt mausert.

Ab 1956 wird dieser Dienst von Markus Wolf geleitet. »Wir müssen alles wissen, was der Gegner militärisch, politisch und wirtschaftlich plant. Vor allem müssen wir in jene Hauptobjekte eindringen, in denen Entscheidungen über Krieg und Frieden fallen. Sie sind absolute Schwerpunkte.« Stillschweigen bewahrt Wolf noch hinsichtlich eines politischen und sehr persönlichen Anliegens, das er seitdem mit allen zur Verfügung stehenden Mitteln verfolgt: selbst Politik zu machen, als Regisseur hinter den Kulissen zu inszenieren, die Geschichte im westlichen Teil Deutschlands zu beeinflussen. Er möchte dem Rad der Geschichte in die Speichen greifen. Seine Grundidee erklärt er in kleinem Kreis: »Es ist für einen Aufklärer geradezu kurzsichtig und töricht, angesichts der großen menschlichen und materiellen Aufwendungen bei der Informationsbeschaffung nur eine Lieferantenrolle gegenüber der Partei und Regierung spielen zu wollen. Vielmehr sind wir mit Hilfe der inoffiziellen und geheimen Kanäle und Stützpunkte gehalten, im Operationsgebiet politisch selbst etwas zu bewegen.«

Nur wenig ahnt Major Wagenbreth von diesen Dimensionen, als er in die Berliner Zentrale berufen wird, wenngleich er über die Struktur der neugegründeten HVA in groben Zügen unterrichtet ist. Wolf überträgt ihm zunächst eine Aufgabe im Bereich der militärischen Aufklärung, die er ohne zu zögern annimmt. Unter Markus Wolf zu arbeiten, gilt in den Bezirken als Auszeichnung. Schwärmerisch berichten Untergebene von dessen Ausstrahlung und Redegewandtheit, seiner Fähigkeit, strategisch zu denken. Einige wollen gar die Gabe des jungen Generals entdeckt haben, Gedanken lesen zu können. Sekretärinnen loben seinen Charme und das modebewußte Äußere, das im Ministerumfeld von alten Klassenkämpfern bereits kritisch kommentiert wird.

Der Major aus Frankfurt verzeichnet operative Erfolge. Desöfteren erhält er von der Auswertungsabteilung VII für beschaffte Informationen die Bestnote 1, die ihm den Achtungstitel »Der Einser« einbringt. Schließlich wird er 1959 zum Besuch der Außenministerkonferenz in Genf delegiert, in operativer Nachbarschaft zum bereits auf dem diplomatischen Parkett erfahrenen Obersten Horst Jänicke. Der militärisch kurze Haarschnitt veranlaßt die vor Ort befindlichen Inoffiziellen Mitarbeiter (IM) der HVA zwar zur Namensverleihung »Der Fähnrich«, gleichwohl gewinnt er an Westerfahrung und operativem Zuschnitt.

Markus Wolf ist zwischenzeitlich, auch nach Konsultationen in Moskau, dem Gedanken nähergerückt, politisch-aktive Maßnahmen gegenüber dem Westen strategisch anzugehen. Die einzelnen Linienabteilungen der HVA beginnen zwar bereits damit, Aktionen auf den Weg zu bringen. Aber oft fehlen immer noch Erfahrung und Interesse. Die Neuwerbung von Quellen in den Hauptobjekten wird von der Generalität höher bewertet, geworbene Spione möchte niemand durch heikle Politmanöver gefährden. Auch deshalb plant Wolf die Institutionalisierung der »aktiven Maßnahmen«.

Der General denkt an die Neugründung eines Sonderreferats innerhalb der Abteilung VII. Wohl in der Absicht, den Informationsfundus der Auswertung auf möglichst kurzem Weg für »aktive Maßnahmen« zugänglich zu machen. Der Ruf der Abteilung VII innerhalb der Aufklärung ist jedoch besonders aus der Sicht der »Operativen« nicht der beste. Deren Mitarbeitern haftet der Geruch der Schreibtischtäter an. Bösartige nennen sie degenerierte Papiertiger. Zu unrecht. Die tägliche Analysetätigkeit erfordert großes Fachwissen.

Schließlich etabliert sich das Sonderreferat VII/F unter der Leitung des Majors Wagenbreth als selbständiges mobiles Unternehmen. Die Mitarbeiterrunde ist gemischt: Journalisten sind darunter, Historiker, Abwehrleute aus den Bezirken. Der neue Leiter erklärt die Zielstellung: »Die Partei hat uns einen Auftrag erteilt, der auch innerhalb der HVA geheimzuhalten ist. Im übrigen gilt die alte Grundregel ›Jeder darf nur soviel wissen, wie er zur Durchführung seiner Aufgabe benötigt.‹« *(siehe Dokument 4)*

Die Neuzugänge aus Jena, Schwerin und Potsdam hüsteln verlegen. Es folgt der übliche Ausflug des Referatsleiters in die Geschichte der kommunistischen Weltbewegung und deren Außenpolitik. In diesem Getriebe dreht sich nun das Rädchen der neugegründeten Abteilung.

»Nun zu einigen Methoden: Zersetzung, Diffamierung, Verunsicherung, Beeinflussung, Täuschung, Lancierung von echten oder verfälschten Nachrichten und Dokumenten, Nötigung, Bloßstellung – das Spektrum der aktiven Maßnahmen ist breit. Mit anderen Worten, Genossen, am Klavier sitzen und die schwarzen und weißen Tasten gleichzeitig spielen.« *(siehe Dokument 5)*

Einige Zuhörer kichern ungläubig. Ein Leutnant fragt bedächtig, welche Multiplikatoren und Kanäle dabei einsetzbar sind. Der Chef erläutert die Kategorien.

»Es bieten sich potentiell in der Bundesrepublik oder auch in Westeuropa Personen an, die auf Grund ihrer gesellschaftlichen Stellung Beeinflussungsmöglichkeiten in der Öffentlichkeit haben beziehungsweise Zugang zu Entscheidungsträgern. Ich denke da zum Beispiel an Journalisten, Parlamentarier, Künstler, Schriftsteller. Die kleine Schwierigkeit besteht lediglich darin, sie vorher für die HVA zu werben.« (Verbreitet lang anhaltendes Schmunzeln.) Allerdings gäbe es auch gute Erfahrungen, Kontaktpersonen ohne deren Wissen als Multiplikatoren zu benutzen. »Nicht alle wissen von ihrem Glück, Einflußagent zu sein.«

Mit dem Beginn der 60er Jahre zeichnen sich die Konturen des neuen Arbeitsgebietes ab. Markus Wolf behält es sich vor, die Anleitung persönlich zu übernehmen. »Der Kalte Krieg«, doziert er, »hat die Geheimdienste auf besondere Weise in Pflicht und Verantwortung genommen. Die Hallstein-Doktrin, der Alleinvertretungsanspruch der Bonner Regierung, läßt für offizielle deutsch-deutsche Beziehungen kaum Spielräume. Die einzigen Bewegungsmöglichkeiten liegen in den Grauzonen jenseits der Legalität.«

Tatsächlich kann Wolf an Erfahrungen der 50er Jahre anknüpfen. Er weiß um das Machbare auf der inoffiziellen Ebene. Geheime Sondierungen mit dem CDU-Politiker Schäffer liegen bereits hinter ihm. Den DDR-Kontaktmann Gomolla (Deckname »Otter«) hat er bei intimen Gesprächen in beiden Teilen Berlins an den FDP-Politiker Mende (Deckname »Elch«) herangebracht. Auch die geheimen Sondierungsdrähte im Vorfeld des Mauerbaus erhalten immer neue Impulse von der HVA. Redakteure des Hamburger »Spiegel« übermitteln der DDR-Seite diskret Vorstellungen der Bonner Regierung zum Abbau der militanten Konfrontation. Markus Wolf bewährt sich als Mittler, informiert über Mielke das Politbüro und sendet postwendend Signale gen Westen – wiederum über DDR-Vertraute, die Rolf Wagenbreth in seinem IM-Netz steuert.

Konzertierte Aktionen mit dem Politbüro der SED hat Wolf auch auf dem heiklen Gebiet der Vergangenheitsbewältigung absolviert. Der Enthüllungsstrategie der SED-Spitze gegen »die braune BRD« ging mehr und mehr die Luft aus. »Wir müssen die Aktionen in das Operationsgebiet verlegen, ihre DDR-Herkunft verwischen«, erklärt Wolf dem Chef des Referats VII/F, »schaffen Sie die dafür nötigen operativen Voraussetzungen!«

Wagenbreth knüpft zunächst engere Bande zur Abwehr. Dort hat sich Anfang der 60er Jahre ein Bereich »Agitation« konstituiert – lange Jahre befehligt von den Obersten Kehl und Halle. Der Kampf gegen den Bundespräsidenten Heinrich Lübke wird strategisch eröffnet, beide Diensteinheiten arbeiten dabei Hand in Hand *(siehe Dokument 6).* Erst 1968 kommt es zur Gründung der Abteilung 11 bei der Hauptabteilung IX *(siehe Dokument 7),* die sämtliche Dokumente und Unterlagen des »Dritten Reiches« konzentriert und analytisch bearbeitet. Streng geheim, auf dem Gelände des MfS-Gefängnisses in Berlin-Hohenschönhausen befindlich. Hier wachsen Aktenberge, die ihren Ursprung zum Teil auch in Archiven des KGB und anderer osteuropäischer Dienste haben. Wagenbreth, eher ein Nachrichtenmann, überträgt die archivarische Mission seinem späteren Stellvertreter Hans Knaust. Dieser hat Markus Wolf bereits zu Beginn der 50er Jahre an der diplomatischen Vertretung der DDR in Moskau gedient, ein außenpolitisches Spezialstudium in Potsdam absolviert und eine linientreue Sicht auf die fachlichen und politischen Zusammenhänge. Wochenlang vergräbt er sich in Agentenkarteien des Reichssicherheitshauptamtes, Depeschen des einstigen Auswärtigen Amtes, sortiert juristische Berufungsurkunden mit dem Vermerk »Der Führer hat Einwände gegen die Berufung nicht erhoben«. Promotionen, soweit sie eine Verbeugung der Verfasser vor den Nazis sichtbar werden lassen, ortet er in Archiven, einstige Urteile von Nazi-Gerichten komplettieren das Basismaterial.

Rolf Wagenbreth übernimmt inzwischen den organisatorischen Part und geht auf die Suche nach geeigneten Multiplikatoren im Westen. Denn die Staatssicherheit darf als Basis-Objekt nicht sichtbar werden. *(siehe Dokument 6)*

Mit einfachen Mitteln verschafft er sich den Überblick, welche Personengruppen und Einzelpersonen in der Bundesrepublik mit dem Problem der Vergangenheitsbewältigung befaßt sind, sich kritisch mit ihm auseinandersetzen und auf die öffentliche Meinung wirken. Nicht von ungefähr erscheinen die Schriftsteller Günter Wallraff und Bernt Engelmann im Fadenkreuz. Deren Materialbedarf ist bereits aktenkundig. Beate und Serge Klarsfeld haben sich als Historiker und Journalisten eindeutig ausgewiesen und mit einschlägigen Aktionen weit über Paris hinaus für Aufsehen gesorgt. Auch von Simon Wiesenthal weiß der Nachrichtendienst seit längerem, daß er Nazis weltweit aufspürt. Listen von Hinterbliebenen, deren Angehörige dem Holocaust zum Opfer fielen und ein natürliches Interesse an der Aufarbeitung der Vergangenheit haben, werden aufgestellt.

Zielstrebig arbeiten Mitarbeiter der HVA auch an der Erfüllung der zweiten Forderung, den nachrichtendienstlichen Bezug zu verschleiern. Rechtzeitig gründet Wagenbreth das »Informations- und Organisationsbüro« (IOB) für Journalisten. Diese Einrichtung gibt sich als »legales Dach«, bietet Hilfe und Betreuung auf dem Gebiet der DDR an. Das Presseamt der DDR, ebenfalls durch

HVA-Vertraute repräsentiert, orientiert Rechercheure aus der Bundesrepublik auf das schmucklose Büro in der Berliner Charlottenstraße. Dieses entwickelt sich unter der Leitung eines Herrn Edgar Oster schließlich zum Nadelöhr für alle westlichen Journalisten. Ohne die Vermittlung des IOB öffnet sich keine Tür zum Interview, das Büro wird zum Checkpoint. Natürlich stellt der freundliche Herr Oster dem ratsuchenden Journalisten einen DDR-Reisebegleiter zur Seite, der uneigennützig bei Tag und, wenn erwünscht, auch bei Nacht Hilfe leistet.

Die Betreuung der Familie Klarsfeld liegt ebenfalls während ihrer zahlreichen Berlin-Aufenthalte in nachrichtendienstlicher Hand. Mit Geld und guten Worten dient sich ein OibE (Offizier im besonderen Einsatz) an, der im Dokumentationszentrum des DDR-Innenministeriums in der Nähe der einstigen Stalinallee logiert und das Referat VII/F von Anfang an erfolgreich repräsentiert: Dr. Ludwig Nestler, ein wandelndes Lexikon, Bücherwurm mit Computerhirn. Zuweilen stößt auch sein Führungsoffizier, der Wagenbreth-Stellvertreter Oberst Wolfgang Mutz, zur deutsch-französischen Runde und schlüpft vorübergehend in die Rolle eines Archivars. Als Beate Klarsfeld nicht nur das ihr überlassene Material gegen den damaligen CDU-Kanzler Kiesinger einsetzt, sondern ihm in der Öffentlichkeit einen Schlag ins Gesicht verabreicht, muß der Vize gegenüber seinem Leiter, Oberst Wagenbreth, seine Unschuld beteuern. »Das«, so Mutz alias Reuter, »hat sich die Beate ganz allein ausgedacht«.

Neben dem Berliner Dokumentationszentrum gilt den Materialsammlern das Potsdamer Staatsarchiv als Geheimadresse mit Tiefgang. Daß Karteikarten, Personalakten und Anklageschriften zu kurzfristiger Einsichtnahme aus den Giftschränken der Hauptabteilung IX/11 eilig herbeigeschafft werden, entgeht dem arglosen Nutzer. Auch die Deutsche Bücherei in Leipzig, europaweit als Fundus geschätzt, öffnet nach entsprechender Anweisung Geheimes und Vertrauliches zur Einsicht. Bei besonders pikanten Themen dürfen die westlichen Gäste ihren Forscherdrang auch schon einmal im separierten Nebengelaß befriedigen.

Die Münchner Journalisten Kurt Hirsch und Rolf Seeliger gehören seit dem Beginn der 60er Jahre zum Troß der nach Berlin (Ost) gerufenen Enthüllungsjournalisten. In der Nähe des Reichstags, im »Nationalrat der Nationalen Front«, übergibt der militante SED-Propagandist Albert Norden in gefürchteter Regelmäßigkeit anklagende Schriften, Dokumente und, trotz der chronischen Papierknappheit in der DDR, auflagenstarke Broschüren. *(siehe Dokument 8)*

Als die SED mangels Nachfrage und Wirkung die einst spektakulären Vorführungen einstellt, schließt die HVA die drohende Kommunikationslücke mit verdeckter Eigeninitiative. Gegenüber den bayerischen Multiplikatoren suggeriert sie den Fortbestand des »legalen Daches« Nationale Front, zuweilen wird der »Deutsche Friedensrat« nachempfunden – je nach Marktlage und Angebot. Seeliger spezialisiert sich auf die Suche nach nazistischem Ungeist an deutschen Hochschulen und Universitäten. »Dem Manne kann geholfen werden«, stellt Oberst Knaust lakonisch fest und läßt in eigener Regie suchen und finden. Emissäre transportieren die kostbare Fracht in das weiß-blaue Bundesland, mit »Grüßen vom Nationalrat«, versteht sich. Der Autor, für die Zuarbeit dankbar, publiziert sodann im Selbstverlag eine Serie »Braune Universitäten«, die in der Öffentlichkeit für Aufsehen sorgt. »Nach dem Wirbel an den Hochschulen sollten wir jetzt den Staatsapparat nachschieben«, befindet Knaust und setzt seine Spürhunde in Marsch. Der Extrakt erscheint kurze Zeit später in München. »Bonns graue Eminenzen« lautet der Titel.

Diesem Strickmuster folgend, erfährt Kurt Hirsch analog politische Infiltration. Als er den »Pressedienst Demokratische Initiative« gründet, erkennt Wolf erneut Chancen für die HVA. Längst ist die Aktion »Braun« inhaltlich in die Aktion »Schwarz« hinübergewachsen, die nunmehr für den Kampf gegen die Unionsparteien und alle rechts von ihr agierenden politischen Kräfte steht.

Im Frühjahr 1966 startet in Berlin-Schönefeld eine Sondermaschine vom Typ TU 134. An Bord befindet sich Markus Wolf. General Viktor Fjodorowitsch Gruschko, stellvertretender Chef der Ersten Hauptverwaltung des KGB, hat wieder einmal zu Konsultationen eingeladen. Er erwartet den deutschen Gast in Jasenowo, einem Vorort von Moskau, direkt am Autobahnring.

Von hier aus werden »Aufklärer« in aller Welt gesteuert. Der großflächige Komplex ist hermetisch abgeriegelt, im Mittelpunkt steht ein zweiundzwanzigstöckiger Bürotrakt. Zwei riesige Statuen geben dem geheimen Objekt das Gepräge – der Leninkopf aus Granit und der »Unbekannte Geheimdienstoffizier« aus Bronze. Unauffällig patrouillieren bewaffnete Posten an den elektrisch geladenen Stacheldrahtzäunen.

Die Stewardess, eine charmante Dame der Sonderstaffel, hat wie schon so oft liebevoll den Tisch gedeckt und serviert das zuvor mit dem Wolf-Referenten Heinz Enk abgestimmte Menü. »Pilsener Urquell, aber nur eine Flasche«, hatte Enk wissen lassen, »die HVA kann sich keinen Bierbauch leisten...«

Der Empfang in Moskau ist herzlich, die Genossen brauchen keinen Dolmetscher. Ungeklärte Verfahrensfragen gibt es nicht. General Gruschko informiert über die politische Lageentwicklung in der Welt aus der Sicht der KPdSU-Führung und konstatiert Tendenzen einer »gewissen Beruhigung« der Gesamtsituation, nachdem das Jahrzehnt mit der Kuba-Krise und dem Bau der Berliner Mauer eher stürmisch begonnen hatte. »Der weitere Abbau der Konfrontation und die Normalisierung, speziell in Europa, stehen auf der Tagesordnung an erster Stelle«, stellt der Sowjetgeneral programmatisch fest. Wolf signalisiert Zustimmung, leitet operative Konsequenzen für seinen Verantwortungsbereich ab, deutet eine Verbesserung des Informationsaufkommens an.

Der HVA-Chef bewahrt allerdings über die Quellen in den »Feindobjekten« Stillschweigen. Die Geheimnisse des »Who Is Who?« werden nicht ausgetauscht, und die sowjetische Seite besteht nicht auf einer Offenlegung. Moskau weiß, daß alle strategisch bedeutsamen Informationen der Supermacht nahezu automatisch zugestellt werden. Bei dem erwarteten Tauziehen um die Ostverträge, das weiß das KGB, kann man sich erneut auf den Schachspieler aus Lichtenberg verlassen. Wie kein anderer weiß Wolf die Widerständler in den Unionsparteien rechtzeitig auszumachen. In den Reihen der Sozialdemokratie kennt sich der in Insiderkreisen berühmte HVA-Oberst Kurt Gailat bestens aus. Die »Wandel durch Annäherung«-Strategie der SPD ist für die zuständige Abteilung II der HVA längst kein Buch mit sieben Siegeln. Die Experten des »Genossen Kurt« sind darüber hinaus sogar in der Lage, diese sozialdemokratische Aktionsrichtung vor Ort zu steuern und der Ostpolitik eigene Akzente zu geben. Dies ist dann auch ein zentrales Thema der kurzfristig einberufenen Beratung. General Wolf, wie immer gut vorbereitet, erkennt sogleich strategische Linien und operative Erfordernisse.

Gruschko erteilt dem Leiter der Abteilung Aktive Maßnahmen, Generalmajor Iwanow, das Wort – einem kleinen, drahtigen Intellektuellentyp, sichtbar kontrastierend zum vierschrötigen Gruschko. Iwanow befehligt mehr als hundert Spezialisten in Moskau und zahlreiche abgedeckte Residenturen in den USA, Japan und Westeuropa. »Desinformazija« heißt ihr Gewerbe.

»Genossen, die vom General Gruschko gegebene Lagebeurteilung fordert eine neue Qualität der aktiven Maßnahmen, überschaubare Strategien bis in die 70er Jahre und wirkungsvolle Aktionen, die über rein destruktive Methoden hinausgehen. Es geht langfristig darum, die USA aus dem sogenannten Atlantischen Bündnis hinauszudrängen. Zum anderen hat das ZK der KPdSU uns beauftragt, flankierend zu Aktivitäten der Regierung die Innen- und Außenpolitik der westeuropäischen Staaten zu beeinflusssen. Daß die Ostverträge punktuell einen Schwerpunkt bilden müssen, hat Genosse Wolf bereits angesprochen. Wenn wir die Verträge haben, können wir über weitergehende gesamteuropäische Projekte nachdenken...«

Schon auf dem Rückflug zeichnet Wolf die Konturen der neuen Abteilung, die aus dem Sonderreferat VII/F erwachsen soll, setzt gedanklich Schwerpunkte. Nach der Landung nimmt Heinz Enk den Chef in Empfang.

Der »Persönliche« wartet an der Sonderabfertigung. Wagenbreth hält sich in Lichtenberg auf Abruf bereit, er ahnt Weichenstellungen größeren Ausmaßes. Seine Erwartung bestätigt sich, als Wolf über die Direktleitung ruft: »Wollen Sie Abteilungsleiter werden?«, fragt er hintergründig. Ohne die Anwort abzuwarten, fügt er hinzu: »Da auch aus Moskauer Sicht Eile geboten ist, erwarte ich die entsprechende Vorlage noch in dieser Woche...« Irene Esser, Vorzimmerdame der Nummer Eins, hat den Ernennungsbefehl bereits geschrieben, als Rolf Wagenbreth die Chefetage im ersten Stock des Altbaus eilig verläßt. »Toi, toi, toi«, ruft sie ihm nach.

Wenig später sitzt er mit seinem späteren Stellvertreter Hans Knaust und einem weiteren erfahrenen Spezialisten der psychologischen Kriegführung im Konferenzzimmer. Nur Gertraude Eckert, seine persönliche Sekretärin, hat Zutritt, reicht Kaffee und stenografiert Kernsätze und Strukturentwürfe. Die stundenlangen Debatten des Gestirns sind hitzig. Am späten Abend »steht« das Papier. Aktionsnamen werden formuliert. »Achse« heißt der Sammelbegriff für Maßnahmen gegen die USA.

Als »Mars« werden Maßnahmen bezeichnet, die sich mit Fragen der Rüstung und der europäischen Sicherheit beschäftigen. »Flanke« steht für verdeckte Operationen gegen die NATO, »Zwietracht« für die Schürung von Differenzen zwischen der Bundesrepublik und Frankreich. Unter dem Codewort »Vorwärts« sollen die Länder der Dritten Welt gegen die USA mobilisiert werden. »Die Bewegung der Nichtpaktgebundenen in Afrika, Asien und Lateinamerika ist als potentielle Kampfreserve der HVA zu betrachten«, heißt es im »Grundsatzdokument«. Und: »Im afrikanischen Raum sind insbesondere die gegebenen Differenzen zwischen den sogenannten Front-Staaten und der Republik Südafrika auszunutzen; dabei sind die Beziehungen Südafrikas zu den USA als besonders verhängnisvoll für die Organisation Afrikanischer Staaten zu deklarieren. Analogien müssen für die Situation im afrikanischen Raum bei Berücksichtigung des amerikanisch-israelischen Komplotts erarbeitet werden.«

Die genannten Sachverhalte werden strukturell einem Referat 1 zugeordnet und fünf Mitarbeiterstellen vorgeschlagen. »Das Innenleben der BRD«, wie Wagenbreth die politische Szene der Bundesrepublik launig bezeichnet, wird dem Referat 2 zugeordnet. Die Hauptstoßrichtung, so heißt es, richte sich gegen die CDU/CSU »und deren reaktionären Kurs in der Ost- und Deutschlandpolitik«. Diesbezüglich wird die »Aktion Schwarz« langfristig konzipiert, personelle Schwerpunkte »sind operativ und entsprechend der Lageentwicklung festzulegen« (Personen wie Kiesinger, Lübke, Barzel, Filbinger und Strauß geraten später in den Mittelpunkt von Kampagnen).

»Hinsichtlich der SPD sind Aktionen und Einzelmaßnahmen zu realisieren, die an realistische Positionen der Partei in allen ost- und deutschlandpolitischen Fragen anknüpfen. Die SPD ist besonders im Vorfeld der Bundestags- und Landtagswahlen in Richtung eines deutlichen Konfrontationskurses gegenüber den Unionsparteien zu beeinflussen, bei Nutzung linker Kräfte in den Parteigliederungen und deren gezielter Profilierung ist auf die innerparteiliche Diskussion Einfluß zu nehmen.« Die Aktion erhält den Codenamen »Klärung«.

Für die FDP gelten ähnliche Zielprojektionen, die Aktivitäten der außerparlamentarischen Opposition, der Gewerkschaften und anderer linker Multiplikatoren sind »effektiv zu kanalisieren« (Aktion Contra). Ebenfalls in die Zuständigkeit des Referates 2 fallen Aktionen gegen die PID (Politisch-ideologische Diversion), die von »feindlichen Stellen und Kräften im Operationsgebiet gegen die DDR und andere sozialistische Staaten« ausgeht. Dazu gehören die Ostredaktion der ARD, der Axel-Springer-Verlag, die Deutsche Welle, der Deutschlandfunk, der Heinrich Bauer Verlag, die Stern-Redaktion und die Ostredaktion des ZDF. Der Entwurf sieht ebenfalls fünf Mitarbeiter-Stellen vor.

Schließlich erscheint das Referat 5 im Planpapier, »das schwerpunktmäßig gegen die Zentralen der gegnerischen Geheimdienste« zum Einsatz kommt. Die Maßnahmen sind darauf gerichtet, die Dienste zu zersetzen, zu desorientieren und ihre Schlagkraft einzuengen. Der Aktionsname lautet »Dschungel«. Drei Mitarbeiter werden vorgeschlagen. Die Referate 3 und 4, so der Entwurf, sind als operative Einheiten zu verstehen und haben den Auftrag, »inoffizielle Kräfte des Operationsgebietes im Medienbereich zu werben und zu steuern. Neben der Nutzung als Quellen sollen diese Agenturen speziell aktive Maßnahmen umsetzen, das heißt als Lancierungskanäle bei Verwischung des DDR-Hintergrundes im Operationsgebiet wirken«. Während das Referat 3 im klassischen Sinne der HVA wirksam werden soll, folgt Wagenbreth bei der Bildung des Referates 4 einer alten Wolf-Idee. »Ein effektiver Nachrichtendienst«, so hatte er mehrfach bei den Anleitungen entwickelt, »braucht natürlich Geheimhaltung. Er benötigt aber zugleich die Fähigkeit zu glaubwürdiger Legendierung, zur Verkleidung und auch zur Legalisierung. Gerade bei der Durchführung aktiver Maßnahmen brauchen wir legale Dächer, sozusagen einen Geheimdienst zum Anfassen...«

Wagenbreth hatte schon seit Beginn seiner Berliner Karriere erste Schritte in diese Richtung getan. Im Presseamt der DDR war er mit geheimen Mitarbeitern »verankert«, die ihrerseits vertrauliche Fäden zu westdeutschen Journalisten spannen. Im Verband der Deutschen Journalisten hatte er in aller Stille eine Informationsabteilung installiert, die sich in der Berliner Chausseestraße Journalisten aus Westdeutschland und Westberlin hilfsbereit andiente. Das IOB war funktionstüchtig, überlebte später im neuen Gewand als »Abteilung Journalistenreisen« des DDR-Reisebüros. Als es nach erfolgter völkerrechtlicher Anerkennung der DDR durch den Westen schließlich zur Gründung des Internationalen Pressezentrums (IPZ) in der Berliner Mohrenstraße kommt, ist die HVA sofort präsent. Auch im Ministerium für Außenhandel und im Außenministerium sind die mit der Presse- und Öffentlichkeitsarbeit befaßten Damen und Herren im Sinne des Referates 4 tätig, die außenpolitische Wochenschrift »horizont« beziehungsweise der für den Westen produzierte Artikeldienst »Panorama DDR« haben gute Beziehungen in die Lichtenberger Normannenstraße. Der Bedeutung wegen werden fünfzehn Planstellen beantragt. *(siehe Dokument 2)*

Ferner ist an ein Referat 6 gedacht, das unter dem Namen »Merkur« operativen Nachwuchs rekrutieren und zunächst auf geheimdienstliche Eignung testen soll. Sechs Kandidaten hält der Entwurf für angemessen. Ganz im Sinne der Moskauer Wolf-Visite vermerkt Wagenbreth die Notwendigkeit der internationalen Kooperation. Neben der »Bruderorganisation« KGB, ohnehin in Berlin durch einen ständigen Verbindungsoffizier vertreten, werden laufende Konsultationen mit den Dienststellen in der CSSR, in Ungarn, Polen, Bulgarien und Kuba angelegt.

Auch innerhalb der HVA beansprucht die Abteilung X bei der Realisierung aktiver Maßnahmen die Führungsrolle. Neben der Materialbereitstellung durch die Auswertung (Abteilung VII) fordert Wagenbreth die Einbeziehung der operativen Linien und die Nutzung geeigneter Agenturen. General Wolf segnet das Papier ab.

»Verfahren Sie danach«, schreibt der Linkshänder auf das Deckblatt, und »Streng geheim«. Erst 1986, als Wolf die HVA verläßt, erhält Wagenbreth Rede-Erlaubnis im eigenen Haus. Auf einer »Leiterschulung« vor zirka 150 handverlesenen Stabsoffizieren erläutert er Geheimnisse der psychologischen Kriegführung. Wenig später begrüßt auch Oberst Otto Wendel an der HVA-Schule Belzig den verschwiegenden Gast.

Zwei Welten

Über das Liebesleben des Markus Wolf haben Boulevardblätter sich des öfteren verbreitet und den ehelichen Beziehungen zu Frau Emmi, Christel und Andrea Kommentare und Enthüllungen gewidmet. Die eigenartige langjährige »Ehe« Mielke/Wolf scheint hingegen noch immer aufklärungsbedürftig. Mielke ergeht sich, seinerzeit noch in Moabiter Haft den Redakteuren des »Spiegel« gegenüber in dunklen Andeutungen. »Der Genosse Wolf«, so läßt er wissen, »sollte lieber schweigen«. Das MfS habe er zersetzt, die Moral der Truppe unterwandert und die Schlagkraft der tschekistischen Armee ernsthaft gefährdet. Und er erklärt den Abgang des HVA-Chefs im Jahre 1986 aus seiner Sicht: Nicht ganz freiwillig sei der »Mischa« von Bord gegangen, Kapitän Mielke habe da etwas nachgeholfen.

Damit nährt der greise Ex-Chef Vermutungen von ehemaligen HVA-Mitarbeitern, die schon zu Beginn der 80er Jahre die Runde machten. Die Beziehungen zwischen »dem Langen und dem Kurzen«, so wußten es wenige Eingeweihte, standen von Anfang an unter einem ungünstigen Stern. Zu unterschiedlich strukturiert waren die beiden Männer, die von der SED-Führung ins geheimdienstliche Rennen geschickt wurden. Von den klassischen Ehetugenden (gegenseitiges Verständnis, Vertrauen und der Wille zur Partnerschaft) konnte keine Rede sein. Die Stellvertreterrolle Wolfs war zwar eine offizielle Zuordnung im Rahmen der ministeriellen Hierarchie, aber Widrigkeiten überschatteten weitgehend die Szene in Berlin-Lichtenberg. Einen »Stalinisten« nennt Wolf im Juni 1996 im »Spiegel« den alten Herrn mit dem Lederhut in aller Kürze. Tatsächlich, so sagen Insider, war Mielke sein Alptraum, ein schwer zu ertragendes diabolisches Schicksal.

Als Mielke seine Häftlingsrolle mit Stock und Hut antritt, rätselt man in der Öffentlichkeit, ob Vergreisung, Sklerose und Umnachtung unter diesem Aufzug stecken könnten. Andere Beobachter vermuten einen trickreichen Schauspieler. Die extreme Unterwürfigkeit, die der Untersuchungshäftling den Wärtern und Justizangestellten im Wechsel von sprunghafter Aktivität und dumpfer Lethargie entgegenbringt, scheinen zu dem Persönlichkeitsbild der vergangenen Jahrzehnte nicht zu passen.

Langjährige HVA-Mitarbeiter werden bereits in den 60er Jahren Zeugen einer eigenartigen Konstellation: Einerseits herrscht der orthodoxe »tschekistische« Geist, der selbst hinter dem »antifaschistischen Schutzwall« die totale Absicherung von Partei- und Staatsinteressen gegenüber dem Normalbürger garantieren und überwachen soll. Für diesen »Geist des Mittelbaues«, wie ihn mancher heimlich nennt, stehen Erich Mielke und ein Apparat, der anfangs der 70er Jahre gewaltig expandiert und dessen ganzes Ausmaß erst nach der Wende im vollen Ausmaß erkannt wird.

Zum anderen sind Tugenden wie Phantasie, Intelligenz, fachliche Kompetenz und geistige Beweglichkeit gefragt. Der junge General Markus Wolf scheint der geeignete Kristallisationspunkt für die neuen Entwicklungen zu sein. Seine Voraussetzungen sind beeindruckend: Sohn eines deutschen Emigranten in der Sowjetunion, perfekte Kenntnis der russischen Sprache und der russischen Mentalität, hohe Intelligenz, gute Anpassungsfähigkeit der persönlichen Karriereabsichten an die jeweiligen Entwicklungen in Moskau und Berlin. Was Wunder, daß sich Markus Wolf als Leiter der HVA zu einer Art Prinz Heinrich-Gestalt entwickelt, der uneingeschränkten Wertschätzung und Anerkennung durch seine Mitarbeiter und Untergebenen gewiß.

Zielgerichtet verändert Wolf die Strukturen seines Verantwortungsbereichs. Außerdem versteht es Markus Wolf, neue Konzeptionen mit alten Inhalten zu verbinden oder mit Hilfe seiner Mitarbeiter generell neue Denkansätze zu finden. Verständlich, daß sich HVA-Mitarbeiter als eine Elite empfinden. Natürlich sehen sie den Minister durch die Brille ihres Chefs. Sie nehmen Erich Mielke als unabwendbar, sie ertragen ihn aus der Distanz bei befohlenen Massenveranstaltungen, Propaganda-Meetings und Ordensverleihungen. Die Verehrung des obersten Tschekisten hält sich in Grenzen. Sarkasmus ist stattdessen angesagt. Vom »Gummiball« ist da gelegentlich die Rede und unter vier Augen gar von »Al Capone« und dem »Paten«. Auch die Zuneigung des Ministers zu wechselnden Kopfbedeckungen erkennen aufmerksame HVA-Mitarbeiter bereits lange vor der Moabiter Veranstaltung.

Mielke entwickelt ein Gespür dafür, die Hutmode auf die jeweilige Statusdemonstration abzustimmen. Als Vertreter des proletarischen Internationalismus, dessen Geschick er natürlich vor allem in den Händen der KPdSU sieht, wendet er sich alsbald der Hutmode der dortigen Führung zu. Bei der morgendlichen Einfahrt des Chefs auf den Lichtenberger Innenhof registrieren Angestellte hinter den mit Gardinen verhängten Autofenstern jenes kreisrunde Modell, das schon bei Breschnew, Podgorny oder Gromyko zu sehen war. Die Soldaten des Wachregiments, vom Hofkommandanten General Ludwig zuvor zu strammer Begrüßungshaltung angewiesen, salutieren zackig wie ihre Kollegen im Kreml. Als gewähltes Politbüromitglied in die staatsmännische Pflicht genommen, zeigt sich Erich Mielke seinen Gefolgsleuten regelmäßig bei der Ausfahrt zur Dienstagsrunde der obersten Riege am Werderschen Markt – mit eben jenem Hut, versteht sich. Gleichermaßen sieht er sich der militärischen Tradition verpflichtet. Der Minister hat eine Vorliebe für Uniformen, Orden und Beförderungen in eigener Sache. Aus seinem Umfeld wird bekannt, daß der Minister, einst zum Generaloberst befördert, nunmehr nicht abgeneigt wäre, den Dienstgrad Armeegeneral anzunehmen. Zumindest die personelle Stärke seines Ministeriums würde diesen Rang rechtfertigen. Nachdem der Generalsekretär und engste Kampfgefährte, Erich Honecker, dem Herzenswunsch entsprochen hatte, sieht man einen glücklichen Minister – nicht immer, aber immer öfter mit militärischer Kopfbedeckung.

Einen weiteren Ausflug in die Welt der Hutmode unternimmt er anläßlich der 750-Jahr-Feier der Gründung Berlins. Gemeinsam mit dem vollzählig anwesenden Politbüro kommt der sommerliche Strohhut zur Vorführung auf der Ehrentribüne. Fußballfreunde erinnern sich an eher sportliche Modelle, mit denen Mielke seine Leidenschaft als selbsternannter Cheftrainer des Berliner Fußball-Clubs Dynamo im Vereinsstadion in der Nähe der Schönhauser Allee krönte.

Erich Mielke hat zweifellos Meriten, die ihn an die Spitze des MfS führten. Ein Junge aus dem Berliner Norden, der früh im Lebenskampf der Weimarer Republik steht. Die sozialen und politischen Schlußfolgerungen, die der junge Mielke zieht, mag ein

Fabrikbesitzer in seiner Grunewaldvilla verurteilen. Intellektuelle Durchdringung komplizierter Sachverhalte ist nicht seine Sache.

Sein Jugendbild läßt den Charakter noch unverstellt erkennen. Skeptische Augen, die schon Ungerechtigkeit und Unzulänglichkeit gesehen haben. Ein energisches Kinn, die Mundwinkel nach unten gezogen. Der Junge runzelt häufig die Brauen, öfter als die glatten Charaktere, mit denen er sich viel später auf dem Weg zur Macht umgibt. Mielke ist dem Anschein nach in den äußeren Formen des Preußentums erzogen: Pünktlichkeit, Ordnung, Disziplin bis zur Unterwerfung, körperliche Fitness.

Am Berliner Bülowplatz, im Jahr 1931, erfolgt die entscheidende Zäsur. Zwei Polizeioffiziere werden erschossen. Der junge Mielke flüchtet in die Sowjetunion. Für Außenstehende verwischen sich die Spuren. Jedenfalls überlebt er Stalins Regime.

Eher geringschätzig mag Markus Wolf eine ausgeprägte Eigenschaft seines Chefs kommentiert haben – die des Aufsehers. Seinem abgrundtiefen Mißtrauen gegenüber jedermann folgend, fungiert Mielke mit Vorliebe als Kontrolleur, Schulmeister, Besserwisser und Ordnungshüter. Als auf Vorschlag seines persönlichen Stabes der gesamte Innenhof mit Parkstreifen und Gehwegmarkierungen versehen wird, achtet der Hausherr mitunter persönlich auf die Respektierung der neuen Vorschriften. Aus der Deckung beobachtet er den einen oder anderen Tschekisten beim Überschreiten der Linien, führt den Überraschungsschlag, stellt den erschrockenen Untergebenen zur Rede und droht mit disziplinarischen Konsequenzen. Selbst einen Kosmonautenbesuch nutzt er für aufseherische Aktivität. Nach dem erfolgreich absolvierten Weltraumflug von Siegmund Jähn und Valerij Bykowski 1978 lädt Mielke beide zur Audienz in sein Hauptquartier. Mehrere hundert Mitarbeiter sind zum Spalier auf den Hof Normannenstraße befohlen und applaudieren artig. Der Genosse Minister gibt sich jovial als Plaudertasche, ernennt die beiden Kosmonauten kurzerhand zu »Ehren-Tschekisten«. Er wendet sich an Jähn: »Sigi, ich nehme an, daß du bald ein zweites Mal in den Weltraum startest. In diesem Fall bekommst du einen Sonderauftrag von mir. Du richtest deine Spezialkamera auf mein Ministerium und fotografierst jeden Schreibtisch. Hinterher schreibst du dann einen

Bericht, wer während der Arbeitszeit geschlafen hat.« Siegmund Jähn lächelt müde, Beauftragte spenden stürmischen Applaus.

Auch auf das Geschäft mit der Angst versteht er sich. Verunsicherung und Brüskierung gehören dazu. Besonders gefürchtet sind im inneren Kreis der Macht jene Vorstellungen, die der Minister als Waidmann zu geben pflegt. Als oberster Kriegsherr über Hirsch und Hase erheischt er nicht nur die absolute Vorrangposition als Meisterschütze, sondern benutzt die angewiesenen Geselligkeitsübungen vor allem zu öffentlicher Diffamierung. Ranziger Humor wird geboten und gespielter Frohsinn eingefordert.

Auch Markus Wolf erhält dabei gelegentlich einen Blattschuß: Der Minister hat wieder einmal zur Jagd in sein Schloß Wolletz geladen. Beim anschließenden fröhlichen Beisammensein läßt er seine Generäle antreten und kommandiert: »Euer Minister will Jägerlieder hören!« Er dirigiert wie immer selbst, Gesang erschallt. Die dritte und zugleich letzte Strophe ist absolviert, als plötzlich ein einsamer Sänger im Überschwang der Gefühle eine vierte Strophe beginnt. Mielke irritiert: »Genossen, wer singt denn hier?« Die Antwort aus dem Chor: »Genosse Minister, ich!« Mielke: »Was heißt hier ›ich‹? Ich erwarte eine ordentliche militärische Meldung.« Der Anonyme: »Es sang Major Kretschmar.« Mielke: »Ach so, nun wird mir alles klar, du bist doch der Referent von Mischa Wolf, der dichtet auch immer eine Strophe dazu...«

»Ein Mann des Volkes – ein Kind der Arbeiterklasse«, so sieht sich der Minister, und er läßt keine Gelegenheit aus, diesen Eindruck zu vermitteln. Seine Sekretärin weiß zu berichten, daß er – wohl vor dem Hintergrund dieses gesteigerten Selbstbewußtseins – schon am Morgen in seinem Dienstzimmer soldatisch um seinen Schreibtisch marschiert und mit Kampf- und Arbeiterliedern aufwartet. Andere Mitarbeiter haben beobachtet, daß er – dem Politbüro-Volvo entstiegen – staatsmännisch die Hand in alle vier Himmelsrichtungen zum Gruß erhob, obwohl sich kein Untergebener in der Nähe befand. Offenbar hatte er Stimmen gehört...

Die HVA an die Kandare zu nehmen, ist eine seiner Lieblingsbeschäftigungen. Während einer Veranstaltung der Wolf-

Truppe erhält HVA-Abteilungsleiter Siegfried Milke das Wort. Mielke unterbricht sofort: »Schreibst du dich mit ›i‹ oder ›ie‹?« Der Angesprochene reagiert untertänig: »Mit ›i‹, Genosse Minister«. »Das will ich meinen« antwortet dieser, das ›e‹ mußt du dir beim MfS erst noch verdienen...«

Der Version vom Arbeiterdenkmal folgend, knüpft Mielke partnerschaftliche Bande zum Mansfelder Kupferschiefer-Bergbau. Die Mansfelder, besser gesagt: die dortige Parteiführung, revanchieren sich für die erkennbare Zuneigung und schenken dem Berliner Mäzen u. a. ein kupfernes Ungeheuer – eine Skulptur, ein undefinierbares bizarres Gebilde – zum Zeichen der Verbundenheit. Mielke läßt das Werk prompt im Innenhof seines Lichtenberger Hauptquartiers aufstellen, von seinem Arbeitszimmer aus hat er ständig Blickfreiheit. Die Mitarbeiter tuscheln ob dieses Monsters. Da es sich in der Nähe der Poliklinik befindet, das heißt vor der zahnärztlichen Abteilung, nennen es einige Tschekisten dreist »Mielkes Backenzahn«. Ob der Meister persönlich Kenntnis von derartigen Kommentaren erhielt, bleibt geheim. Jedenfalls ist es plötzlich über Nacht verschwunden.

Erich Mielke lädt wieder einmal in sein Jagdschloß Wolletz zur Feier mit einer KGB-Delegation und ranghohen Mitarbeitern. Ein Bezirkschef des MfS erliegt akutem Herzversagen. Mielke weist an: »In den Keller bringen!« Das Fest geht weiter. Mit Jägerliedern und strammer Haltung...

Wolf

Bevor Facetten seiner Persönlichkeit geschildert werden, vorab eine kurze Bemerkung.

Die Einschätzung der Eigenschaften, Verdienste, Fähigkeiten und der charakterlichen (Un)tiefen eines Menschen ist durch die Gegenwart bestimmt. Die Sicht der Vergangenheit scheint zwar reproduzierbar, hat aber die Authentizität des flüchtigen Augenblicks verloren. Der Filter der Gegenwart wirkt unerbittlich. Es ist wie bei einer Fotografie. Zweimal fotografiert bringt keine Identität.

Wir bitten um Verständnis, wenn Augenzeugen wie wir Tatsachen, Erinnerungen und daraus folgende Beurteilungen anders vollziehen. Jeder hat das Recht auf den eigenen Irrtum. Auch die geschilderte Hauptperson. Landläufige Einschätzung vermutet, daß Nähe zu einem Ereignis oder einer Person und die daraus gewonnenen Kenntnisse Vorteile für die Erfahrung oder die Beurteilung bieten. Die Nähe führt zwangsläufig zu einem engeren Blickwinkel. Nicht umsonst tritt der Maler zurück, um sein Werk zu betrachten...

Mitunter ist der »Einmarsch der Gladiatoren« im Radio zu hören. Zwangsläufig drängt sich dann die Erinnerung an die morgendliche Anfahrt des Chefs in der Normannenstraße auf. Er wirkt jovial, ist letztlich unnahbar. Abgeschirmt durch persönliche Mitarbeiter und routinierte Sekretärinnen. Jeder Vortrag vor dem Chef gilt als ein Höhepunkt im Dienstalltag. Der persönliche Kontakt erfolgt in der Regel nur bei offiziellen Anlässen. Von den Höhen des Rednerpults auf der Tribüne stürzen die Lawinen der objektiven Wahrheit, durch den Chef vermittelt. Gelegenheit, in sich zu gehen wie ein Klosterschüler. Diese Unnahbarkeit ist von jedem Machtträger erwünscht. Im Strahlenkranz der Macht verschwimmen für den Betrachter die menschlichen Unzulänglichkeiten.

Als Wolf 1991 überraschend nach Moskau enteilt, hinterläßt er sprachlose Mitarbeiter. Daß er 1986 »von Bord« ging, haben »seine Leute« zum Teil noch verstanden, nach der Wende bleiben da nur noch Fragezeichen.

Fünf HVA-Offiziere sind im Dezember 1991 bei einem nostalgischem Meeting versammelt. Sie reden über dies und das – und über ihn; sehr subjektiv, desillusioniert und ohne Respekt vor dem Tonband. Hier einige Auszüge:

Wolf ist eitel. Trug nur Maßanzüge. Bevorzugte Grau und dunkle Töne. Die Krawatten suchten die Frauen aus. Rauchte Ernte 23. Bevorzugter Cognac: Remy Martin. Whisky: Ballantines. Liebte trockene deutsche Weine, aber auch französische Rotweine. Bier: Pilsener Urquell oder Budweiser. Angeblich trug er nicht gern Uniform. Zeigte sich aber auch bei Anlässen, wo es nicht nötig war, in einer seiner Paradeuniformen. Eine hellgrün, eine fast weiß. Die hatte etwas von einem Operettenkostüm (Prinz Orlowski).

Wolf hat sich immer gewünscht, einen Doktortitel zu besitzen. Alle seine Tarnnamen versah er mit dem schmückenden Kürzel. Selbst bei seinem Berliner Friseur in der Bersarinstraße war er der Herr Dr. Förster. Frau Moh schnitt ihm die Haare.

Zu seinem 60. Geburtstag am 19. Januar 1983 wurde ein Komitee von zwanzig Leuten zur Vorbereitung ernannt. Einer war für die Gestaltung des Tages zuständig. Einer für das Protokoll. Der dritte Mann für Würdigungen in Form von Grußadressen. Der vierte für die Chronik: »Die Geschichte der HVA unter der Führung des großen Wolf«. Der fünfte mußte von den Veteranen Grußadressen eintreiben. Die schrieben mit zitternder Hand. Das Komitee meinte, daß man dem General die Krakelschrift dieser alten Herrschaften nicht zumuten könne. Alles wurde mit Maschine auf Büttenpapier abgeschrieben, und die Alten durften dann unterschreiben.

Wolf hat durch die Referenten lancieren lassen, was er sich so wünschte: Jagdwaffen, Bonsaibäumchen, Bilder. Der Maler Walter Womacka widmete ihm ein Ölgemälde. Der Karikaturist der »Berliner Zeitung«, Erich Schmitt, ein Intimus von Wolf, zeichnete ihm ein Büchlein, in dem er die Erfolge des »Wolf« als Luchs feierte. Keiner wollte die Gelegenheit auslassen, offiziell eine Besonderheit schenken zu dürfen. Die Geschenke wurden in Paketen übergeben und nicht ausgepackt. Auf jedem Paket war eine Karte des Absenders. Fünf Stunden gaben Delegationen Geschenke ab.

Kraftfahrer haben zwei LKW-Ladungen Geschenke nach Thüringen gefahren. Wolf wollte nicht, daß sein Chef Erich Mielke diesen Geschenksegen sah.

Wolf war geizig. Sein Landhaus in Prenden, ursprünglich ein »Operativobjekt«, wurde lange Zeit dienstlich genutzt. Als Wolf 1986 das MfS verließ, ging die Immobilie in Privatbesitz über. Allerdings tat sich Wolf dann beim Bezahlen schwer. Am Ende einigten sich Wolf und sein Nachfolger Großmann auf einen »Freundschaftspreis.«

Als sein Bruder Konrad 1982 starb, blieb seine Lebensgefährtin Ingelore Kindt, eine Kosmetikerin aus Warnow bei Rostock, zurück. Sie hatte sich bis zu Konies Tod um ihn gekümmert. Natürlich hoffte sie auf einen Teil des Erbes. Schwager Markus Wolf machte ihr klar, daß sie juristisch keine Ansprüche hätte.

Menschliches Leid kannte er offenbar nicht. Nur zweimal war er im Innersten berührt – als er seine Frau Emmi verließ und beim Tod seines Bruders Konrad. Vielleicht, weil der jünger war als er selber. Ihm wurde die Endlichkeit seines eigenen Lebens bewußt.

Ein Beispiel für seine Gefühlskälte: Als ihm telefonisch gemeldet wurde, daß ein Offizier nervlich »durchgedreht« habe, fragte er nur: »Wo ist der jetzt?« Antwort: »In Berlin-Buch.« Wolf: »Gut«. Und hängte auf. Der vermutlich durch die Überforderungen des Dienstes geistig verwirrte Offizier hatte gemeldet: »Ich habe Staatsgeheimnisse verraten. Ich habe Akten heimlich verbracht. Ich habe Feindkontakte. Ich habe heute morgen meiner Tochter kein Frühstück in die Schule mitgegeben.«...

Wolf und die Kommerzielle Koordinierung (Koko)

Vor dem Koko-Ausschuß hat Wolf nichts gewußt. Aber: Er war maßgeblich an der Konzeption zur Gründung dieser Firmen beteiligt. Mit dem Erlös dieser Unternehmen sollten unter anderem operative Fonds der HVA mit harter Währung aufgefüllt werden. Geschätzter Etat der HVA: 17 Millionen DM jährlich. Die Belege für den Etat 1989 sind verschwunden. Die Abteilung V unter Oberst Harry Herrmann, verantwortlich für Industriespionage,

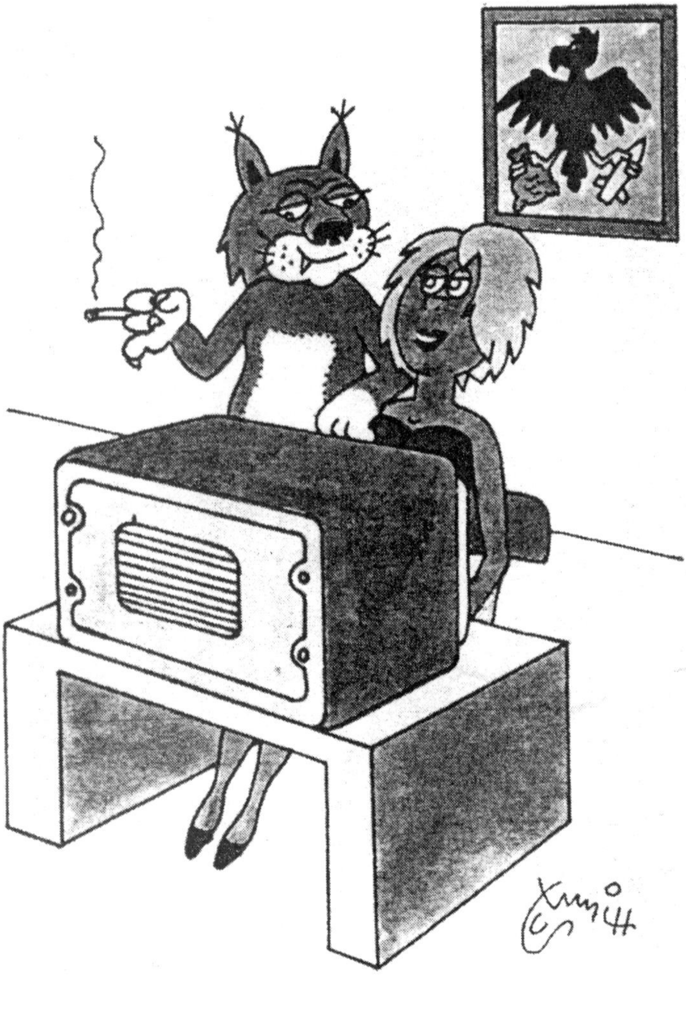

*Erich Schmitt zum 60. Geburtstag
von Markus Wolf: Der Luchs als
»Romeo«, auf »Horchposten«
und mit »Schild und Schwert«.*

51

hatte immer einige Millionen Mark in bar im Panzerschrank. Beim Untergang des MfS waren noch zwei Millionen Mark vorhanden. Dann hat die Führung der HVA sie »sichergestellt.«

Vermischtes

Wolf verfügte über neun Autos: einen dunkelblauen Volvo, einen Niwa für die Jagd, einen Mercedes 450 (Metallic Silber), einen taubenblauen Volvo und... und... Die Fahrzeuge waren verteilt, besser: versteckt, unter anderem in Pankower Garagen als »Operativfahrzeuge«. Die »Rückwärtigen Dienste« haben sich zum eigenen Vorteil nach der Wende um die PKW »gekümmert«.

Wolf ist Linkshänder. Wolf machte Frühsport nach dem Vorbild seines Vaters. Gejoggt hat er nicht, denn er hatte einen Knieschaden. Beim Laufen schlenkerte er das Bein und lief zeitweise mit einem Stock. Viele haben ihm das nachgemacht, das Bein nach außen gedreht, vielleicht ihm zum Trost. Seine Referenten haben dann nach angestrengter Suche einen geeigneten Chirurgen in Dresden für ihn gefunden. Auf das Drängen von Markus Wolf die Nachricht: »Genosse General, der Mann ist in Ordnung. Den haben wir operativ überprüft.« Und Wolf: »Ich will nicht wissen, ob er operativ überprüft ist. Ich will wissen, ob er operieren kann.«

Mielke bezeichnete Wolf abschätzig als »Frührentner«, als er ihn das erste Mal mit einem Stock sah. Und fügte hinzu: »An deinem Grab halte *ich* die Rede.«

Wolf ließ sich immer massieren. Der oberste Masseur war Bruno, ein weißhaariger Herr in den Fünfzigern. Der massierte die Spitze des Ministeriums. In der Normannenstraße, im Keller der Poliklinik, waren Behandlungsräume, Sauna, Solarium eingerichtet. Es gab auch jüngere Damen, die massierten draußen im Krankenhaus in Berlin-Buch. Der Chef des Medizinischen Dienstes war Generalmajor Kempe. Der war dafür berüchtigt, daß er bei der Behandlung kräftig hinlangte. Auch Wolf wurde »leutselig« beim Massieren.

Wolf galt als »Kommune-Typ«. Er liebte es, wenn alle Verwandten bei ihm zusammentrafen.

Wolf ließ immer durchblicken: Eigentlich sei er in der Familie der Künstler. Er könne schreiben, in Kategorien der Filmkunst denken, habe Eigenschaften eines Regisseurs, und malen könne er auch. Angeblich habe Bruder Konrad anerkannt, daß Markus künstlerisch befähigter sei als er. Nun will der Pensionär den Beweis für seine Behauptungen antreten.

Menschen um Markus Wolf

Irene Esser, seine Sekretärin, war ihm völlig ergeben und eine herbe Schönheit mit einem Feldwebelgesicht. Ihr Mann, Kurt Esser, war Parteifunktionär in der Zentralen Parteileitung der HVA. Wolfs Tür zu seinem Arbeitszimmer war mit Leder abgefüttert. Es war sinnlos zu klopfen. Aber Irene Esser achtete genau darauf, daß trotzdem geklopft wurde, sozusagen als Zeichen der Ehrfurcht. Sie petzte auch Wolf, wer nicht geklopft hatte.

Der erste Referent war Heinz Enk. Ein kleines Wiesel, verschwiegen wie ein Grab. Betete seinen Meister an. Clever. Ein Genießer, der sich nicht in den Vordergrund schob. Er hat die Liebesaffären seines Chefs gedeckt. Als Wolf aufhörte, rückte er zum Chef des Stabes auf und wurde Oberst. Man könnte frozzeln, daß er die Befähigung für die innere Planung durch seine vertraulichen Aufträge beim Meister erworben hatte.

Der nächste Referent war Oberst Thilo Kretzschmar. Der drehte schon ein bißchen auf. Kam mit Hut zum Dienst, im Auto hing die Jacke auf dem Bügel. Der machte zum Schluß Rückwärtige Dienste. Das hieß den Bock zum Gärtner machen. Denn ausgerechnet er wurde beauftragt, alles zu verwalten: Geld, Autos. Während seiner Amtszeit hat er mehrere Häuser gebaut. An die Geldgeschäfte hat er keinen rangelassen.

Das war der Mann, der zum Schluß die Geldkoffer weggeschleppt hat. Er sammelte in der ganzen HVA die Gelder ein, die die Abteilungsleiter im Schrank hatten. Wie und wohin er sichergestellt hat, ist sein Geheimnis.

Der letzte Referent hieß Peter Feuchtenberger. Der fühlte sich – seinem Gehabe nach – wie ein General. Übernahm am Schluß die

Abteilung für elektronische Datenverarbeitung. Wurde Oberst. Sein Monatsgehalt lag in der HVA bei maximal 3500 Mark. 1995 traf ich ihn vor dem Palasthotel, da hat er gesagt: »Alles Mist, ich bin arbeitslos.« Später las ich in der Zeitung, daß er bei Robotron Geschäftsanteile für 12 Millionen DM habe.

Alle drei Referenten haben natürlich auch die pikanten Geschäfte für Wolf diskret erledigt. Alles wurde verbrämt. Die Datschen waren »operative Objekte«, in denen sich Wolf mit Frau erholte. Einmal wollte ein HVA-Mitarbeiter mit einem wichtigen Mann einen Treff in Dresden auf dem Weißen Hirsch machen. Das wurde abgeschmettert, weil Thilo Kretzschmar mit Gattin dort Weihnachten feiern wollte.

In einem Kurhaus der HVA in Rothemühl bei Angermünde sprach Wolf mit General Großmann und dem Bezirkschef Neubrandenburg. Referent Kretzschmar ließ alles – vom Hochsitz bis zur Jagdstube – mit Delikatessen spicken. Kaviar, eben gefangener und frisch geräucherter Aal, Bier aus aller Welt. Die drei Prominenten konnten das aber gar nicht schaffen. Da wurde der »Rest« eingepackt und zu Kretzschmar nach Berlin verbracht.

Bis zur Wende arbeiteten für Wolf noch zwei Leute: Major Eberhard Meyer, mit Westeinsatz-Erfahrung, und Oberstleutnant Erika Tlustek. Die kennt Wolf noch aus seiner Moskauer Botschaftszeit. Sie spricht perfekt russisch, war beim KGB als Spürnase, um Altnazis aufzufinden, und fungierte unter Wolf als wissenschaftliche Beraterin.

Christel und Andrea – zwei Frauen von Wolf

Wolf war ein leidenschaftlicher Jäger. Er fuhr unter anderem gelegentlich nach Lauterbach in Thüringen, dort war eine Staatsjagd. Er reiste als Diplomat. Die Tochter des Försters: Christa Heinrich, genannt Christel, war Jahrgang 1943 und von Beruf Herrenschneiderin. Sie ahnte nicht, wer da ins Haus gekommen war. Der fremde Besucher, obwohl doppelt so alt wie sie damals, mit dem großen Mercedes 450 war so etwas wie ein Märchenprinz für sie. Er hat sie nicht nach Berlin kommen lassen, sondern fuhr wieder nach Thüringen. Dafür mußte er bei Mielke immer Legenden erfinden. Er meldete sich dann bei ihm zu »wichtigen Treffs« ab.

Sein Kraftfahrer hieß Friedrich Henning (»Fiete«), ein Mecklenburger, Gemütsmensch, seinem Chef treu ergeben. Wolf behandelte ihn wie einen Leibeigenen, ohne Rücksicht auf Fietes Familie und seine Gesundheit. (Der Vorgänger von Fiete, Gerhard, der noch mit dem berühmten schwarzen Tatra gefahren war, hat wegen des harten Jobs getrunken und starb im Delirium.) Fiete war ein Original. Er wusch zum Beispiel nur die Seite des Autos, die sein Chef beim Einsteigen sah. Im Auto saß Wolf neben Fiete. Demonstration einer proletarischen Haltung: mein Arbeiter und ich. Trotz Geschwindigkeitsbegrenzung raste Fiete manchmal mit 180 Stundenkilometern. Er hatte einen Freifahrtschein, den sogenannten A-Schein. Auf der Rückseite stand: »Bei Störungen jedweder Art ist dem Inhaber unverzüglich die Weiterfahrt zu gestatten, und unter Umständen ist ihm ein anderes Fahrzeug zu stellen.«

Wolfs Lieblingsobjekt befand sich auf der Loschwitzer Höhe in Dresden, nahe der stillgelegten Zahnradbahn – mit einem malerischen Blick auf die Elbe. Wolf nannte es entsprechend seinen Kindheitserinnerungen »Klein-Stuttgart.« Die Hausdame Grete verwöhnte die prominenten Gäste mit Frühstücksbutter in Schäfchenform und speziellen Leckereien. Auch die geräumige Sauna war berühmt.

Die Hochzeitsreise mit Christel ging nach Kuba. Außerdem fuhr das junge Glück noch nach Kamtschatka in die Sowjetunion. Das war militärisches Sperrgebiet. Niemand kam dorthin ohne Spezialgenehmigung. Wolf schwärmte von den dortigen Vulkanen und davon, wie er mit einem Nagelbrett geangelt habe.

Mit Christel zog Wolf in die MfS-Siedlung am Orankesee und bewohnte dort zusammen mit Werner Großmann ein Zweifamilienhaus in der Oberseestraße 40. Die Frauen konnten sich nicht leiden. Die Männer auch nicht. Wolf bezeichnete Großmann, einen ehemaligen Maurer, als »Betonkopf« oder als »Mauerbüffel«. Das Verhältnis verschärfte sich, als Wolf pensioniert wurde und Großmann aufstieg. 1977 wurde Sohn Sascha geboren. Wolf stolz: »Meine Enkelkinder mache ich mir selber«.

Im Jahr 1978 wollte er seiner Christel auch den Westen zeigen und fuhr mit ihr im Juni via Finnland nach Schweden. Dort wurde er fotografiert. Der HVA-Überläufer Stiller konnte 1979 bestätigen, daß der Abgelichtete, von dem man im Westen nur den Namen kannte, tatsächlich Wolf war. Als das Bild im »Spiegel« 10/79 erschien, guckte Wolf und meinte: »Unter uns: So schlecht bin ich gar nicht getroffen.«

Des öfteren kam Wolf mit seiner Gattin im Auto auf den Hof der Normannenstraße. Sie fuhr dann weiter nach Berlin-Buch ins Krankenhaus zum Schwimmen. Dort gab es eine Schwimmhalle für Politbüromitglieder. Anschließend ließ sie sich massieren.

In das Zweifamilienhaus am Orankesee, Oberseestraße 40, zog auch Christels Freundin Andrea Stingl, gelernte Elektronikfacharbeiterin, ein. Zwischen ihr und Wolf entwickelte sich ein neues Liebesverhältnis.

Als die Ehe auseinanderging, wurde Christel vollkommen hysterisch. Nächtelang soll sie immer wieder den einen Satz geschrien haben: »Ich will meinen Mischa wiederhaben.« Christel litt zweifach: Mann weg, Privilegien weg. Sie wurde mit Wohnung und Auto abgefunden. Wolf ließ sie in die berüchtigte Station 9 des Bucher Krankenhauses einweisen – zur Behandlung und zur Sicherheitsverwahrung.

1986 wurde Wolf von Christel geschieden und heiratete Andrea Stingl. Er zog mit ihr zum Spreeufer 2 in Berlin-Mitte. Schalck-Golodkowski sagte bei der Generalbundesanwaltschaft aus, daß er Ende 1986 den Auftrag bekam, den Wünschen des Ehepaars Wolf für die »Verbesserung der Wohnung von der Sauna bis zu den Küchenfliesen« zu entsprechen. Gesamtsumme des Abschiedsgeschenks für Wolf: 400.000 Mark.

Die geschiedene Christel lernte 1986 in Varna/Bulgarien einen Mann aus Baden-Württemberg kennen. Wolf verbreitete, daß der ein Agent des Bundesnachrichtendienstes sei und verbot seiner Ex-Frau den Umgang. Mielke hetzte ihr die gefürchtete Spezialtruppe »Disziplinar« auf den Hals. Er ließ Christel pausenlos überwachen. Natürlich merkte sie es.

Selbstmord von Wolfs Halbschwester

Catherine Gittis war die Halbschwester von Markus Wolf, eine uneheliche Tochter von Friedrich Wolf.

Sie wurde am 13. Mai 1941 geboren. Im Jahre 1943 emigrierte die Mutter nach Kuba, dem Exil vieler Trotzkisten, darunter auch der Maler Gerd Caden. Bekannt wurde er als der Maler der Karibik, insgeheim war er sowjetischer Agent.

Catherine blieb mit ihrer Mutter bis 1945 auf Kuba und kehrte mit dem Schiff über Wladiwostok via Moskau nach Dresden zurück. Dort wohnte sie auf dem Weißen Hirsch. In Dresden besuchte sie die Schule. Nach dem Abitur studierte sie in Leipzig Journalistik an der Karl-Marx-Universität. Alle Wolf-Abkömmlinge sollten entweder Journalisten oder Diplomaten werden. Catherine schrieb eine Doktorarbeit über das Thema: »Grundsätze und Prinzipien sozialistischer Medienpolitik«. Sie war bekannt dafür, daß sie exotische Männer liebte. Sie galt als »interessante Frau«, hatte auffallende Glutaugen, war klein und schlank. In Dresden lernte sie den Griechen Evangelos Gittis kennen. Gittis war ein Partisanenkind, flüchtete seinerzeit nach Bulgarien, kam später in die DDR. Das Paar versprach sich: »Wenn in Griechenland die Demokratie über die Militärdiktatur siegt, ziehen wir dorthin«. Als die Junta abgewirtschaftet und die demokratischen Kräfte die Macht übernahmen, besuchten sie probeweise Kreta und verschiedene Orte auf dem Festland. Gittis entpuppte sich dort als durchschnittlicher Macho. Daher beschloß sie, nie wieder nach Griechenland zurückzugehen.

Die Ehe wurde geschieden. Evangelos Gittis kehrte in seine Heimat zurück. Für Wolf wurde er damit zum Sicherheitsrisiko. Ein Mitarbeiter der HVA mußte mit ihm Treffs organisieren und seinen Lebenswandel recherchieren. Die Berichte wurden Wolf persönlich erstattet. Evangelos war Ingenieur für Dampferzeugerbau. Mit dieser Qualifikation war er in seiner Heimat vermutlich nicht vermittelbar. Es ging ihm nicht gut.

Catherine Gittis wurde Journalistin bei der Neuen Berliner Illustrierten (NBI). Sie galt als Spezialistin für Reportagen aus der Dritten Welt, konnte ungehindert reisen. Sie war in Bolivien,

Ekuador, Chile, Angola, Mocambique und anderen Entwicklungsländern.

Zu jedem Geburtstag Catherines kam Markus Wolf als Gratulant. Aber nur kurz. Catherine besaß eine ziemlich kleine Wohnung in Berlin-Pankow, Schönholzer Weg 11a. Zur Geburtstagsfete erschienen mindestens zwanzig Menschen, meist aus Lateinamerika. Das Geburtstagsmenü war stets ein Riesentopf Borstsch. Der stand in der Küche. Das war Wolf vermutlich zu plebejisch. Er kam mit einem großen Strauß, umarmte das Geburtstagskind und verschwand dann umgehend.

Catherine wollte später nach Kuba ausreisen. Sie verteidigte noch ihre zweite Doktorarbeit an der Humboldt-Universität zur »Rolle der Medien in Lateinamerika«. Ihr Bruder »delegierte« sie zu Fidel. Sie zog mit den Möbeln, dem Auto und den Kindern für mehrere Jahre nach Kuba. Natürlich im Doppelauftrag: Journalistin und Agentin. Häufig kam sie nach Berlin und war dann in langen Nachtgesprächen bei ihrem Bruder Markus, um Nachrichten abzuliefern. Ihr Sohn Marcos arbeitete in Kuba für eine Frauenzeitschrift als Fotograf. Sein Bruder Andreas versuchte die alten amerikanischen Schlitten zu reparieren. Keine einfache Berufswahl, schließlich kam er aus dem Reich der Zweitaktmotoren.

Catherine bekam vom Bruder viele Türen geöffnet. Das Thema ihrer Doktorarbeit benutzte sie zugleich als Legende, um sich überall sachkundig zu machen. Dabei stieß sie auf sonderbare, vermutlich nicht ganz legale Wirtschafts- und Finanzpraktiken zwischen Kuba, der DDR und der Sowjetunion. Das hat ihren Glauben an den Sozialismus schwer erschüttert. Es ging bei diesen kriminellen Handlungen um Drogen, Waffen und Korruption, munkelte man. Sie war nervlich zerrüttet, angeblich verrückt geworden.

Vermutlich um eventuellen Schaden in den Beziehungen zu Kuba zu vermeiden, beschloß Bruder Markus, sie umgehend zurückzuholen. Ein Spezialkommando brachte sie mit der Cubana-Airline in die DDR. Mit Spritzen wurde sie willenlos gehalten. Wetterbedingt fand eine Zwischenlandung in Frankfurt/Main statt. Das hat sie trotz ihres Zustands gemerkt und wollte aussteigen. Daraufhin wurde sie mit weiteren Spritzen ruhig gestellt.

Markus Wolf ließ sie sofort in das MfS-Krankenhaus Berlin-Buch auf die Station 9 in ein Einzelzimmer einweisen. Sie redete wirr und verjagte »Wespenschwärme«. Wolf ließ sich nicht blicken. Dann wurde sie in die Psychiatrische Klinik nach Berlin-Herzberge verlegt.

Nach ihrer Entlassung wollte sie unbedingt wieder bei der NBI arbeiten. Dieser Wunsch wurde ihr aber vom Chefredakteur Wolfgang Nordalm verwehrt. Sie sollte statt dessen an der Fachschule für Journalistik unterrichten. Das lehnte sie ab. So geriet sie ins gesellschaftliche und soziale Abseits. Am 4. September 1988 setzte sie sich in ihren hellgrauen Trabant und fuhr in die Berliner Andreasstraße 20, Nähe Hauptbahnhof. Angeblich kannte sie dort niemanden. In einem Hochhaus im 8. Stock zog sie ihre Schuhe aus und stellt ihre Tasche ab. Dann sprang aus dem Treppenfenster.

Die Rede am Grab in Pankow hielt der NBI-Chefredakteur Wolfgang Nordalm. Er würdigte Catherine Gittis als »Weltrevolutionärin«. Es waren außerdem einige Dozenten der Humboldt-Universität, die Söhne, ein Referent von Markus Wolf anwesend. Wolf schien völlig unberührt. Protokollteilnahme, schneller Abgang. Heute gibt es keinen Grabstein. Die Grabfläche verwildert.

Nach Catherines Tod wurden die Wohnung und der Keller von MfS-Bediensteten durchsucht.

Rote Rosen für Emmi

Die erste Ehefrau von Markus Wolf war Dr. Emmi Wolf. Franz Stenzer, ihr Vater Reichtagsabgeordneter der KPD. Sie hat ihr Germanistik-Studium mit einer Doktorarbeit über das Leben von Fjodor Dostojewski abgeschlossen. Emmi und Markus Wolf haben sich im sowjetischen Exil in Moskau kennengelernt. Aus dieser Ehe stammen drei Kinder: Michael (»Mischenka«), geboren 1946, Tanja, geboren 1949 und Franz, geboren 1953, genannt »Fränzchen«.

Emmi war ein mütterlicher Typ. Sie wirkte bescheiden, hatte einen slawischen Gesichtsschnitt. Sie war rund zwei Jahre jünger als Markus Wolf, umgänglich und sehr an künstlerischen Inhalten interessiert. Allen Beobachtern war es unverständlich, daß Wolf diese Ehe (von ihm selber öffentlich als Musterehe bezeichnet) nach über dreißig Jahren aufgab. Die Risse in der Ehe wurden zunächst sorgfältig gekittet. So organisierte zum Beispiel Generalmajor Harry Schütt, Abteilung IX, Spitzname. »Der schöne Harry«, harmonische Wochenenden in einem Objekt in Rauchfangswerder am Zeuthener See. Das verwaltete ein Ehepaar Eberlein. Der Mann wurde Ebs genannt, zuständig für Haus und Küche.

Schütt bemühte sich selbst, einen Speiseplan auszutüfteln. Er sorgte dafür, daß die Zutaten aus Westberlin rechtzeitig in Rauchfangswerder eintrafen. Wolf betäubte sich mit Spirituosen an diesen Wochenenden, sang, und Emmi weinte sich im Garten bei Frau Eberlein über ihre kaputte Ehe aus.

Die Familie Wolf war nicht mehr intakt. Nach der Scheidung lag die Sympathie der Kinder eindeutig auf seiten ihrer Mutter. Später haben sie wieder eingelenkt. Der Vater hatte das Geld und die nötigen Verbindungen. Nach der Scheidung bekam Frau Emmi eine Wohnung in der Leipziger Straße. Wolf hat ihr noch lange rote Rosen geschickt. Die mußte sein Fahrer vorbeibringen. Es war eine Art Abbitte. Frau Emmi Wolf arbeitete im Lehnitzer Friedrich-Wolf-Archiv. Tanja, Wolfs Lieblingstochter, sah genau aus wie Emmi. Sie mußte Journalistin werden und studierte an der Karl-Marx-Universität in Leipzig.

Tanjas Schwierigkeiten während des Studiums regelte der Papa über den Dekan Emil Dusiska. Andere Studenten schrieben die Testate für sie, Tanja wurde durchs Studium getragen. Danach wurde sie Redakteurin bei der Illustrierten »Freie Welt«. Sie wohnte damals am Märchenbrunnen im Berliner Friedrichshain in einer Einraumwohnung.

Einmal hat sie erzählt: »Wir wohnten damals in Pankow im Städtchen, da hatten wir ein Haus. Dort ging ich zur Schule. Da mußten wir einen Aufsatz über die Nachkriegszeit schreiben. Ich habe eben geschrieben: ›Die Nachkriegszeit war sehr schlimm, denn ich mußte immer die Teppiche klopfen‹.« Von der sozialen Situation ihrer Umwelt hat sie nie etwas begriffen, konnte es in ihrem goldenen Käfig vielleicht auch nicht.

Sie verliebte sich in einen Ungarn, der in der DDR lebte. Mit ihm hat sie eine Tochter Maria.

Diese Liaision gefiel aber Vater Wolf nicht. Kurzerhand schickte er einen Vertrauten nach Ungarn ins Innenministerium (ungarisch: Belügy). Der Vater des Töchterchens wurde zurückgerufen und bekam DDR-Verbot. So wurde die Liebe durch eine amtliche Maßnahme beendet. Tanja bekam mit, daß der Vater an den Hebeln hinter den Kulissen gedreht hatte. Es kam zu persönlichen Spannungen zwischen Vater und Tochter.

Nachdem zwischen beiden wieder Harmonie herrschte, erhielten die Wolf-Referenten den Auftrag, für Tanja einen Mann zu finden. Natürlich fanden sie ihn: Bernd Trögel (geboren 1939), genannt Trödel, Referatsleiter für Verfassungsschutz, ein smarter Typ. Dem war die Frau gestorben, er hatte drei Kinder. Es war das erprobte HVA-Spiel: Romeo sucht Julia. Die Gelegenheit zum Verkuppeln wurde die Jahres-Fete vom Fußballklub BFC Dynamo. Alle rissen sich darum, auf diese Fete zu kommen. Und es klappte mit den beiden. Nach vollzogener Hochzeit machte Oberstleutnant Trögel Karriere. «

Nach der Hochzeit bekam das junge Paar ein Neckermann-Haus in Wandlitz. Da wohnen sie noch heute.

In seinem Buch »In eigenem Auftrag« schildert Markus Wolf einen Weihnachtsabend, an dem auch ein befreundeter Mann aus dem Haus zu Besuch war. Der hätte versucht, sich das Leben zu nehmen, weil der Verfassungsschutz, der Feind, ihn anwerben wollte. Es handelte sich um Bernd Trögel. Der war beim Verfassungsschutz vorgeladen und hatte dort wie ein Wasserfall geplaudert. Dann hatte er vor den eigenen Leuten Angst bekommen und versucht, sich die Pulsadern aufzuschneiden. Aber das Messer war stumpf. Und er wußte wohl auch nicht, wie man das richtig macht.

Jetzt arbeitet er für eine Versicherung, man findet ihn oft in dem kleinen Bistro »Setzei« unter dem Steakhouse an der Ecke vom Berliner Verlag. Und wenn er dann richtig abgefüllt ist, kündigt er seinen nächsten Selbstmord an.

Sohn Mischenka machte seinen Doktor bei den Naturwissenschaften. Er war bei der Abwehr als Offizier für operativ-technische Sicherstellung (OTS). Verheiratet war er mit Jutta, Redakteurin bei der Gewerkschaftszeitung »Tribüne«, einer kleinen, lustigen Maus. Aber die Ehe ging nicht gut. Dann heiratete er eine aus seinem Umfeld. Jutta wurde exmittiert. Mischenka bewohnt ein Neckermann-Haus am Berliner Orankesee in Hohenschönhausen.

Der jüngste Sohn Franz (»Fränzchen«), ein Gemütlicher, Tapsiger, sollte Diplomat werden. Er wurde nach Potsdam aufs Institut für Internationale Beziehungen an der Akademie für Staat und Recht geschickt. Machte sein Diplom als Staatswissenschaftler/Außenpolitik unter Prof. Gerhard Hahn. Ging nach Moskau an die Botschaft. Dort ertappte er seine Frau mit dem Koch der Botschaft in flagranti. Beide mußten zurück nach Berlin. Sofortige Scheidung. Die Ex-Frau kriegte von Ex-Schwiegervater Wolf eine Vierraumwohnung. Franz arbeitete dann beim Außenministerium.

Eine Erzählung von Mischenka: »Vater wollte immer gerne, daß wir zur Jagd mitkommen. Wir sind alle drei mit dem Vater auf dem Hochstand. Stundenlang haben wir da gesessen, und es kam kein Tier. Daraufhin haben wir Skat gespielt. Und als ich vor Freude jubelte, weil ich einen Grand mit Vieren hatte, kam der Hirsch. Guckte verstört und verschwand. Das war natürlich die letzte Einladung des Vaters zur Jagd.«

Die Freunde

Die sowjetischen Tschekisten sind im Hause Mielke allgegenwärtig – die ewige Vorhut, die Lehrmeister und Ratgeber, Traditionsträger in der heiligen Schlacht zur Befreiung der Menschheit, eben der große Bruder. Markus Wolf selbst fühlt sich veranlaßt, die Sowjet-Hymne mit einem deutschen Text zu versehen:

Nun summt ihr beim Träumen.

Euer Dienst ist die Aufklärung.
Namen bleiben geheim,
unauffällig die Leistung.
Stets im Blickfeld der Feind.
Das Gespräch mit den Genossen,
viel zu selten daheim.
Für das Tragen der Orden bleibt
oft nicht mehr die Zeit.

Refrain:
Wachsam sein, immerzu,
und das Herz ohne Ruh'.
Auch in friedlicher Zeit
nie geschont. Tschekisten,
Beschützer des Friedens
der Menschen – Soldaten
der unsichtbaren Front.

Selbst beim Lachen und Fröhlichsein
bleibt die Sehnsucht sehr groß
nach den Lieben zu Hause,
vielleicht einem Jungen.
Gar zu oft war der Abschied
viel zu schnell, fast wortlos.
Nun summt ihr beim Träumen
die Lieder, oft gesungen.

Refrain:
Wachsam sein, immerzu...

Jeder dieser Soldaten
kämpft am Frontabschnitt allein.
Und doch lernt jeder einzelne,
kraft der vielen, zu erkennen:
Auf den Seiten im Buch des Ruhmes
werden die Namen nicht sein,
all der Mutigen, die wir nicht,
heute noch nicht nennen.

Refrain:
Wachsam sein, immerzu ...

»Wolf ist selbst ein Russe. Er kennt die russische Seele wie kein zweiter. Er denkt und fühlt wie ein Moskowiter«, stellt Oberst Knaust, ein enger Mitarbeiter, fest. »Auf jeden Fall ist er der Resident Moskaus in Westeuropa.« Auch Mielke weiß um diese Hintergründe, sein Respekt vor dem Aufklärungschef gilt offenbar weniger dessen Intellekt als dem Vertrauensbonus, den Wolf aus Moskau nach Berlin mitbrachte und seitdem fortwährend genießt.

Der Durchschnittsoffizier der HVA sieht die Dinge mit wenig Sentimentalität. Er kennt »die Freunde« seit den 50er Jahren, als sie noch Beraterfunktion hatten und sichtbar in die HVA-Gliederungen hineinregierten. Da waren die DDR-Aufklärer noch Willensvollstrecker und gelehrige Schüler, die nach Moskauer Maßgabe die Personalakten der Spione mit Nadel und Zwirn nähten und angesichts dieser mittelalterlich anmutenden Geheimhaltungsvariante nicht selten zu verzweifeln drohten. Als unmündiger Juniorpartner wollte der HVA-Mann nicht gelten und gelegentliche Diskriminierungen nicht hinnehmen.

Mit den ersten Erfolgen der HVA Ende der 50er Jahre wächst das Selbstvertrauen der DDR-Tschekisten. Moskau richtet sich zunehmend darauf ein und verlängert die Leine. Im übrigen partizipiert Moskau ohnehin am Informationsaufkommen der DDR, stategisch Bedeutsames zeichnet Wolf für die »Freunde« aus.

Oberst Budachin, Verbindungsoffizier und Intimus, weiß die gelieferte Qualität zu schätzen. Auch alle Nachfolgeoffiziere genießen vertrauensvolle Zusammenarbeit. Bei Konferenzen und Parteiversammlungen ist ihnen ein Platz im Präsidium sicher, die materielle Sicherstellung der sowjetischen Genossen gilt der HVA-Spitze als selbstverständlicher Klassenauftrag.

Nicht selten eilt der HVA-Chef kurzfristig nach Moskau. Bei regelmäßigen Urlaubsaufenthalten auf der Krim, auf Kamtschatka oder am Baikalsee schärft er den Blick für die Befindlichkeiten der befreundeten Großmacht. Daß er deren Kultur im allgemeinen und der Kochkunst im besonderen huldigt, wissen private Freunde und ehemalige Spione zu würdigen. Am offenen Kaminfeuer in konspirativen Objekten plaudert er gewandt und sachkundig über neue Werke sowjetischer Literatur und Filmkunst. Die Gäste loben die selbstgemachten Pelmenij-Teigtaschen als Zeichen russischer Gastfreundschaft.

Für die einzelnen Abteilungen der HVA gestaltet sich die überdimensionale deutsch-sowjetische Freundschaft in Form einfacher, überschaubarer Arbeitskontakte. Moskau und Berlin verkehren »auf Linie«, die Führung delegiert die Arbeit nach unten. Auffällig ist immer wieder: Die Gesetze des Geben und Nehmens haben Moskauer Zuschnitt. Der große Bruder guckt dem kleinen in die Karten und vermeidet es nach Möglichkeit, die eigenen aufzudecken. »Der kleine Bruder kann sich den großen eben nicht aussuchen«, kommentiert ein HVA-Oberst treffend.

Die Arbeitsbeziehungen betreffen die Abstimmung der Jahrespläne in den Grundzügen. Alternierend sieht man sich jeweils in Moskau und Berlin, von jeder Seite drei bis vier leitende Offiziere, und etwas Tourismus am Rande. Aktionen werden »angeschoben«, Berichte und Siegesmeldungen verfaßt und nach Moskau geschickt. »Allzu einseitig, das Verfahren«, bemerkt Oberst Hans lakonisch, »die Freunde schmücken sich mit unseren Federn...«

Einseitigkeiten zeigen sich bereits im wechselseitigen Verbindungswesen. Die der Abteilung X zugewiesenen Obristen Kornejew, Ljamin, Bysow und Ditschenkow erscheinen je nach Eigenbedarf in der Wolf-Zentrale, der Dienstausweis macht es möglich.

Deren Objekt in Berlin-Karlshorst ist für die DDR-Aufklärung weitgehend tabu. Sowjetische Gastfreundschaft hat plötzlich konspirative Grenzen. Auch Major Sergej, auf Freundschaftskurs gegenüber einem DDR-Offizier, muß kurzfristig die Einladung in die Karlshorster Privatwohnung stornieren. »Es gibt da Bestimmungen, weißt du«, sagt er verlegen. »Vielleicht später einmal...« Als er 1987 nach Moskau zurückversetzt wird, hinterläßt er seinem deutschen Kollegen in Berlin konspirativ Adresse und Telefonnummer. Der bemüht sich allerdings wenig später in Moskau vergeblich um den Kontakt. Die Angaben stimmen nicht.

Auch Oberst Jewgenij Ditschenko unterliegt einem Sinneswandel, als sich die DDR von der europäischen Bühne verabschiedet. Nach jahrzehntelanger deutsch-sowjetischer Kooperation in Berlin und Moskau begegnet er zufällig seinem Ex-Partner aus der HVA. Letzterer, inzwischen eher eine tragische Figur, signalisiert Wiedersehensfreude. Der »Genosse Jewgenij« gibt sich kurzsichtig und geht weiter.

Mein persönlicher Ansprechpartner »auf Linie« ist Major Sergej. Die Frisur silbergrau wie Präsident Jelzin, schon zehn Jahre in der DDR und dementsprechend mit guten Deutschkenntnissen ausgestattet. Er wohnt mit seiner Frau und zwei Töchtern in der Nähe seiner Karlshorster Zentrale. Die Wohnung ist klein und bescheiden, ein Namensschild sucht man vergebens an der Tür. Nur mit Mühe gelingt es mir, sowjetische Mitbewohner beim privaten Erstbesuch zu harmloser Auskunft zu bewegen, zumal sie den Deutschen noch immer nicht so recht über den Weg trauen. Später stellt es sich dann heraus, daß auch die KGB-Führung in Karlshorst (wohl aus dienstlichen Gründen) privaten Kontakten zu HVA-Mitarbeitern nicht eben aufgeschlossen gegenübersteht. Die deutsch-sowjetische Freundschaft ist immer wieder mit Halbherzigkeiten und diskretem Mißtrauen befrachtet.

Sergej besitzt ebenso wie sein Chef, Oberst Jewgenij, und vier weitere sowjetische Kollegen einen HVA-Dienstausweis. Er kann bei Bedarf kurzfristig die Zentrale in Berlin-Lichtenberg aufsuchen. Die Moskauer Abteilung für »Aktive Maßnahmen« produziert, wie im gemeinsamen Jahresplan festgelegt, mit nahezu preußischer Gründlichkeit Ausgangsmaterialien zu militärpolitischen und wirtschaftlichen Themen, die Sergej übersetzt und zur operativen Verwertung an die deutschen Freunde übermittelt. Mit »Sekretno« sind diese Papiere gekennzeichnet, die Decknamen der Aktionen nicht selten exotisch.

Eine Enthüllungsserie über US-Atomkriegsszenarien in Europa, die uns nahezu zehn Jahre lang beschäftigt, trägt den Decknamen »Tsunami« – das sind Meereswellen, die bei Seebeben oder Vulkanausbrüchen entstehen.

Auch das schottische Seeungeheuer Nessy wird in die tschekistische Mythologie transferiert. Auf dem afrikanischen Kontinent stattfindende Aktionen werden mitunter als »Safari« deklariert. Geheimdienstmitarbeiter, dies dürfte auf Ost und West gleichermaßen zutreffen, können ihre Phantasie zumindest in der Namensgebung voll ausleben, und sie machen kräftig Gebrauch davon.

Auch die Freundschaftskontakte der HVA zum KGB sind streng protokollarisch geregelt. Anläßlich von DDR-Feierlichkeiten erscheint eine Karlshorster Delegation regelmäßig und pünktlich zur Gratulationscour. Am Tag der Oktoberrevolution gratuliert die HVA, allerdings auch wieder im eigenen Haus. Die Verbindungslinie Karlshorst-Lichtenberg erscheint stets als Einbahnstraße. An den Jahresabschlußfeiern der HVA-Abteilungen nehmen als Ausnahme auch die Ehefrauen der KGB-Offiziere teil, meist etwas füllige, zurückhaltende Damen mit geringen Deutschkenntnissen und offensichtlich gehemmt in der ihnen aufgezwungenen Statistenrolle.

Eine weitere Episode deutsch-sowjetischer Freundschaft kündigt sich im März 1980 an. Ein Jahr zuvor war die Assistentin für Ratsoperationen der NATO, Ursel Lorenzen, »in die DDR übergetreten« und hatte auf Pressekonferenzen weltweit beachtete Erklärungen, die NATO betreffend, abgegeben. Die Materialien, die dabei verwendet wurden, stammten natürlich vorwiegend aus den Panzerschränken der HVA beziehungsweise gingen auf KGB-Erkenntnisse zurück. Phantasien von HVA-Experten erhöhten zusätzlich die Brisanz.

Bezugnehmend auf diese Aktivitäten bittet der KGB-Chef postalisch Minister Mielke um Hilfe. »Teurer Genosse Minister«, so heißt es, »zur weiteren politischen und moralischen Erziehung der Mitarbeiter des Komitees für Staatssicherheit der UdSSR haben wir beschlossen, einen Film über die aggressive NATO zu drehen und die Patriotin Ursel Lorenzen dabei einzubeziehen. Das Kamera-Team wird kurzfristig nach Berlin reisen.«

Wieder einmal entsteht ein Kundschafter-Streifen; bei Wodka und Krimsekt vertiefen die Beteiligten das Kampfbündnis. Im Überschwang der Gefühle verkündet Frau Ursel nach Abschluß der Dreharbeiten euphorisch, die russische Sprache erlernen zu wollen...

HVA-Alltag

Daß die DDR-Aufklärung institutionell dem Mielke-Imperium von Beginn an unterworfen wird, empfinden die Wolf-Mitarbeiter mit Unbehagen. Viel lieber wären sie, dem Bundesnachrichtendienst in Pullach ähnlich, in einem geheimen Waldgebiet der Berliner Umgebung seßhaft geworden und dort ungestört und unbeobachtet ihrer konspirativen Tätigkeit nachgegangen. Zudem mochten die Auslandsnachrichten-Dienstler sich nicht an das militärische Brauchtum gewöhnen, das Mielke seinen Tschekisten gnadenlos verordnete und auch täglich exerzierte: Säbelgerassel, die zackigen Grußerweisungen, das Antreten vor gehobenen Uniformträgern, die Ordensliebe, der Donnerbalken im Manövergelände...

Aber, die Verhältnisse, sie sind nicht so. Allmorgendlich eilen die Spionageoffiziere gemeinsam mit den durch die Zwangsehe verbundenen Abwehrspezialisten gen Berlin-Lichtenberg. Da die Benutzung von Dienstfahrzeugen zwischen Wohnung und Dienststelle dem »kleinen Mann« nicht vergönnt ist, versammelt sich das Heer der Namenlosen vorwiegend in den U-Bahn-Zügen. Der neutrale Berliner erkennt seine Pappenheimer mühelos. Sie sind für die Verhältnisse etwas zu fein gekleidet, durch die Bank bartlos und verlassen das unterirdische Gefährt an der MfS-Station Magdalenenstraße. Die Anwohner im Revier wundern sich über die unendlich scheinenden Ameisen-Anmärsche nicht. Sie sind ebenfalls meist Mitarbeiter »des Organs«.

Nur die Mitarbeiter eines kleinen Betriebes, der sich mit der Produktion von Gießereimodellen beschäftigt und der Zentrale vorgelagert ist, schauen immer wieder erstaunt über den Zaun. Das zahlenmäßige Mißverhältnis zwischen Arbeiterklasse und Sicherheitsapparat wird ihnen überdeutlich vor Augen geführt. Aber auch sie gewöhnen sich daran im Laufe der Jahre. Wie viele Menschen letztlich in das Mammut-Objekt einsickern und dort ihrer geheimnisvollen Tätigkeit nachgehen, bleibt bis zum Ende geheim. Nur die Vertreter der Aufklärung behalten, die Wolf-Truppe betreffend, den geschätzten Überblick. Von drei- bis viertausend Mitarbeitern ist die Rede.

Spektakulär vollzieht sich in den Morgenstunden der Einmarsch der Führung. Die Abteilungsleiter nahen mit westlichem Gefährt (zumeist der Marke FIAT) und bedeutungsvollen Gesichtern. Sie verfügen über einen personengebundenen Freifahrtschein – die Ausweiskontrolle entfällt.

Mit sichtbarer Erregung grüßt der Posten die Nummer Eins des Hauses und stammelt Meldung: »Keine besonderen Vorkommnisse«. Wolf scheint diese Szenerie nicht wahrzunehmen. Mit unbewegter Miene reicht er dem Soldaten die Hand, ein entrücktes, flüchtiges »Guten Morgen«, dann die Non-Stop-Fahrt mit dem Lift in die 9. Etage. In den Mittagstunden eine Wiederholung des Auftritts. Die Generalität begibt sich auf den »Feldherrnhügel«, um das Essen einzunehmen. Der Auftritt wird zur Prozession. Mit Wolf an der Spitze, andächtig das Gefolge, wieder im gebührlichen Abstand die Stellvertreter.

Selbst auf dem »Hügel« scheiden sich noch einmal die Geister. Die Obristen speisen dort, aber die HVA-Generalität entschwindet ins kleine Separee und will unter sich bleiben. Nur die Abwehr-Generäle geben sich volkstümlicher und belegen ihren Stammtisch neben den Obristen. Einheitlich als Glücksumstand empfinden es offensichtlich alle Beteiligten, daß der Minister stets in seinem Arbeitszimmer speist und seinen Untergebenen wenigstens nicht hier den Appetit verderben kann.

Wer in den scheinbar heiligen Gefilden der HVA den Geist der Aufklärung sucht oder auf den Kick des Außergewöhnlichen aus ist, sieht sich getäuscht. Die Nüchternheit des Bürobetriebs drückt dem Gebäude den Stempel auf. Hier werden Menschenschicksale und Materialien verwaltet, registriert und abgeheftet. Es ist eine Welt der Pläne, Berichte, Analysen und Abrechnungen. Angesichts der Eintönigkeit und Biederkeit würde der Agent Seiner Majestät, James Bond, verzweifeln. Es riecht nach Waffenöl. Aber reinigt James seine Waffe selbst? Den HVA-Mitarbeitern bleibt das nicht erspart, vermutlich empfinden sie diesen Geruch deshalb als besonders unangenehm. Schließlich erfährt der militärische Faktor mindestens einmal im Jahr eine plötzliche Zuspitzung. Im HVA-Stab wuchert ein Arbeitsgruppe von Eisenfressern, die das Kriegshandwerk professionell betreibt und bemüht ist, den HVA-Mitarbeiter gründlich das Fürchten zu lehren. »Feldlager« heißt das Code-Wort für das Training soldatischer Tugenden, unter »gefechtsnahen Bedingungen«, versteht sich.

Wie schon so oft in der deutschen Geschichte deklarieren sich leitende Dienstgrade dann rechtzeitig als »unabkömmlich« und meiden das Kriegsgetümmel im Manövergelände. Generäle sind grundsätzlich verhindert, schließlich besteht die Tradition eines führenden Generalstäblers darin, im weichen Federbett zu sterben. Oberste erscheinen zu einem Kurzbesuch, verlassen aber schnell wieder die Front. Die Mitarbeiter, zur Teilnahme verpflichtet, setzen ihrerseits die einzig verbliebene Möglichkeit ein, um sich der Tortur zu entziehen – die Spionage. Über Kontaktleute im Stab klären sie bereits zu Beginn des Jahres auf, welche Feldlagertermine für den kommenden Sommer zu erwarten sind. Dementsprechend legen sie wichtige Trefftermine in diesen Zeitraum beziehungsweise reichen rechtzeitig den Jahresurlaub ein. Nur so ist es zu erkären, daß in den 80er Jahren die Zahl der Feldlageristen auf ein Minimum schrumpft.

Der militärische Faktor liegt jedoch – auch jenseits der Schießübungen und kontinuierlichen Waffenkontrollen – wie ein unabwendbarer Fluch über dem eigentlichen Spionagegeschäft. Eine sogenannte Innendienstordnung, von Minister Mielke eigenhändig abgesegnet, regelt im Hause Wolf das innerbetriebliche Gebaren. Da ist in einem Dokument davon die Rede, ein Tschekist habe einen »ordentlichen Haarschnitt« zu tragen. Wer den Minister diesbezüglich betrachtet, weiß, was darunter zu verstehen ist. Lediglich bei körperlichen Mißbildungen im Gesichtsbereich läßt der Chef des Ministeriums eine Barttracht zu, die per Befehl und Sondererlaß zu genehmigen ist.

Ebenfalls per Befehl ist geregelt, daß sich der HVA-Mitarbeiter spontan vom Platz zu erheben hat, wenn ein Vorgesetzter das Dienstzimmer betritt. Die Erfahrung lehrt später, daß so mancher Oberst diese Vorschrift genußlich auskostet. Aber auch pikante Situationen werden per Vorschrift geregelt. Auf der Toilette, die von niederen und höheren Chargen notwendigerweise gemeinsam frequentiert wird, ist das Grüßen laut Innendienstordnung nicht zwingend vorgeschrieben.

Das Toilettenproblem beschäftigt das MfS in einer Weise, die in Spionagekreisen weltweit ihresgleichen sucht. Der Minister hat, wohl in der permanenten Furcht vor »jähen Wendungen« im Lande, angewiesen, daß sich ein Viertel der HVA-Belegschaft sonnabends im Dienstgebäude aufzuhalten hat. Die HVA-Führung ist nunmehr um Verfeinerung dieses wochenendlichen Kampfauftrags nicht verlegen. Sauberkeit, so heißt es, ist oberste Tschekistenpflicht.

Dieser Erkenntnis Folge leistend, erledigen die Spionage-Offiziere regelmäßig den vaterländischen Dienst in den Toiletten der Diensteinheiten – die Reinigungsutensilien liegen bereit. Nicht selten werden diese Amtshandlungen von der Frage begleitet, ob der Feind im bayerischen Pullach zu vergleichbarer Tätigkeit genötigt werde. Die Mehrzahl der Beteiligten mag daran nicht glauben. Und einmal mehr darf am Sonnabendvormittag in den Räumen der HVA gelacht werden. Witze machen die Runde: Die Frauenkommission beim Politbüro der SED hat beschlossen, eine »Miss-Wahl« zu arrangieren. Am Ende wird das Wahlergebnis bekanntgegeben: Margot Honecker ist Miss Bildung, Frau Mittag Miss Wirtschaft und Frau Mielke Miss Trauen...

Zwei polnische Väter, deren Söhne das 14. Lebensjahr erreicht haben, unterhalten sich über ihre Sprößlinge. Fragt der eine Vater: »Sag mal, dein Sohn wird jetzt vierzehn. Was machst du, schickst du ihn zur Heiligen Kommunion oder zur Jugendweihe?«

Der andere: »Natürlich zur Kommunion.«

»Wieso, was soll er denn werden?«

»Parteisekretär«

»Das machst du richtig. Da braucht er einmal einen starken Glauben.«

Sicherlich unvollständig bliebe das Ritual-Thema ohne Erwähnung der ständig und nahezu unerschöpflich inszenierten Feierlichkeiten »auf allen Ebenen«. Als Krönung empfindet es jedenfalls die Generalität, wenn der Minister persönlich bitten läßt und den großen Bahnhof befiehlt. Oft passiert das im Großen Saal des Adlershofer Wachregiments. Mit lautstarken Reden weiß der Chef des Hauses sich im absoluten Vordergrund; der ergebenen Gefolgschaft darf er sicher sein.

Auch die HVA-Festlichkeiten im Saal des »Feldherrnhügels« geben sich militärisch. Die lautstarke Meldung an den großen Wolf darf ebensowenig fehlen wie die zahlreichen Ordensspangen, die von den Beteiligten zuvor am dunklen Tuch mühevoll befestigt wurden. Markus Wolf genießt es sichtbar, an der Spitze seiner Stellvertreter die absolute Nummer Eins zu sein. Er begegnet dabei den Ausgezeichneten und Beförderten zugleich mit kühler Distanz. Lockere Fröhlichkeit stellt sich da nicht ein, die monumentale Reserviertheit der Leitung läßt bestenfalls Ehrfurcht zu. Erst nach ihrem Abmarsch kommt Bewegung ins HVA-Gefüge. Die Teilnehmer entledigen sich schnell ihrer Orden, beim Umtrunk kehren zivile Bräuche zurück. »Trinkerfestspiele«, in den 60er und 70er Jahren oft lange und übermäßig in den Diensträumen der HVA gefeiert, werden später seltener. Als gar Moskau im Zuge von Glasnost und Perestroika alkoholische Getränke verteufelt, zieht die HVA pflichtgetreu nach.

Sicherheit zuerst. Dieser Slogan gilt, der geheimdienstlichen Logik folgend, seit Gründung der HVA für jeden Mitarbeiter. Er, so steht es in den Direktiven, unterliegt innerhalb der DDR der Pflicht zur »Abdeckung« seiner eigentlichen Tätigkeit. Er muß sich der möglichen gegnerischen »Bearbeitung« durch einen zweiten Lebenslauf entziehen. Das bedeutet den Aufbau einer dauerhaften Legende, die eventuellen Überprüfungen standhält. Daß »Legende« für »Lüge« steht, wird tunlichst verschwiegen. Auch von »Decknamen« der Mitarbeiter spricht man im Hause Wolf nur ungern. An der Belziger Schule halten die Lehrer den Begriff »Arbeitsname« parat. Eine dezente Verharmlosung vom Leben mit falschen DDR-Ausweisen, gefälschten Unterschriften und fiktiven Wohnadressen.

Der lebenslängliche Zwang zum Doppelleben wird für den HVA-Neuankömmling zunächst nicht sichtbar. Er wähnt sich als ein durch die Partei ausgewählter Sonderbeauftragter im konspirativen Umfeld, als Sozialist für alle Fälle. Erst später bemerkt er die Tragweite der einst unterzeichneten Verpflichtungserklärung. Aufrichtigkeit in der Ehe, parteiamtlich im Sinne sozialistischer Sauberkeit und Moral apostrophiert, ist plötzlich für den HVA-Mitarbeiter so nicht gültig. Stattdessen wird totale Verschwiegenheit verordnet, die notwendigerweise in die »operative Lüge« hinüberwächst. Auf diese Weise geraten auch die eigenen Verwandten und Bekannten in die Rolle von de facto feindlichen Personengruppen. Eine folgenschwere Klassifizierung, wie später so mancher Wolf-Mitarbeiter persönlich und schicksalhaft erfährt. Ehefrauen flüchten aus der Welt des pathologischen Mißtrauens oder erkannter Überprüfungsmaßnahmen »des Hauses« in die Scheidung, Kinder entfremden sich dem Vater, der im Auftrag seiner Dienststelle mit gezinkten Karten spielen muß oder auf Grund des erzwungenen Doppellebens seine Erziehungspflichten vernachlässigt. Auch in den DDR-Wohngebieten, von der SED als Hort sozialistischer Wohngemeinschaften gepriesen, gerät der Wolf-Tschekist in die Isolierung. Die Konspiration gebietet Zurückhaltung und Tarnung des nachrichtendienstlichen Jobs, selbst vom gelegentlichen Besuch der nahegelegenen Gaststätte rät die mißtrauische Kaderabteilung nachdrücklich mit der Behauptung ab, gerade dort könne die »gegnerische Bearbeitung« ihren Anfang nehmen.

Die innere Sicherheit im Sinne der Konspiration in den Räumen der HVA ficht die Generalität über längere Zeit nicht an. Die Mitarbeiter haben in den Tag- und Nachtstunden ungehindert Zutritt zum Objekt und zu allen Schlüsseln der Abteilungen. Dem nächtlichen Telefondienst liegen sämtliche Anschriften der HVA-Mitarbeiter im Klartext vor. Der Grenzbahnhof Friedrichstraße hat für die Offiziere der HVA keine Mauer. Nach festgelegtem System schleusen sie Personen und Gepäck von Ost nach West und umgekehrt. Daß sie selber in Richtung Westen nicht reisen dürfen, halten sie für ein Gebot der eigenen Sicherheit. Sie finden sich mit der Tatsache ab, daß für die »West-Schiene« ausschließlich das IM-Netz zuständig ist.

Die Lage ändert sich schlagartig, als Oberleutnant Werner Stiller, Mitarbeiter der HVA-Abteilung XIII, im Januar 1979 die Seiten wechselt und zunächst als vermißt gilt. Erst Tage später wird bekannt, daß er das Nadelöhr Friedrichstraße für seine spektakuläre Flucht benutzt und kofferweise geheimes Material abtransportiert hat. Erich Mielke, so heißt es, sei außer sich wegen des Ein- und Ausbruchs. Die Wolf-Truppe gerät über Nacht in Verruf.

Sogleich hagelt es Verbote und Befehle in Sachen Sicherheit. Die operative Arbeit gen Westen kommt völlig zum Erliegen. Die Arbeitsgruppe Sicherheit, zugleich für das Operationsgebiet zuständig, wird personell massiv verstärkt, die Jagd nach weiteren, noch unbekannten Feinden intensiviert.

Trotz dieser Restriktionen erleben HVA-Mitarbeiter die Öffnung nach Westen. Die Anerkennung der DDR, insbesondere in den 70er Jahren, und die Konferenz für Sicherheit und Zusammenarbeit in Europa (KSZE), öffnen das Tor zur Welt. Die neu zu installierenden DDR-Botschaften bieten sich der HVA als operative Basis an. Es entstehen zahlreiche »Residenturen«, wie sie der große Bruder in Moskau (und auch der Klassenfeind) in seinen diplomatischen Vertretungen unterhält. Der Reiseverkehr gen Westen mobilisiert nicht nur Diplomaten, Handelsreisende, Wissenschaftler und Künstler. HVA-Offiziere entdecken gleichermaßen die attraktiven Seiten der Operationsgebiete und schlüpfen zwecks Treffdurchführung an exotischen Orten in die Rolle des DDR-Diplomaten mit dem roten Pass.

Den meisten Mitarbeitern bleiben jedoch diese Reiserouten versagt. Die Devisenknappheit der DDR reguliert die Ausnahmeerscheinungen des Diensttourismus auf ihre Weise. Nur wichtige Quellen werden zu Auslandstreffs mit der Zentrale eingeladen. Der vorgangführende Mitarbeiter bleibt oft genug zu Hause, wenn der Abteilungsleiter oder gar der General sich zur Teilnahme entschließt. Über die Sicherheit, etwa in Österreich, in der Schweiz oder in Skandinavien, wacht eine in der HVA neu formierte Koordinierungsstelle (KOST). Sie sorgt unter anderem dafür, daß bestimmte Flugrouten nicht mit HVA-Passagieren »überfrachtet« werden, und hält die Verbindung zu den Residenten, um die Betreuung der Gäste aus Berlin vor Ort zu sichern. Nicht zuletzt verlangt die KOST nach Abschluß jeder Reise einen umfassenden Bericht über den technisch-organisatorischen Verlauf und die jeweiligen »Regimeverhältnisse«, darunter erkannte gegnerische Kontrollmaßnahmen, Schwachstellen, geeignete Trefflokale und Fluchtwege für den Ernstfall.

Aufmerksam ist die HVA-Leitung bemüht, das IM-Netz im Operationsgebiet vor feindlichem Zugriff zu sichern. Die vorgangführenden Mitarbeiter sind angehalten, ständig Sicherheitsanalysen zu fertigen und fortzuschreiben. Für die Abwehr plötzlich auftretender Gefahren werden spezielle Alarmpläne erarbeitet, die codierte Warnungen an die Quelle enthalten. Selbst in Spannungszeiten und kriegsähnlichen Situationen, so orientiert die Zentrale, sind die Verbindungen unter allen Umständen aufrechtzuerhalten. Festnahmen von Quellen oder »Konfrontationen mit dem Feind« werden von der AG »S« regelmäßig in Leiterschulungen ausgewertet. Schlußfolgerungen und Erkenntnisse fließen über die Linien-Abteilungen an die aktiven Quellen zurück.

Zum Schutz des IM-Netzes wird die HVA-Abteilung IX gegründet, deren Aufgabe unter anderem darin besteht, in Aufklärungs- und Abwehrdienste der Bundesrepublik einzudringen. Durch geworbene Spione, speziell im Abwehrbereich, ist die HVA täglich über Fahndungen und Observationen der anderen Seite informiert und macht die jeweiligen Erkenntnisse kurzfristig den operativen Linien zugänglich.

HVA-Innenansichten

Die Abteilung I, repräsentiert durch ca. 50 Mitarbeiter, wandelt auf den Spuren der Bundesregierung. Ihr Ziel besteht darin, in den Apparat des Bundeskanzleramtes einzudringen sowie das Auswärtige Amt und andere wichtige Ministerien zu infiltrieren. Auch der innerdeutsche Handel gehört dementsprechend in das Ressort dieser Abteilung. Der jüngst verhandelte Fall Wienand vor dem Oberlandesgericht in Düsseldorf belegt diese Zuständigkeit. Wienand war als SPD-Spitzenpolitiker von einem OibE der Abteilung I fortgesetzt abgeschöpft worden. Langjährig zugeordnet war der Abteilung I auch das »Institut für Politik und Wirtschaft« unter der Leitung vom Prof. Max Schmidt, das eine eigene Operativgruppe der Hauptverwaltung unter dem Dach seines Instituts beherbergte. Dieses Institut war für direkte und indirekte Kontakte bis hin zur Bundesregierung bekannt. Auch im Haus Rissen in Hamburg und bei Instituten, die mit der Friedens- und Konfliktforschung befaßt waren, gaben sich die Männer des OibE Prof. Dr. Herbert Bertsch die Klinke in die Hand. Nicht zuletzt befanden sich die KoKo-Unternehmen im Verantwortungsbereich dieser Abteilung. Als Makel empfinden heute die ehemaligen Mitarbeiter der Abteilung I die Tatsache, daß ihr einstiger Referatsleiter Dr. Werner Roitsch, unter anderem für die Aufklärung des Auswärtigen Amtes zuständig, nach der Wende zum einstigen Gegner überlief und ehemalige Quellen seines Verantwortungsbereiches offenbarte.

Die personenstarke Abteilung II, speziell auf die Bundestagsparteien und die politischen Organisationen in der Bundesrepublik orientiert, geht mit nachweisbar bedeutenden operativen Stützpunkten in die HVA-Geschichte ein. Die Öffentlichkeit erinnert sich an die Fälle William Borm und Karl-Heinz Porst von der FDP, Gunter Guillaume oder an den bayerischen SPD-Landtagsabgeordneten Dr. Cremer. Die Sekretärinnen Lüneburg, Goliath und Broszey lieferten wichtige Informationen aus dem jeweiligen Tätigkeitsbereich. Der CDU-Abgeordnete Julius Steiner, der 1972 mit seiner gekauften Stimme den Bestand der Regierung Brandt sichern half, verdient Erwähnung.

In den Gewerkschaften erregte seinerzeit der Fall Gronau Aufsehen. Aber auch im sogenannten »linken Spektrum«, den Gliederungen der außerparlamentarischen Opposition 1968, kannten sich die Mitarbeiter der Abteilung II bestens aus. Erst kürzlich fand man in der Konkursmasse der Bezirksverwaltung Leipzig des MfS ein vom Abteilungsleiter Kurt Gailat unterzeichnetes Schriftstück, das eine Vorstellung vom Ausmaß vermittelt, mit dem die Abteilung II in den linken Gruppierungen agierte. Von programmatischer Mitgestaltung sowie von der Werbung einzelner Führungspersonen war dort die Rede.

Die Abteilung III nannte sich lange Zeit, mit feinem Selbstwertgefühl, die Abteilung für »den Rest der Welt«. Tatsächlich ist sie, neben den Abteilungen I, II und anderen Fachabteilungen, für die Spionagearbeit in der gesamten westlichen Welt verantwortlich – mit Ausnahme der Vereinigten Staaten und der Bundesrepublik. Ihre Mitarbeiter waren gleichzeitig Geheimdienstler und Diplomaten, in der Mehrzahl im Institut für Internationale Beziehungen in Moskau oder in Potsdam-Babelsberg ausgebildet. Nach Aussagen entsprechender Mitarbeiter haben sie sich mehr als Diplomaten denn als Mitarbeiter des Geheimdienstes gefühlt. Der Nadelstreifen gehörte zum geschätzten Statussymbol. Den Residenten an der Pariser Botschaft der DDR, Waldemar Zörner, nannte dann seine Crew auch ironisch »Monsieur Adrett«. Unter der Leitung von Generalmajor Werner Prosetzky und Oberst Horst Machts sind Wolfs »Diplomaten« nach der Anerkennung der Eigenstaatlichkeit der DDR über die Welt verteilt – Asien, Afrika und Lateinamerika werden zu erklärten Zielen der »operativen« Arbeit.

Die HVA spielt nun gegen eine Weltauswahl. Dabei leisten die in der Ferne tätigen Residenten eine Mammutarbeit. Neben den Anforderungen des diplomatischen Dienstes sind die jeweiligen nachrichtendienstlichen Aufgaben zu erfüllen. Generalleutnant Horst Jänicke verlangt einen aktiven nachrichtendienstlichen Beitrag »für die Heimatfront«. Vertrauenskontakte sind zu schaffen. Per Funk ist der Kontakt aufrecht zu halten. Anderseits hat auch der betreffende Botschafter seinen diplomatischen Arbeitsplan zu rechtfertigen und kann auf die fachliche Unterstützung seiner Presseattachés oder Botschaftsräte nicht verzichten.

Oft treffen nachts bei den operativen Diensthabenden in der Berliner Normannenstraße Blitztelegramme ein, die von außergewöhnlichen Ereignissen berichten, Staatsstreiche und bürgerkriegsähnliche Zustände inklusive. Allerdings genießen die Geheimdienstler an vorgerückter Front auch die Vorzüge des Operationsgebietes. Die Aufklärer im afrikanischen Raum schwärmen von der feudalen Betreuung. Sie lassen sich von Kraftfahrern und anderem Dienstpersonal wie Exzellenzen verwöhnen. Wer klug ist, hält sich jedoch bei den seltenen Aufenthalten in der DDR, meist aus Urlaubsgründen einmal pro Jahr, mit begeisterten Schilderungen über das Gastland zurück. Der Neid der Daheimgebliebenen wuchert auch in der HVA. Viele Streiter an der unsichtbaren Front sind darum auch froh, wenn dem Ende des einen Einsatzes sogleich eine Neuberufung folgt.

Die Abteilung IV der Hauptverwaltung beschäftigt sich vorzugsweise mit der Bundeswehr und ihren Formationen. Sie konkurriert zugleich mit ihrer Parallelabteilung im Ministerium für Nationale Verteidigung – der sogenannten »12.« Verwaltung – um die besten Aufklärungsergebnisse. Daß sich die jeweiligen Offiziere, bedingt durch den Konkurrenzdruck, nicht besonders mögen, liegt auf der Hand. Die Mitarbeiter Zaunig, Jungheinrich, Pestel, Schöbel, Reckling und Böttger wußten mit den Quellen »Charly«, »Nana«, »Siegfried«, »Kriemhild«, »Peter« und »Florian« zu glänzen.

Die Abteilung V ist der Auswerter des gesamten Sektors Wissenschaft und Technik, SWT genannt. Vor allem geht es um »Blockade«-Güter mit wissenschaftlich-technischem Höchststand.

Die Abteilung VI, die sogenannte »Regime-Abteilung«, beschafft die zur Aufklärung nötigen Visa, Dokumente, kartografisches Material für entsprechende Einsatzfälle und anderes. Die Zuneigung der operativen Mitarbeiter für diese Abteilung ist eher gedämpft. Von den Angehörigen der Abteilung VI geht bürokratische Restriktion aus, vom sturen Einhalten festgelegter Sprechzeiten bis zum Seelenterror mittels Stempelkissen und Anforderungsformularen.

Aufgrund der weltweiten geheimdienstlichen Arbeitsweise hat die Auswertungsabteilung eine entscheidende Bedeutung. In der Abteilung VII laufen fast alle Informationen zusammen. Die Mitarbeiter der verschiedenen Referate sind fachlich entsprechend qualifiziert und erfahren im Laufe der Dienstzeit ihre spezielle Ausbildung. Obgleich von den operativen Mitarbeitern im stillen als »Fachidioten« betrachtet, sind sie in ihrer Dienststellung doch umworben. Schließlich verteilen sie bei der Auswertung der Aufklärungsergebnisse Noten. Von dieser Einschätzung hängt dann oft die Karriere der operativen Mitarbeiter ab. Immerhin geht es um Auszeichnungen und Beförderungen. Deshalb ist jeder Aufklärungs-Offizier bestrebt, ein gutes persönliches Verhältnis zu seinem Auswerter herzustellen.

Der Alptraum für alle Mitarbeiter ist das Anfertigen sogenannter »Stimmungsberichte«. Minister Erich Mielke hatte wie so oft verfügt, daß die Hauptverwaltung verstärkt über Probleme im Alltag der DDR zu recherchieren und zu berichten habe. Natürlich weiß jeder Mitarbeiter aus Erfahrung, welcher Art diese Stimmungsberichte sein müssen: langatmige Schilderungen von Banalitäten, die mit Hochrufen auf die ruhmreiche Parteiführung enden. Nur widerwillig geben sie diese Anordnungen an die betreffenden Kontaktpersonen weiter, die Tendenz ist lustlos. Meistens werden Sachverhalte bis zur Unkenntlichkeit geschönt oder am besten gleich frei erfunden. In diesem Zusammenhang kann man sich auf die Abteilung VII verlassen, eventuelle Ungereimtheiten oder sachliche Unklarheiten werden herausgefiltert. Denn eine Berichterstattung voller kritischer Sachverhalte an die Parteiführung kann sich der Leiter der Abteilung VII, Dr. Werner Bierbaum, im Hinblick auf seine geradlinige Karriere nicht leisten.

Als Superabteilung wird in den letzten fünfzehn Jahren der HVA die Abteilung IX entwickelt. Sie befaßt sich ausschließlich mit der Bearbeitung, das heißt Ausspähung und Unterwanderung gegnerischer Geheimdienste. Diese Aufgabe wurde zuvor von der Hauptabteilung II des MfS unter der Leitung des Generalleutnants Günter Kratsch wahrgenommen. Erich Mielke hatte 1973 ein jahrelanges Kompetenzgerangel zwischen Wolf und Kratsch durch diese Struktur-Entscheidung beendet.

Chef dieser Abteilung wird der Generalmajor Harry Schütt, der zuvor die Abteilung IV geleitet hat. Die »IX.« wird nach ihrer Übernahme in den Verantwortungsbereich der HVA schnell zu einer großen, leistungsfähigen Truppe aufgestockt. Ihre Mitarbeiter sehen sich bald darauf als Elite. Die Spione Kuron und Dr. Gast beweisen später, wie effektiv diese Abteilung gearbeitet hat. Auch der Überläufer des Bundesamtes für Verfassungsschutz, Hans-Joachim Tiedge, erscheint auf der Habenseite der Truppe.

Doch zur Überheblichkeit besteht kein Anlaß. Der Schütt-Stellvertreter Karl-Christoph Großmann, nicht verwandt oder verschwägert mit dem letzen HVA-Chef, wird 1987 von den »Feldjägern« der Disziplinar-Truppe kassiert und zahlreicher Vergehen verdächtigt. Nach einer kurzen Gastrolle als »Berater« des HVA-Chefs quittiert Oberst Großmann den Dienst. Wie man weiß, nicht freiwillig. Danach entwickelt er sich zu einem Gegner des Hauses Mielke. Er fühlt sich zu unrecht verstoßen. Später wird ihm unterstellt, zur Wendezeit aussagefreudiger als seine ehemaligen Genossen und Mitarbeiter gewesen zu sein. Während des Prozesses gegen Markus Wolf am Oberlandesgericht Düsseldorf ist auch Karl-Christoph (»Charly«) Großmann geladen. Er wird mit Geldzahlungen in Verbindung gebracht, die Großmann allerdings bestreitet. Der Journalist und Ghostwriter Rudolf Hirsch, der das Buch »Der Markus-Wolf-Prozeß« verfaßte, läßt allerdings auch Andeutungen freien Raum, wonach der Abtrünnige in seinen politischen Anschauungen den Werturteilen der ehemaligen DDR weitgehend den Rücken gekehrt habe.

Die Abteilung XI beschäftigt sich ausschließlich mit der geheimdienstlichen Tätigkeit im Operationsgebiet USA beziehungsweise nordamerikanischen Einrichtungen in Europa. Die Abteilung XI gehörte ursprünglich zur Abteilung III, wurde dann aber der Spezialisierung wegen strukturell separiert.

Über die Aufklärungserfolge dieser Abteilung unter der Leitung von Oberst Jurgen Rogalla ist wenig bekannt. Überliefert ist, daß die operativen Möglichkeiten der Abteilung vor Ort, das heißt in den USA, durch Aktivitäten des FBI, eingeschränkt waren. Außerdem unterlagen die Späher in New York und Washington auch der Weisung der HVA-Führung, durch aufklärerische Aktivitäten innerhalb der USA nicht aufzufallen. (Mit ähnlicher Einschränkung mußte auch die Abteilung I leben, die für die diplomatische Vertretung der DDR in Bonn zuständig war.)

Die Abteilung XII unter ihrem Leiter Dr. Klaus Rößler versuchte mit Erfolg, in die NATO-Stäbe in Paris und später in Brüssel einzudringen. Der Spionagefall Rupp (»Topas«) geht auf die Arbeit dieser kleinen und effektiven Gruppierung zurück. Auch die Nord- und Südflanke der NATO wurde effektiv »bearbeitet.«

Die Abteilungen XIII, XIV und XV bildeten den Sektor Wissenschaft und Technik. Hier war die Wirtschafts- und Industriespionage der Hauptverwaltung konzentriert. Verantwortlich für die Arbeit dieses Bereichs waren u. a. der Generalmajor Horst Vogel und Oberst Manfred Süß. In welchem Verhältnis Aufwand und Nutzen standen, wird von Kommentatoren verschieden beurteilt. Ich schließe mich bei der Einschätzung des minimalen Werts dem Urteil der »Spiegel«-Redakteure von 1979 an: »Und da scheint eben doch ein wenn auch begrenzter ökonomischer Nutzen solcher Spionage erkennbar: Die DDR-Wirtschaft, die das Erspähte nur ausnahmsweise direkt für die eigene Produktion einsetzen kann, ist über den jüngsten Stand der Technik informiert – und das erspart zumindest Fehlinvestitionen. Die HVA-Abteilungen 13 bis 15 verstehen sich mithin als eine Art Dienstleistungsunternehmen für die DDR-Wirtschaft.«

Kurz vor Ende der DDR wurden weitere Abteilungen in der HVA geschaffen, die allerdings kaum noch Wirkung erreichten. Als spektakulär gilt heute lediglich noch die Abteilung des Obersten Gotthold Schramm. Anlaß für ihre Gründung waren eine angenommene Spannungs- oder Kriegssituation und daraus abgeleitete Sonderaktionen der HVA nach Partisanenart. Das dienstliche Schicksal der Beauftragten Gotthold Schramms im Operationsgebiet, sprich: in den »alten« Bundesländern, bleibt Geheimnis der Beteiligten vom MfS und vom Verfassungsschutz. Ob Depots an Waffen- und Nachrichtentechnik existieren, wurde nie bekannt.

Eine weitere Strukturerweiterung erfolgte mit der Gründung eines Stabes unter Generalmajor Heinz Geyer, zuvor Chef der

USA-Abteilung XI. Der HVA-Mitarbeiter empfand den Stab als lästig, zumal das Berichtsunwesen durch diese zusätzliche Informationsebene potenziert wurde. Die Meldepflicht überlagerte schließlich alle operativen Aktionen. Als negativ bleibt ferner in Erinnerung, daß kurz vor dem Ende der HVA Akten für den sogenannten Mobilfall angefertigt wurden, die unmittelbar nach der Wende in den USA auftauchten und zur Enttarnung zahlreicher Quellen beitrugen. Wie es heute heißt, hätten sich drei HVA-Offiziere des Auflösungskomitees gegen Bares eigennützig von ihrer Erbmasse getrennt.

Unter dem »Dach« des Stabes tummelten sich nicht zuletzt die Beauftragten für militärische Ausbildung und die Organisatoren von Alarmübungen. Sie zogen aus der Zuspitzung der internationalen Lage ihren persönlichen Nutzen. Um die eigene dienstliche Existenz zu beweisen, veranstalteten sie so oft als möglich Schießübungen und Militärlager.

Nicht unerwähnt bleiben soll ein zirka einhundert Mitarbeiter umfassender Bereich »Rückwärtige Dienste«, welcher bis zur Auflösung unter der Leitung des umstritten Obersten Thilo Kretzschmar stand. Der folgte dem alten deutschen Landser-Leitspruch: »Kamerad, schieß du, ich hole die Verpflegung«. Die Versorgung der Generalität und ausgewählter Offiziere mit PKW, Häusern und Ferienplätzen wurde fast so bedeutsam wie die Beschaffung geheimdienstlicher Erkenntnisse. Oberst Kretzschmar hatte bereits als persönlicher Mitarbeiter von Markus Wolf die Fähigkeit entwickelt und trainiert, die Wünsche der Vorgesetzten zu erahnen und bei ihrer umgehenden Erfüllung die Erwartung zu übertreffen. Mit diesem karrierefördernden Talent gerät man allerorts rasch in Schlüsselpositionen.

Alarm

»Morgen um drei ist die Nacht vorbei« reimt am Vorabend des 18. Oktober 1985 Oberst Heinz Enk vom Stab unter vier Augen und streng vertraulich. Eine der gefürchteten Alarmübungen steht ins Haus. Die Innere Führung probt wieder einmal den Ernstfall. Auf diese Weise vorgewarnt, sitze ich morgens um drei Uhr beim Notfrühstück, als der avisierte Anruf mich erreicht. Am Apparat ist »Atze« Boer, der in dieser Nacht für die militärische Präsenz zuständige Offizier der Abteilung X. Hörbar erregt murmelt er die angewiesene Formel: »Bitte begeben Sie sich unverzüglich in die Dienststelle...«

Noch bevor ich einen saloppen Kommentar erwidern kann, hat er aufgelegt. Schließlich sind laut Alarmplan noch vierzig weitere Kandidaten in Marsch zu setzen. Da ist Humor grundsätzlich verboten, vor »Kriegsbeginn« wird nach HVA-Verständnis nicht mehr gelacht. Übereifrige rasen mit ihren Dienstfahrzeugen in Richtung Lichtenberg. Abgeklärte gehen die Sache mit der nötigen Ruhe an und halten sich an die vorgeschriebenen Geschwindigkeiten, wissen sie doch, daß ihnen so manche Stunde sinnloser Tätigkeiten noch bevorsteht. Erst bei Betreten des HVA-Gebäudes mimen sie erwartungsgemäß kämpferisches Gebaren gegenüber dem dort postierten »Genossen Wichtig« aus dem Stab. Der hantiert mit einer Stoppuhr und fügt auf einer schwarzen Schiefertafel ominöse Schriftzeichen hinzu. Mit Erleichterung konstatiert der müde Manöverteilnehmer, daß aus gegebenem Anlaß der Paternoster in Betrieb gesetzt wurde. Übergewichtige wissen diese Geste des Stabes zu schätzen, äußern indessen zugleich den Verdacht, es sei wohl eher eine Verbeugung vor der Generalität. Die rückt ebenfalls ein und stellt sich an die Spitze der unvermeidlichen Kampfhandlungen.

Die erste Lagebesprechung bei Oberst Enk um vier Uhr früh beleuchtet schlagartig den Ernst der Lage. Der UN-Sicherheitsrat tagt seit Mitternacht ohne Pause, nachdem sich NATO-Manöver im Atlantik spektakulär ausgeweitet haben. Sowjetische Flottenverbände sind im Mittelmeeer gesichtet worden. Den Dardanellen droht die kurzfristige Schließung, Amerikanische B 52-Bomber sind aufgestiegen, sowjetische SS 20-Kontingente befinden sich in Alarmbereitschaft.

»Genossen«, so der Oberst, »die Lage ist unübersichtlich und droht zu eskalieren... Deshalb ist die Felddienstuniform als Dienstkleidung befohlen. Maschinenpistolen und Pistolen sind auszugeben, Teil I und II des Sturmgepäcks auf Vollständigkeit zu überprüfen. Die Fenster, speziell die zur Ruschestraße, sind zu verdunkeln.« Und mit einem kurzen Schmunzeln fügt er hinzu: »Es muß ja nicht jede Nachteule sehen, daß die ruhmreiche HVA schon wieder ins Manöver zieht...«

Die Offiziere fügen sich in ihr Schicksal, den meisten von ihnen sind soldatische Tugenden fremd. Stichprobenartige Kontrollen des Sturmgepäcks ergeben dann auch wieder fatale Mängel. Major Stein kann selbst nach heftigem Suchen sein Eßgeschirr nicht vorweisen. Hauptmann Traube schwebt in noch größerer Gefahr. Sein KC-Anzug, der ihn gegen atomare, biologische und chemische Angriffe schützen soll, bleibt trotz intensiver Suche verschwunden. Kurzes Gelächter kommt auf, als Traube kommentiert, das Tempo atomarer Explosionen stehe ohnehin in einem ungünstigen Verhältnis zu seiner Fähigkeit, die militärische Montur vorschriftsmäßig und schnell anzulegen.

Um fünf Uhr morgens steht die Kampftruppe erstmalig in Reih' und Glied. General Grossmann, mit einem ausgeprägten Hang zum Militärischen, nimmt die Stärkemeldung des Kommandierenden feierlich entgegen, dankt für die Einsatzbereitschaft und kündigt weitere Lageberichte an.

Die untrainierten, lustlosen Kämpfer übermannt nun sichtbar die morgendliche Müdigkeit. In Ermangelung von Liegen oder Luftmatratzen packen sich die Mitarbeiter im Kampfanzug auf ihre Schreibtische. Ein tschekistisches Nickerchen ist angezeigt. Parteisekretär Saar bemüht sich, die Präsentation sogleich für die politisch-ideologische Aufrüstung zu nutzen. »Mobilmachung, Genossen«, doziert er, »beginnt als erstes im Kopf und im Herzen. Wenn der Klassenauftrag im Kopf klar ist, dann hat der Gegner keine Chance, auch wenn er noch so raffiniert und heimtückisch vorgeht. Ich möchte euch bei dieser Gelegenheit die herzlichsten

Kampfesgrüße vom Genossen Otto Ledermann, dem 1. Sekretär der Parteiorganisation, überbringen...« Major Saar blickt erwartungsvoll in die Runde, aber Anteilnahme ist nicht erkennbar, Major Grünberg hörbar eingeschlafen.

Die Zuspitzung der Lage um sieben Uhr bringt schließlich wieder Bewegung. Der General hat gerufen und ein Grundsatzdokument verfaßt, das den Manöver-Namen »Entschluß« trägt. Stehend hören die Obersten die Erläuterungen, die Gesichter sind ernst, der militärische Faktor regiert.

»Genosse Busch, Sie haben das Wort!« Der General läßt den Chef des Lagezentrums der HVA vortragen. Busch ist einer der wenigen Offiziere, die tatsächlich vom Militärischen etwas verstehen. Er hat die Frunse-Militärakademie der Roten Armee absolviert und Kommandoebenen der Nationalen Volksarmee aus der Nähe kennengelernt. Nach kurzer Verbeugung in die Richtung des Generals, trägt er vor: »In Übereinstimmung mit dem sowjetischen Generalstab wird eingeschätzt, daß sich die strategische Lage zuspitzt. Die UNO, speziell der Sicherheitsrat, haben die politische Kontrolle über das Geschehen weitgehend verloren. Die politischen Gremien des NATO-Rates, auch die politische und diplomatische Entscheidungsfindung, sind paralysiert. Die militärische Führung des Westens, insbesondere die der USA, bestimmt ausschließlich die Handlungsabläufe; sie hat sich der politischen Kontrolle entzogen. Ein Funke genügt angesichts der gegenwärtigen Konzentration militärischer Mittel und des Standes der Atombewaffnung, um das Inferno auszulösen. Ich danke für die Aufmerksamkeit.« General Grossmann räuspert sich. »Genossen, ich denke, wir haben keinen Grund, die Lage zu bagatellisieren. Aber auch für Fatalismus und Selbstaufgabe besteht kein Anlaß. Nach Rücksprache mit den Freunden in Moskau kann ich mitteilen, daß militärstrategisch alle Vorbereitungen getroffen sind, dem Gegner bei dem Versuch, das Rad der Geschichte zurückzudrehen, eine entschiedene Abfuhr zu erteilen. Was uns als HVA angeht, sind wir als Nachrichtenorgan der Führung unserer Partei gegenüber verpflichtet, unter allen Lagebedingungen die volle Arbeitsbereitschaft des inoffiziellen Netzes zu gewährleisten. Dies betrifft insbesondere die Quellen in den Hauptobjekten der Operationsgebiete und diesbezüglich vor allem ein intaktes Verbindungswesen auch im Spannungs- und Ernstfall. Was nutzt uns die beste Spitzenquelle, Genossen, wenn der Kontakt zur Zentrale plötzlich abreißt und eventuell kriegsentscheidende Informationen uns nicht mehr erreichen? Ich weise deshalb an, bis 8.00 Uhr das Verbindungswesen folgender Vorgänge zu prüfen beziehungsweise zu überarbeiten und als ›Entschluß‹ einzureichen: Axel, Troja, Topas, Wiesel, Hecht, Bordeaux, Michele, Oxford, Prinz, Admiral, Römer, Papst, Fürst, Fred, Abdullah, Ohio, Henry, Tango...«

Die Teilnehmer der Runde nehmen ihre Notizbücher auf, verlassen schnell das Hauptquartier im 9. Stock und fahren mit dem Fahrstuhl zu ihren Diensteinheiten. Die Parteisekretäre haben zwischenzeitlich allgemeines Wecken der Truppe veranlaßt. Schlafend will man dem Kommandeur in kritischer Situation nicht in die Hände fallen. Inzwischen hat ein Insider zarte Bande zum Stab geknüpft und streng geheim erfahren, der Spuk nähere sich dem Ende. Diese trostreiche Information geht um wie ein Lauffeuer, denn auch negative Weiterungen sind nicht auszuschließen: Ablagerungen von Akten und Verfilmungen, Besetzung eines einsamen Waldobjektes, Wachdienst, Parteiversammlung in feuchten Zelten, quälerische Politinformationen, Schlangestehen an Gulaschkanonen...

Um acht Uhr früh dann die erlösende Mitteilung. Noch einmal »Große Lage« beim General mit Rapport zum Verbindungswesen. Das Fußvolk darf mit der Abrüstung beginnen und die Verdunkelungen beseitigen. Die Waffenkammer öffnet wieder zur Entgegennahme der Handfeuerwaffen. Die Mitarbeiter trennen sich erleichtert von ihrem Kriegsgerät. Ein Stiefelknecht geht von Hand zu Hand und wird mit Dankbarkeit quittiert, zumal einige betagte Tschekisten schon zu Zeiten des Zweiten Weltkriegs ihre Probleme mit dem militanten Schuhwerk hatten. »Genossen«, ruft Major Saar befreit in die Runde, »bei Regen findet der nächste Krieg wieder im Saale statt«. Hauptmann Berger ringt sich zu einem Schmunzeln durch. Er weiß: Der nächste Alarm steht tatsächlich schon im Terminkalender des Stabes unter Leitung des Generals Geyer, und ob es regnen wird, kann an diesem kühlen Morgen niemand vorhersagen.

Die Partei, die Partei, die hat immer recht

»Der Staat ist uns abhanden gekommen«, resümierte Markus Wolf unlängst. Enttäuschte, konsternierte Alt-Genossen suchen noch immer nach den Ursachen für das Debakel und finden in ihrem Weltbild keine schlüssige Antwort, warum die SED ihrer jahrzehntelang beschworenen führenden Rolle verlustig gegangen ist. War es der chronische Machtmißbrauch des Politbüros, dessen politische und fachliche Inkompetenz, die Realitätsferne, die das Schiff »DDR« in die Untiefen manövrierte? Waren möglicherweise Arbeitern und Bauern und »die mit ihnen verbündeten Klassen und Schichten« der historischen Mission nicht gewachsen? Schließlich hatte Bertolt Brecht nach dem 17. Juni 1953 der SED-Führung mit dichterischer Ironie empfohlen, einfach ein neues Volk zu wählen, nachdem sich das alte als aufmüpfig und offenbar unregierbar erwiesen hatte. Oder muß es tatsächlich ans Eingemachte gehen, an die Ideologie und Theorie, die dem Augenschein nach nicht zur materiellen Gewalt wurde? Vielleicht ist es tatsächlich eine Utopie, so Wolf, was wir für die Theorie hielten.

»Die Enkel fechten's besser aus«, tröstet sich ein ehemaliger HVA-Major, inzwischen in der Basisarbeit der PDS engagiert, wiederum in mühevoller Kleinarbeit unablässig im Einsatz, wie es die Partei schon zu HVA-Zeiten von ihm verlangte. »Oder die Urenkel«, räumt er ein.

Ich kam 1958 »in die Reihen der Partei«, wie es seitdem amtlich in allen Fragebögen hieß. Zunächst zwei Jahre als Kandidat, später als Vollmitglied. Nicht heilige Berufung empfand ich, gerade achtzehnjährig, bei dem Entschluß, auch blankes Karrieredenken konnte das Motiv nicht sein. Ich hatte 1957 das Abitur in einem kleinen Städtchen in der Mark Brandenburg gemacht und wollte um alles in der Welt studieren. Auch alle Beschwernisse auf mich nehmen, wenn es nur dem Erreichen dieses Zieles diente. Der schriftlichen Bewerbung an der Fakultät für Journalistik Leipzig folgte alsbald die strategische Weichenstellung. »Die Partei«, so hieß es im Antwortschreiben, »hat beschlossen, Deine Bewerbung zu prüfen«. Zugleich stellte sie fest, daß ohne eine enge Bindung an die Arbeiterklasse und den produktiven Einsatz an der Basis einer Zulassung zum Studium nicht stattgegeben werden könne. »Wir schlagen Dir eine Tätigkeit in einem geeigneten Produktionsbetrieb und nach Ablauf eines Jahres die erneute Bewerbung vor...«

Aus territorialen Gründen entschied ich mich für eine kleine, technisch weitgehend unterentwickelte Papierfabrik. Dies bedeutete das tägliche Entladen von Kohlewaggons. Der Kontakt zur Arbeiterklasse gestaltete sich hautnah. Unmittelbar vor dem Jahreswechsel 1957/58 näherte sich der Parteisekretär der Fabrik, ein alter Haudegen namens Viktor, im Klassenkampf erprobt, wie man sagte, ungeschlagen in der Betriebskantine beim Verzehr von Spirituosen. Er kam sogleich zur Sache. »Die Partei«, referierte er, »braucht junges Blut, wie du weißt. Es fehlt neuer Schwung. Außerdem bist du Hilfsarbeiter, davon haben wir sowieso zuwenig – und wenn du als Student 'reingehst... Von denen haben wir meines Wissens wieder zuviel. Deine Chancen sind hier am besten.«

Meine schwache rhetorische Gegenwehr wies er kategorisch zurück. Auch meine Bedenken, in der Partei gäbe es Karrieristen und Scharlatane, wußte der Genosse Viktor zu zerstreuen. »Recht hast du«, erwiderte er, »die Partei braucht Reinigung, und daran kannst und mußt du mitwirken...« Sodann holte der alte Fuchs den bereits ausgefüllten Aufnahmeantrag aus der Aktentasche, ergänzte, es sei alles »in Sack und Tüten«, zwei Bürgen wären vorhanden. »Einer bin ich«, schloß er die Debatte ab.

Unter derartigen Umständen, ohne Dramatik und spektakuläres Beiwerk, gehörte ich fortan zur »Vorhut der Arbeiterklasse«. Und die »Treue zur Partei« war dann auch eines der wichtigsten Kriterien für die Hauptabteilung »Kader und Schulung« im Hause Mielke – stets auf der Suche nach operativem Nachwuchs.

»Parteiorganisation A« nannte sich der vorgegebenen Struktur zufolge das politische Dach der DDR-Aufklärer. Mit väterlicher Strenge wachte General Otto Ledermann über Zucht und Ordnung in den Gliederungen, ständig ideologischen Unklarheiten auf der Spur, wohl wissend um die Anfechtungen von Parteimitgliedern, die so nahe am Klassengegner besonderen Gefahren ausgesetzt waren. Für Parteitreue, revolutionäre Wachsamkeit und Einsatzbereitschaft versprach er bei den monatlichen Anleitungen der Sekretäre Belohnung. »Wer sich in der Partei bewährt«, erklärte er, »dem stehen auch beim dienstlichen Werdegang alle Tür offen...«

Allerdings gab es zuweilen Negativ-Vorfälle, die dem »Genossen Otto« Schelte der übergeordneten Kreisleitung einbrachten hatten. Den Höhepunkt stellte der Abgang des Überläufers Stiller 1979 dar, der das Vertrauen der Leitung sogar als Parteichef der Abteilung XIII genossen und nun offensichtlich mißbraucht hatte. Aber auch die Trunksucht, so konstatierte Ledermann, schwäche mitunter die Kampfkraft in den Abteilungen. Einige Tschekisten hätten Probleme mit der ehelichen Treue, es sei gar ein Extremfall zu vermelden. Danach habe ein sonst zuverlässiger Offizier seinen fiktiven Zweitausweis dazu benutzt, eine Zweitehe einzugehen. Dies sei, so räumte der 1. Sekretär ein, zwar im rein »operativen Sinne« denkbar, im privaten DDR-Umfeld jedoch ein schweres Vergehen.

Aus gegebenem Anlaß war darum alljahrlich Berichte über den »politisch-moralischen Zustand« der Diensteinheiten zu fertigen. Politisch-ideologische Reinheit wurde dabei eingefordert. Die Schönschrift besorgten die Abteilungsleiter und Parteisekretäre in geheimer Abstimmung. Die Wahrheit blieb auf der Strecke. Den lückenlosen Überblick, die Kampfkraft betreffend, verschafften sich die Leitungen auch mit Protokollen, die nach jeder Versammlung minutiös angefertigt wurden. Wer sich wann und zu welchem Thema geäußert hatte, war somit schnell und präzise zu ermitteln. Ebenso gelang die Erfassung der »Schweiger«, die durch ihre Passivität bei Diskussionen verdächtig wurden.

Der Mittwochabend gehörte einmal monatlich dem »Rat der Götter« – es tagte die Zentrale Parteileitung. Prominenz war, mit Markus Wolf an der Spitze, angesagt. Noch Tage später berichteten die Mitglieder der ZPL dem Fußvolk andächtig von Auftritten des Meisters der Rhetorik und schwärmten von seiner strategischen Weitsicht. Selbst die Kunst des Zuhörens wurde der Nummer Eins positiv bescheinigt, wenn sie gelegentlich schwieg.

Schatten auf das Parteileben fielen mitunter, wenn der Minister persönlich bei der HVA erschien. Mielke, permanent von Mißtrauen und Argwohn erfüllt, hegte seit langem den Verdacht, die »Weißhemden« der Aufklärung wollten sich auf leisen Sohlen aus seinem Imperium davonstehlen. Tatsächlich zeigte Otto Ledermann während einer Parteiaktivtagung der HVA unabsichtlich Breitseite. »Ich begrüße als Gast besonders herzlich das Mitglied des Politbüros, den Genossen Erich Mielke«, rief der Versammlungsleiter kämpferisch. Der darauf hemdsärmlig: »Ick bin hier nicht als Gast, mein Lieber, ick bin hier als euer Minister, merkt euch das!«

Nur kurze Zeit vor seiner Berentung widerfuhr dem Genossen Otto weiteres Mißgeschick, das ihm als Anekdote in den Ruhestand folgen sollte. Der Arbeiter-General engagierte sich persönlich beim innerbetrieblichen Transport von Broschüren und genierte sich nicht, eine Sackkarre eigenhändig einzusetzen. In einer Minute der Unachtsamkeit jedoch hatte sich ein unbekannter Tschekist der Karre bemächtigt. Trotz konzentrierter Nachforschungen blieb sie bis zum Untergang der HVA unauffindbar.

Belzig

Der Fläming, eine Autostunde südlich von Berlin, gilt als romantische Gegend. Die Moränenlandschaft bietet Mischwälder, sanft geschwungene Täler, Forellengewässer und Einsamkeit. »Wie geschaffen für einen Kuraufenthalt«, kommentiert Oberst Wagenbreth hintergründig im Frühjahr 1979. »Die Kaderabteilung ist der Meinung, du brauchst wieder einmal politisch-operative Runderneuerung. Der nächste Lehrgang beginnt im September in Belzig, du kannst dich als delegiert betrachten.« Gegenwehr ist zwecklos, das ist klar. Ich richte mich auf das Unvermeidliche ein. »Du hast Glück im Unglück«, ergänzt die Vorzimmerdame, »Freitagabend ist jede Woche Heimfahrt nach Berlin. Vor zwanzig Jahren waren sie dort noch mehrere Monate ohne Kontakt zur Außenwelt interniert.«

Pünktlich um sieben Uhr setzt sich am ersten Septembermontag der HVA-Bus in Bewegung, nimmt Kurs auf die Autobahn Richtung Leipzig, verläßt die sie auf der Abfahrt Niemegk, passiert eine holprige Straße, verschwindet plötzlich im Wald. »Schule der Gesellschaft für Sport und Technik«, ein kleines Schild am Pförtnerhäuschen weist auf die Legende der Spionageschule. Der grün uniformierte Polizist öffnet eifrig den Schlagbaum, der Bus hält nach knapp einhundert Meter vor dem Wirtschaftsgebäude. »Willkommen im Archipel Gulag«, flüstert mein Nachbar, Major Betke. Vor dem Eingang stehen Oberst Otto Wendel, der Chef der Waldschule, sein Parteisekretär Horst König, und der Lehrgangsleiter Rudi Harnisch.

Sichtlich beklommen steigen die etwa vierzig Kandidaten aus. Wendel, die Hände wie ein Feldherr vor dem Körper verschränkt, hält eine kurze Ansprache. Um den Erfahrungsaustausch gehe es, um neue Werbemethoden, Quellenschutz, um das Eindringen in die Hauptobjekte des Feindes. »Seine militärischen und politischen Ziele offenzulegen, Genossen, ist und bleibt unser wichtigster Klassenauftrag. Deshalb seid ihr jetzt hier, als Kursanten und Offiziershörer. Der Legende der Schule entsprechend werden nachher GST-Uniformen ausgegeben und Arbeitsnamen festgelegt. Eure persönlichen Dokumente werden bei mir gesichert. Ausgang in die Stadt kann aus Gründen der Objektsicherheit leider nicht genehmigt werden.« Er räuspert sich: »Der Verratsfall Stiller im Januar dieses Jahres macht das leider erforderlich, es gab auch vorher schon Vorkommnisse im Ort.« Wendel berichtet von Dokumentenverlusten und Liebesaffären. Auch Schlägereien seien im Rausch schon angezettelt worden, was dem Ruf der Schule abträglich gewesen sei. Zudem verweist der Schulleiter auf eine heitere Episode: Ein echter Motorradfahrer der »Gesellschaft für Sport und Technik« sei mit einer Reifenpanne in Belzig liegengeblieben und von einem hilfsbereiten Passanten an die nahegelegene Schule verwiesen worden. Der Posten im Pförtnerhaus verweigerte natürlich die Hilfeleistung. Die Wirklichkeit war mit der Legende offensichtlich nicht in Übereinstimmung zu bringen.

»Und jetzt, Genossen, ist erst einmal Frühstück«, schließt der Redner seine Ausführungen ab. Die Neulinge unter den Kursteilnehmern betreten unsicher den spartanisch bestückten Raum. Oldies konstatieren: »Alles noch wie früher.« Die knarrenden Dielen, das dürftige Büfett, das Aluminiumbesteck... Der Kaffee hat auch nicht an Stärke gewonnen. Die nach der Uniformausgabe erfolgende Belegung läßt ebenfalls wenig Raum für Optimismus. Die Baracken vermitteln Nachkriegsatmosphäre. Hauptmann Marsch entdeckt gar eine tote Maus im Kleiderschrank. Major Betke, der bereits im »Operationsgebiet BRD« diplomatisch Dienst tat und bessere Zeiten gesehen hat, murmelt: »Was uns nicht umbringt, macht uns nur noch härter.«

Das Mittagessen offenbart KGB- und MfS-Traditionen: Die Lehrer ziehen sich ähnlich dem Brauch der Berliner HVA-Führung in separate Räumlichkeiten zurück. Erst abends überspringen die Beteiligten Standeshürden. In der schmucklosen Gaststätte geraten Hörer und Lehrer gelegentlich an denselben Stahlrohrtisch, beim Skat verlieren sich dann die Unterschiede. Vor dem Bier aus Dessau, das ohne Blume angeboten wird, sind schließlich alle Tschekisten gleich.

Zu einsamen Höhepunkten gestaltet sich mitunter der Auftritt des Chefs der Waldschule. Experten und Eingeweihte wissen um seine Fähigkeit, einer Geige melancholische Töne zu entlocken, die harmonisch in der Abgeschiedenheit des Urstromtals verklingen. Nach heftigem Drängen der Kursteilnehmer hält der Oberst mitunter stundenlang musikalischen Vortrag. Auch Lehrer Dambowi, seinerzeit in den Fläming strafversetzt, weiß um die gewaltige Wirkung deutsch-russischen Liedgutes. Nach strapaziösem Tagewerk greift er zuweilen beherzt zum Schifferklavier und besingt schwermütig die »Partisanen vom Amur« oder die »Moorsoldaten«.

Nach ersten allgemeinen Einführungsvorträgen ergreifen Aufgeregtheiten vom Belziger Objekt Besitz. Die erste Garnitur aus Berlin hat sich angesagt. Diese Ehre weiß man in der Etappe besonders zu schätzen. »Als erster kommt Mischa«, erklärt Oberst Otto bedeutungsvoll und gibt sogleich den Befehl zum Harken und Fegen des Objekts, da das erste Herbstlaub vor dem Schulgebäude niedergeht. Desweiteren werden die Fenster des Vortragssaals gereinigt. Ein Probelauf der Videogeräte erfolgt, denn auch die Schule ist an der Schöpfung der »Chronik der HVA« beteiligt. Dr. Walter, der zweite Mann am Ort, hat vorsorglich einen besonders repräsentativen Blumenstrauß geordert. Er steht, hinter dem schwarzen Bühnenvorhang versteckt, in einem Wassereimer.

Der Saal ist bis auf den letzten Platz gefüllt. Auch Parteischüler sind kurzfristig hinzugezogen worden, um die Kulisse zu verstärken. Major Betke ahnt das Entree des »Langen«. »Normalerweise«, so Betke, »müßte er ja mit einem Motorrad der Gesellschaft für Sport und Technik anreisen oder, sagen wir, mit einem Wartburg. Wenn schon Zirkus, dann total«, fügt er provokant hinzu. Tatsächlich braust natürlich ein Volvo vor, gesteuert von Fiete Henning. Die Schulleitung steht in Reih' und Glied, Kursanten applaudieren im Hintergrund. Feierstunde in Belzig.

Der Generaloberst Wolf begibt sich zum Vortragssaal, an dessen Eingang der Dienstälteste, Major Stein, in strammer Haltung Aufstellung genommen hat. »Genosse Minister«, meldet er laut, »die Offiziershörer des politisch-operativen Qualifizierungslehrgangs sind zum Vortrag angetreten. Es meldet Major Stein«. Ungerührt betritt Wolf den Saal, lächelt kurz, begrüßt das Präsidium mit Handschlag. Seine Darlegungen sind wie immer strategisch. »Der Mann steht oben auf dem Berg und blickt weit ins Land«, schreibt Betke in sein Notizbuch. Wolf gibt Wertungen der KSZE-Konferenz von 1975 in Helsinki, die völlig neue Dimensionen im Verhältnis der Staaten zueinander gebracht habe. Zugleich hätten sich neue Gefahren für den Weltfrieden aus den militärstrategischen Veränderungen im atomaren Mittelstreckenbereich ergeben. »Die Verhinderung des Dritten Weltkriegs durch rechtzeitige Aufklärung der gegnerischen Pläne bleibt die absolute Aufgabe für die Hauptverwaltung«, stellt er abschließend fest. Die Zuhörer sind einhellig begeistert, neu motiviert. Der Chef hat sie aus der Tristesse des Schultrotts befreit, vorübergehend. Das Präsidium erhebt sich spontan, Otto Wendel sucht gerührt nach Dankesworten. Dr. Walter hat die Dauer der emotionalen Wallung genutzt, verschwindet hinter dem Vorhang. Beflissen legt er das Gebinde neben den Genossen Otto, tritt dann wieder in das zweite Glied zurück, unauffällig wie zuvor. Wendel geht auf den Grand Chef zu, fast hätte er ihn umarmt, beläßt es dann doch beim überschwenglichen Händedruck. Blumen, Abmarsch zum Schulleiter. Der Umtrunk wartet.

Die Folgetage sehen weitere Prominenz vor Ort. General Jänicke referiert über seine Spezialstrecke USA und NATO, aber auch über die wachsende internationale Bedeutung der DDR. Die Teilnehmer wissen es: Jänicke ist der heimliche Außenminister. Er war schon 1959 bei der Genfer Außenministerkonferenz dabei und dirigiert seitdem die Diplomaten aus dem Hintergrund. Mit überwiegend operativen Erkenntnissen warten die Abteilungsleiter auf. Dr. Rößler für die NATO, Jürgen Rogalla für die USA. Dr. Gailat erläutert die Parteienlandschaft in Bonn, zieht Konsequenzen aus der Guillaume-Enttarnung. Zu wissenschaftlich-technischen Problemen spricht Horst Vogel, zu Regimefragen Helmut Reinhold.

Zwei Wochen Vortrags-Marathon sind absolviert, als Rudi Harnisch seine Sandkastenspiele eröffnet. Aufgeteilt in kleinere Seminargruppen, erobern die neu motivierten Kursteilnehmer nun die feindlichen Objekte. Die Wortgefechte sind hitzig, »Genosse Rudi« provoziert als guter Pädagoge ständig wechselnde Ausgangspunkte: Erziehung und Überprüfung von inoffiziellen Mitarbeitern, Werbung unter falscher Flagge, Ausrüstung der IM mit operativen Dokumenten und operativ-technischen Mitteln. Die Methoden der Zusammenarbeit mit Doppelagenten, die Auswahl und der Einsatz von Werbern gehört ebenfalls zu diesen Simulationsübungen. »Was halten Sie von der Benutzung eines toten Briefkastens?« fragt er spontan einen der Teilnehmer. Der reagiert kurz und bündig: »Ich funke lieber.« Major Stein, einem Auswerter, der noch nie einen leibhaftigen IM gesehen hat, geht die Phantasie durch. »Nach meinen Erfahrungen«, eifert er, »sollte man beides tun.« Auch zum Thema »Herauswerben« oder »Einschleusen?« weiß er seine Erkenntnisse beizusteuern. »Im Pentagon haben wir gute Erfahrungen beim Einschleusen gemacht. Das Herauswerben ist auf Grund der antikommunistischen Positionen der Mitarbeiter problematisch.«

Hauptmann Marsch behauptet, das Werbeproblem zu beherrschen. »Eine gute Quelle im Bundeskanzleramt kann man nur mit einem guten Werber knacken.« Mit hochrotem Kopf fügt er hinzu: »Da der Werber zunächst selber geworben werden muß, kann das Motto nur ›Werber werben Werber‹ heißen.« Immer wagemutiger werden neue Varianten entwickelt, die Hauptobjekte des angenommenen Feindes sind nach wenigen Wochen – theoretisch natürlich – völlig in der Hand der Belziger Kursteilnehmer.

Daß die Belziger Idylle trügerisch ist, beweist schließlich ein »Vorkommnis«. Leutnant Münzel hat nervliche Probleme mit der Waldschule. Er besucht schon am frühen Morgen die Destille. Die Partei registriert anhand der äußeren Anzeichen, daß sich ein Problemfall entwickeln könne. Zur Vorbeugung werden Aussprachen geführt und Protokolle angefertigt. Am Ende setzt die Parteileitung den »Fall Münzel« auf die Tagesordnung. Der Vertreter der Disziplinarabteilung beantragt eine Vernehmung des unsicheren Kantonisten.

Auf dem Höhepunkt der Krise geschieht dann Ungeheuerliches. Münzel leiht in der Schulbibliothek mehrere Bände von Marx und Lenin aus, wirft sie dem Schulleiter stumm vor die Füße. Dann tritt er wortlos ab und beginnt, seine Koffer zu packen. Noch am Abend verläßt er das Objekt, eskortiert von zwei herbeigerufenen unauffälligen Abgesandten der Kaderabteilung. Später wird bekannt, daß er »aus dem Organ« entfernt worden sei.

Die Journalisten

Oberst Rudi Harnisch muß es wissen: Als Lehrstuhlleiter für operative Methodik an der Belziger HVA-Schule referiert er seit langem vor den qualifizierungsbedürftigen Teilnehmern zum Thema »Hauptobjekte im Operationsgebiet«. Auch darüber, wie man Spitzenquellen wirbt oder Spione einschleust. Allemal mit dem Ziel, an Geheimes zu gelangen.

»Richard Sorge«, so Oberst Harnisch, »ist das klassische Beispiel dafür, welche Bedeutung ein Journalist als Träger von wichtigen Informationen erlangen kann. Und das hat sich bis heute, zumal in der Bundesrepublik mit ihren vielen einflußreichen Medien, nicht geändert. Genosse Wolf hat diesbezüglich schon völlig richtig festgestellt, daß achtzig Prozent aller Staatsgeheimnisse in der Zeitung stehen. Mit analytischem Geschick muß man sie allerdings erst entdecken. Mit anderen Worten: Journalisten gehören zu den wichtigsten Vermittlern benötigter Informationen.« General Wolf, ausnahmsweise stiller Zuhörer, nickt zustimmend. Hat er doch nach dem Kriegsende selbst erfolgreich als Journalist gearbeitet und auch später als Mann der HVA aus seiner Neigung zum Schreiben und Redigieren kein Hehl gemacht. Vor allem weiß er um die berufsbedingte Eignung der Presse für die Nachrichtengewinnung und -übermittlung.

Dementsprechend haben alle HVA-Abteilungen bei der Auswahl einsatzfähiger Reisekader zunächst die DDR-Medien im Auge. Nach dem Grundsatz »Eine stabile DDR-Basis für die Westaufklärung« suchen sie in zentralen und regionalen Redaktionen nach geeigneten Mitarbeitern. Rundfunk- und Fernsehstationen sind in diese Suche einbezogen. Auch der Kreis der Freischaffenden wird durchforstet, denn der HVA-Mitarbeiter weiß um die Schwierigkeiten bei der Herauslösung eines Gehaltsempfängers aus dem Arbeitsprozeß. Der Freischaffende ist abkömmlich und flexibel einsetzbar.

Allerdings ergeben die Erstüberprüfungen in den MfS-Registraturen zumeist Negatives. »Erfaßt« heißt es in der Regel auf den Rückseiten der Suchzettel. Denn auch die Abwehr-Linien wissen den Berufsstand zu schätzen und »sperren« komplette Redaktionen. Nicht selten haben das KGB oder die Armee-Aufklärung bereits »die Hand drauf«.

Die eigentlichen Zielpersonen sind natürlich die Westjournalisten, ständig in der Nähe der Mächtigen in Bonn und deshalb operativ interessant. Wie schon geschildert, wird der Abteilung X der Medienbereich als »Hauptobjekt« zugewiesen.

In den 50er Jahren knüpfte die HVA erste illegale Kontakte zu »Stern«, »Spiegel«, »Quick« und vielen anderen überregionalen Medien.

Der Grundlagenvertrag zwischen der Bundesrepublik und der DDR vom 21. Dezember 1972 ordnet schließlich die legalen Arbeitsmöglichkeiten der Journalisten. Die ehemalige Zuständigkeit der HVA und des DDR-Presseamtes wächst nun in den Sektor »Arbeit mit den ausländischen Korrespondenten« der ZK-Abteilung Agitation unter Hans-Joachim Kobert hinüber. Formell ist dafür die Abteilung »Journalistische Beziehungen« des DDR-Außenministeriums zuständig. Das MfS bleibt jedoch allgegenwärtig. Die Hauptabteilung II/13 überwacht bis zum Herbst 1989 zwanzig ständig in Ostberlin akkreditierte westliche Hörfunk-, Fernseh- und Zeitungskorrespondenten. Die Zahl der DDR-Bewacher übersteigt die der anwesenden Westjournalisten bei weitem. Letztlich siegt im Tauziehen mit der HVA um die Bewertung der »Akkreditierten« die Betonriege der Hauptabteilung II/13 des MfS. 1975 müssen der »Spiegel«-Korrespondent Jörg Mettke, 1976 ARD-Korrespondent Lothar Loewe, 1979 ZDF-Vertreter Peter van Loyen und 1983 Dieter Bub vom »Stern« das Feld räumen, nachdem sie wegen »journalistischer Verfehlungen« in Ungnade gefallen sind. *(siehe Dokument 9)*

Heute reisen die Kollegen aus den »alten Bundesländern« nach Berlin, um in der Gauck-Behörde Hinweise auf einst für den Osten tätige Maulwürfe der Branche zu finden. Sie haben immer noch Lust auf Kannibalismus. Die Neugierigen beziehen sich dabei auf Andeutungen des BKA beziehungsweise der Bundesanwaltschaft Karlsruhe. Danach sei »eine größere Zahl« von Ermittlungsverfahren im Medienbereich zu erwarten. Selbst Prominente von den Bildschirmen, so heißt es, seien darunter. Sollten sich diese Erwartungen nicht bestätigen (beim BKA in Meckenheim wiegelt man schon ab), bleibt die Liste der eher unbedeutenden bekanntgewordenen Fälle: unter anderem der sogenannte Redenschreiber von Eberhard Diepgen, Stephan Laufer, der für den KGB arbeitete und dafür 1992 zu 18 Monaten auf Bewährung verurteilt wurde. Till Meyer, einst als Mitentführer des CDU-Vorsitzenden Peter Lorenz in die Schlagzeilen gekommen und zeitweise Redakteur der »taz«, enttarnte sich als geheimer Mitarbeiter der Hauptabteilung XXII des MfS und Kontaktmann der HVA. »Spiegel«-Redakteur Diethelm Schröder (»Schrammel«) erhielt eine Bewährungsstrafe. Bei der »Westdeutschen Allgemeinen« bediente der Redakteur Walter Hesse zeitweilig die HVA mit Bundeswehr-Fotos. Holger Oehrens, »Bild«-Mitarbeiter aus Hamburg, ging der Abteilung X der HVA zur Hand. Prozessiert wurde gegen Bernd Michels, ehemals Redakteur beim Norddeutschen Rundfunk. Die mitangeklagten Obristen Wagenbreth, Mutz und Rabe (alle HVA/X), können aufatmen. Das Urteil des Bundesverfassungsgerichts Karlsruhe, die Nichtstrafbarkeit der DDR-Spionage betreffend, hat die drei HVA-Repräsentanten quasi rehabilitiert. Die bereits zugestellten Anklageschriften sind inzwischen Makulatur, mehr als dreißig geladene Zeugen dürften zu Hause bleiben.

Ähnlich scheint es sich mit dem Fall »Hecht/Laporte« zu verhalten. Am Anfang des Jahres 1995 wurde der bei Hamburg lebende Journalist und Schriftsteller Erwin Fischer unter dem Verdacht festgenommen, ebenfalls für die Abteilung X der HVA langjährig tätig gewesen zu sein. Gegen Kaution kam er auf freien Fuß.

Es verwundert nicht, daß konservative Medienvertreter aus politischen Gründen insbesondere die »linke Schiene« auf der Suche nach geheimdienstlichen Maulwürfen abklopfen. So geraten plötzlich »grüne« Kandidaten« des ZDF in die Verschwörerliste, der WDR in Köln wird zur »roten Hochburg«. Dem »Spiegel«, so heißt es, habe man noch nie so recht über den Weg getraut.

Der Buchautor Friedrich W. Schlomann schreibt in seinem Buch »Die Maulwürfe«: »Noch sind sie unter uns, die Helfer der Stasi im Westen. Ein Schlußstrich ist noch lange nicht gezogen, und es gibt hinreichend Hinweise, daß die östlichen Geheimdienste weiterarbeiten. Es gab eine Reihe von Prozessen gegen Stasi-Mitarbeiter in den alten Bundesländern, aber die Experten sind sich sicher, daß es keineswegs gelungen ist, alle Betroffenen zur Rechenschaft zu ziehen, daß es im Gegenteil Anzeichen gibt, daß die alten Seilschaften nach wie vor aktiv sind, im Dienste der Geheimdienste der GUS. Der Krieg um politische Nachrichten, um militärische Geheimnisse und um wirtschaftlich-technische Forschungsergebnisse hat keineswegs aufgehört, er geht weiter, und Wachsamkeit ist geboten.«

Nach glaubwürdigen Schilderungen führender Journalisten der Bundesrepublik wollen die Chefredaktionen der Enttarnung durch den Verfassungsschutz oder das Bundeskriminalamt möglichst zuvorkommen und elegante Lösungen finden, um ihre Medien sauber zu halten. Neue Nahrung, die bevorstehende Enttarnung betreffend, erhält die Öffentlichkeit durch angeblich in der Gauck-Behörde aufgefundene Magnetbänder. Viele tausend Agenten, so wird verlautbart, seien davon betroffen – und nicht wenige aus dem Medienbereich.

Aus Gründen der Systematik könnte man die Kollegen der Medien in drei Gruppen einordnen: die ehemaligen »Mitspieler«, das heißt IM und befreundete Kontaktpersonen, in »Gegenspieler«, soll heißen: Opfer und Betrogene, und schließlich in die »Jäger«,

Die ehemaligen »Maulwürfe« verhalten sich artgerecht. Registrieren sie ein verdächtiges Geräusch an der Oberfläche, verschwinden sie im Labyrinth des Erdreichs. Vor diesem Hintergrund muß man auch die letzten konspirativen Treffs sehen, die zwischen den Mitarbeitern der Zentrale und ihren westdeutschen Helfern 1989 und 1990 stattfanden. Nicht selten wurde die Übergabe von kleineren oder größeren Abfindungssummen mit dem Gedanken an eine fortwährende Freundschaft verbunden. Die ehemaligen Partner lagen sich noch einmal gerührt in den Armen, während der Scheidungsrichter bereits hartnäckig an die Tür klopfte.

Paul Limbach, seinerzeit Büroleiter der »Quick« in Bonn, heute Redakteur der Zeitschrift »Focus«, fragte mich unlängst: »Haben Sie denn einmal, wenigstens versuchsweise, bei einem Ihrer früheren ›Mitarbeiter‹ in Westdeutschland angerufen, um Unterstützung oder Hilfe einzufordern?« Und er beantwortete sich dann seine Frage selbst: »Ich bin sicher, daß die Verschworenen von einst sehr schnell den Hörer auflegen werden, wenn sie Ihre Stimme hören.«

Neben den abgetauchten »Maulwürfen« profiliert sich eine interessante sichtbare Klientel der schreibenden Zunft. Sie hat aus der Militärstrategie des NATO-Generalstabs das Prinzip der »Vorne-Verteidigung« übernommen. Des Schreibens kundig, fahren sie ihre eigenen Entlastungsangriffe in der Öffentlichkeit.

Zum Beispiel der Journalist Bernd Michels, ein »operativer Stützpunkt« der Abteilung X der HVA. Als Pressesprecher und Vertrauter führender SPD-Funktionäre in Schleswig-Holstein war er viele Jahre auf »Aktivposten«. Glücklicherweise findet der kürzlich Verurteilte sofort einen Ausweg. »Spionage auf deutsch« heißt sein kleines Büchlein. Mit pathologischer Gründlichkeit seziert er den Leichnam HVA und distanziert sich mit aufgesetzter Heiterkeit von einstigen Partnern. »Wer sich verteidigt, klagt sich an«, heißt eine alte deutsche Spruchweisheit. Bei Bernd Michels liegt der Fall genau umgekehrt – er klagt an, um sich zu verteidigen.

Auch der Schriftsteller Dieter Lattmann kämpft präventiv. Kontakte zur DDR räumt er ein, allerdings seien die beteiligten Herren der »anderen Seite« Umstandskommissare und politische Phantasten gewesen. Nur mit Mühe habe er sie bei den Politdiskussionen ertragen. Allein ihr Outfit, so fügt er distanziert hinzu, sei ihm von Anfang an eigenartig und befremdlich vorgekommen.

Allerdings hat dieses Strickmuster der Autoren seine Tücken. Das Bundeskriminalamt brachte und bringt sich oft vorab in den Besitz der betreffenden Manuskripte und trägt sie, mit offensichtlich strategischem Weitblick, in die Ex-DDR. Die ehemaligen HVA-Mitarbeiter, in den anstehenden Vernehmungen auf Schweigepflicht bedacht, werden von den BKA-Mitarbeitern mit dem Lesestoff konfrontiert. Vom einstigen Partner durch solcherart Texte bloßgestellt, wollen die dadurch verärgerten DDR-Geheimdienstler nicht mehr an alten Verhaltensnormen festhalten. Der Vorsatz der Schonung gerät in Fortfall. Die Herren (Ost) mögen nun nicht mehr für die Herren (West) in die Bresche springen. Die Herren aus Meckenheim sind die lachenden Dritten.

Nicht unerwähnt bleiben soll eine weitere Kategorie ehemaliger »Mitspieler«. Sie sind mutig genug, die Reise nach Berlin (Ost) anzutreten. Der Reisegrund: Sie wollen selbst ermitteln, ob die eine oder die andere Akte über sie doch noch existieren könnte. Sie trauen den Versicherungen verschiedener führender HVA-Mitarbeiter nicht, wonach alle Akten vernichtet worden seien. Zu recht, wie man heute weiß. Sie suchen frühere Stätten der Begegnung mit ihren einstigen Führungsoffizieren auf – eine neue Art von Erinnerungstourismus. Mit der Erkenntnis, daß zumindest die gefährlichen, weil detaillierten Arbeitsakten vernichtet sind, fahren die »Ermittler in eigener Sache« überwiegend zufrieden und beruhigt wieder nach Hause. Eventuell durch die Gauck-Behörde aufgefundene Karteikarten müssen sie nicht fürchten. Sie sind nur bedingt interpretierbar und juristisch meist nicht relevant.

Was ist den Betroffenen widerfahren? Viele erinnern sich an die bis heute ungeklärte Affäre Barschel. In den zahlreichen für Leser und Kommentatoren widersprüchlichen Ereignissen um den norddeutschen Senkrechtstarter erzeugte ein Brief zusätzlichen Zündstoff. Dieser Brief stammte scheinbar von Uwe Barschel, gerichtet an seinen ehemaligen politischen Ziehvater in der CDU, Gerhard Stoltenberg. Als Ex-Landesvater und Bundesminister der geeignete Adressat für einen Scheiternden, Verzweifelten. In diesem Brief schilderte Barschel verschiedene Bedenken und Vorbehalte zur Politik der CDU. Dieser Brief war zuvor mehreren Redaktionen zugestellt worden, unter anderem auch der Redaktion »PANORAMA« beim Norddeutschen Rundfunk. Was zu diesem Zeitpunkt dort niemand wußte: Nicht Herr Barschel hatte diesen Brief verfaßt, sondern die Abteilung X der HVA. Nach eigenen Intentionen und geeigneten Vorlagen sollte mit dem Falsifikat das Ziel erreicht werden, den Bundespolitiker Stoltenberg und seine Fraktion im Zusammenhang mit der Affäre Barschel zusätzlich zu belasten. Diese Aktion lief damals unter dem Decknamen »Schwarz«.

Dr. Joachim Wagner ging in einer Sendung der erwähnten Redaktion auf den Inhalt des vermeintlich authentischen Briefes ein. Als der Schwindel später aufflog, hatte Herr Wagner schlechte Karten. Der Rundfunkrat bezichtigte ihn der unterlassenen journalistischen Sorgfaltspflicht.

Ein ähnliches Schicksal erlitt Hartmut Palmer bei der »Süddeutschen Zeitung«, heute im Bonner Büro des »Spiegel« tätig. Er fiel auf ein fiktives Abhörprotokoll herein, das sich mit der Lockheed-Affäre befaßte und 1978 für Aufsehen sorgte.

In der Schlange der um Aufklärung bemühten Opfer standen nach der Wende auch Abgesandte des ehemaligen CDU-Kanzlerkandidaten Rainer Barzel, der am Mißtrauensvotum gegen Brandt 1972 scheiterte. Die Herausforderung des Kanzlers mißlang. Einige Zeit später wurde Barzel durch das Erscheinen einer angeblichen Ullstein-Publikation in Mißkredit gebracht. Sie erschien mit der bekannten Verlags-Eule unter dem Titel: »Heiner Knarzel. Der Mann, der Gott sein wollte«. Sie wurde an führende Politiker und Publizisten in Bonn verschickt. Rainer Barzel klagte gegen Unbekannt, ebenso Ullstein. Nach so vielen Jahren wollte auch Rainer Barzel Genugtuung. Seine Presseleute fanden nach umfangreichen Recherchen die Urheber in Berlin.

Neben den zitierten Kategorien der Maulwürfe und Betroffenen ist die wohl wichtigste Gruppe bei der Nachlaßverwaltung der DDR die der journalistischen Jäger. Selbst das SED-Politbüro hatte im Herbst 1989 signalisiert, das eigentliche Unheil für den Arbeiter- und Bauernstaat sei vom Hause Mielke ausgegangen, was Markus Wolf zu der Vermutung Anlaß gab, die Tschekisten sollten zum Prügelknaben der Nation gemacht werden. »Auf, auf nach Lichtenberg«, hieß denn auch der Schlachtruf.

Der ehemalige stellvertretende Chefredakteur der Zeitschrift »Super-Illu«, Pätzold, antwortete 1991 auf meine Frage nach dem angestrebten Redaktionsprofil: »Ganz einfach, ›rote Socken‹ jagen – was denn sonst? Vor allem die Mielke-Knechte«, fügte er bedeutungsvoll hinzu. »Da haben wir mindestens fünf Jahre zu tun.«

Durch ein »Spiegel«-Interview im Juli 1991 zum Thema »HVA« werde ich über Nacht aus der von Markus Wolf verordneten Deckung geholt und für die Öffentlichkeit zum bunten Vogel.

Wolf, nach Moskau enteilt, äußert im »Spiegel« darüber seinen Unmut. Ich bin in seinen Augen mehr als ein Nestbeschmutzer. Ich habe die Schweigepflicht verletzt!

Mein Interview setzt tatsächlich neue Jagdleidenschaft frei. Als erste nehmen die staatlichen Jäger Witterung auf. Ich erhalte

Besuche und Einladungen von Vertretern des Bundesamtes für Verfassungsschutz, des Bundeskriminalamtes und der Bundesanwaltschaft Karlsruhe. Das sind zum Teil nicht sehr freundliche Begegnungen.

Als besonders beeindruckend und facettenreich entpuppen sich hingegen die Aktivitäten der elektronischen Medien. Herr Arnt Stefansen vom norwegischen Fernsehen durchschreitet mit mir etwa fünfzig Mal das Brandenburger Tor. Regieanweisung: nachdenkliches Gesicht unter aufgesetzter russischer Militärmütze. Andere Norweger animieren zu einer nachgestellten Vernichtung von MfS-Akten an der »Wagenburg« gegenüber dem Berliner Hauptbahnhof. Die Kamera beobachtet mich aus Nahdistanz, während ich Berge glimmenden Zeitungspapiers in einen Container werfe. Sind die norwegischen Fjorde weit genug entfernt, um diese Szene für authentisch zu halten?

Auch dem Wunsch des Kamerateams vom Fernsehsender SAT. 1 nach Wirklichkeitsnähe soll ich nachkommen. Nachdem das Team seine Ausrüstung am Pförtner der Deutschen Bahn vorbeigeschmuggelt hat, steige ich dreißig Mal aus einem Paternoster des ehemaligen Spionagezentrums der DDR, eingeschlossen der Marsch durch einst heimische Korridore.

Vorläufiger Höhepunkt der Phantasien der Medienkollegen: ein Interview für das ZDF auf dem Sofa im ehemaligen Arbeitszimmer von Erich Mielke. Nur mit Mühe gelingt es mir, den »Frontal«-Redakteur von seinem Vorhaben abzubringen.

Bei den vielfältigen Medienaktionen wird deutlich: Die Jäger sind zugleich Gejagte. Verfolgt vom Termindruck. Gejagt durch oberflächliche Zuschauer-Erwartungen und Quotenzwang.

Kein Zweifel: Die Jagd geht weiter.

Einflußagenten

Am 3. September 1987 stirbt im Alter von 92 Jahren der bekannte FDP-Politiker William Borm. Seine Parteifreunde würdigen den ehemaligen Vorsitzenden der Westberliner FDP und Bundestagsabgeordneten, der nicht nur optisch so manchen Politiker überragte. Auch die SPD findet Worte der Wertschätzung – eingedenk der einst von Borm gemeinsam mit Willy Brandt als Regierendem Bügermeister verfochtenen politischen Ansichten. Nicht zuletzt im Vorfeld der Ostverträge hat Borm rhetorisch und publizistisch engagiert als Eisbrecher gewirkt und für Bewegung in den erstarrten Ost-West-Beziehungen gesorgt.

Unbemerkt vom Westen hat auch die HVA Grund zur Trauer. Gestorben ist ein guter Bekannter aus alter Zeit, der Markus Wolf bei vertraulichen Gesprächen in konspirativen Objekten stets soldatisch über Jahre respektvoll mit »Herr General, ich freue mich aufrichtig über unsere Begegnung« zu begrüßen wußte. »Treffbericht IM Olaf« formuliert danach der vorgangsführende Oberst Horst Hausmann. »Kenntnis genommen« vermerkt der HVA-Chef auf dem Schriftstück. Der Leiter der Abteilung II, Oberst Günter Neefe, erhält mündlich den Auftrag, bis zum nächsten Treffen weitere Grundsatzpapiere und Presseartikel zur Übergabe an »Olaf« fertigzustellen. »Wie immer sollen die Abteilungen VII und X zuarbeiten«, ergänzt Wolf.

Am 20. März 1985 gerät dem HVA-Chef Lesenswertes auf den Schreibtisch. Eine Arbeitsgruppe des »Bundesamtes für Verfassungsschutz« in Köln hat eine Studie zum Thema »Aktive Maßnahmen« gefertigt. Auf Seite 8 heißt es unter dem Stichwort Einflußagent: »Er hat den Auftrag, seine einflußreiche politische, gesellschaftliche oder berufliche Position dazu zu benutzen..., insbesondere politische, wirtschaftliche und militärische Meinungs- und Entscheidungsprozesse nichtkommunistischer Staaten entscheidend zu beeinflussen... Dabei versucht er, in seinem Einflußbereich die kommunistische Politik und Ideologie getarnt in Meinungs- und Entscheidungsprozesse einfließen zu lassen, indem er seinem Auftrag dienliche Meinungen, Entscheidungen und

Aktivitäten unterstützt und fördert beziehungsweise entgegenstehende bekämpft und zu verhindern versucht. Letzteres unter Umständen auch dadurch, daß er mittels seiner Position Druck ausübt. Aus der Sicht gegnerischer Dienste können als potentielle Einflußagenten folgende Berufsgruppen in Frage kommen: Journalisten, Beamte, Parteifunktionäre, Parlamentsabgeordnete, Politiker, Mitarbeiter anderer politischer, wirtschaftlicher und militärischer Organisationen und Angehörige der westlichen Nachrichtendienste...«

Wolf ist angesichts der gegnerischen Definition erheitert, zumal sie, wie er meint, den Nagel auf den Kopf trifft. Er läßt die Studie eintüten und an Oberst Wagenbreth adressieren. Unter den Stempel »Sofort auf den Tisch« schreibt er lächelnd: »Hinter den Spiegel stecken!«

Wagenbreth erinnert sich nach Erhalt des Vermerks erneut der »Affäre Lummer«, die er als der nette Herr Wagner aus Berlin-Ost Ende der 70er, Anfang der 80er Jahre maßgeblich mitgestaltet hatte. Der hemdsärmlige CDU-Politiker aus dem Westteil der Stadt war abenteuerlustig und, dieser Charaktereigenschaft folgend, mehrfach in der DDR und in Prag als Frohnatur unterwegs gewesen. Zusammen mit dem für Westberlin operativ verantwortlichen Wolfgang Lange hatte sich Wagenbreth ohne Schwierigkeiten mit Lummer ins Benehmen gesetzt. Der kleine Innensenator wollte als Politiker etwas bewegen in den deutsch- deutschen Beziehungen und fand sich deshalb sogar zum vertraulichen Dialog in der konspirativen Wohnung »Turm« im Ostteil der Stadt ein.

Der künftige Einflußagent, so weiß »Rolf Wagner« aus der Erinnerung, bekam aber plötzlich die erwarteten kalten Füße. Auch nachdrücklich beschwörende Briefe von Ost nach West, die an Lummers Gesprächsbereitschaft appellierten, vermochten Lummer (Deckname »Wilhelm«) nicht mehr zu überzeugen. Reuemütig offenbarte sich der CDU-Innensenator seinem Chef, dem Regierenden Bürgermeister Richard von Weizsäcker. Als der auf diplomatischem Wege die Sowjetunion ersucht, die Ostseite möge das Gewesene vergessen und auf weitere Einladungen verzichten, lenkt Wolf sofort ein. Beruhigend sagt er zum Duo Wagner/Lange: »Wir haben ja noch andere Eisen im Feuer...«

Auf die Suche nach Einflußagenten ging der Chef der Abteilung X sofort nach Gründung seines Imperiums im Jahre 1966. Wolf hatte bei seiner Lageeinschätzung den hohen Stellenwert der außerparlamentarischen Opposition hervorgehoben. »Was als Studentenrevolte beginnt, kann absehbar zu einer selbständigen Größe im politischen Machtgefüge der Bundesrepublik werden. Es wäre vorteilhaft, wenn wir an der Programmatik der ›Jungen Wilden‹ mitwirken könnten und langfristig Einluß nehmen würden. Daß wir personell verankert sein müssen, habe ich dem Günter Neefe von der II schon mit auf den Weg gegeben...«

Wagenbreth läßt über die Sekretärin Gertraude Eckert Rolf Rabe, den Leiter des Referats 3, rufen. Der ist kurz zuvor aus Schwerin als Aufstockung zur Wagenbreth-Truppe versetzt worden. Er ist kein Medienexperte, wohl auch etwas betulich, aber in der Sache vermutlich der richtige Partner. Der Abteilungsleiter wiederholt militärisch exakt die Weisung des Generals und ergänzt: »Wir sollten alle politischen Westagenturen bei anstehenden Treffs darauf orientieren, das Phänomen Außerparlamentarische Opposition aufzugreifen. Mir fällt da die Zeitschrift ›konkret‹ ein. Die könnte so eine Art ›Iskra‹ für die Bewegung werden. Sozusagen das ›Neue Deutschland‹ im Westen. Röhl ist ein politisch zuverlässiger Mann. Dort wäre unser Geld gut angelegt. Zum anderen sollten wir versuchen, in Westberlin die politischen Strömungen zu bündeln. Wann ist denn der nächste Treff mit ›Gustav‹? Ich möchte unbedingt daran teilnehmen...«

Rabe veranlaßt »Conny«, einen Offizier im Verband der Journalisten, Karl (Charly) Guggomos vom »Vorwärts« kurzfristig nach Berlin einzuladen. Die vertraulichen Beratungen finden am malerischen Dämeritzsee im Süden Berlins statt. »Gustav«, als Vollblutjournalist ständig auf der Suche nach neuen Projekten, entwirft die Konzeption eines linken Blattes, das auf die politische Szene Berlins ausstrahlt. Pragmatisch fragt er: »Wie habt ihr euch die finanzielle Absicherung gedacht? Mit fünf Deutschmark in der Hosentasche brauchen wir keine Fahne aus dem Fenster zu hängen.« Schließlich kennt er seine Pappenheimer und deren häufige Finanznot bei harter Währung. Wagenbreth beschwichtigt: »Der General hat verbindliche Zusagen gemacht. Natürlich müssen wir die Kalkulationen sehen, bis hin zu den Druckkosten und Honoraren. Journalistisch kann euch meine Abteilung voll zuarbeiten...« Kurze Zeit später hängt der »Berliner Extra-Dienst« an den Kiosken. Verschwiegene HVA-Mitarbeiter produzieren gemeinsam mit zuverlässigen DDR-Journalisten fast täglich Kommentare, Nachrichten und Berichte. Überraschend schnell steigen sie vom Deutsch der Honecker-Hofberichterstattung auf West-Diktion um. Sie lernen, die Welt »durch eine andere Brille« zu sehen und entsprechend zu kommentieren. »Gustav« muß jedoch nicht nur die Rolle des Chefredakteurs besetzen. Noch schwieriger ist es, gegenüber allzu neugierigen Fragestellern die finanzielle Tragfähigkeit des Unternehmens glaubhaft zu machen...

Glücklicherweise bleibt es über mehrere Jahre streng geheim, daß er monatlich beachtliche Summen in einer abgewetzten Aktentasche von Ost nach West transportiert.

Wie man HVA-Publikationen im »Operationsgebiet« betreibt, hat Oberst Wagenbreth zuvor bereits in Köln erprobt. Dort wohnte ein alter Hase im nachrichtendienstlichen Geschäft, Rudolf Schelkmann, Journalist und Tausendsassa in der benachbarten Bonner Politszene.

In aller Stille wird die konspirative Ehe zwischen der HVA und der Kölner Frohnatur geschlossen. Fortan geht diese Allianz unter dem Decknamen »Goldring« für General Wolf ins Rennen, Schelkmann ist Abschöpfquelle und Einflußagent. Er gründet einen Pressedienst mit dem Namen »X-Informationen«. Der soll das mehr oder weniger bunte Bild der politischen Landschaft mit Hintergrundwissen bereichern und vermitteln. Dabei fährt der Pressedienst auf einer sorgfältig konzipierten Schiene. Er soll sich, entsprechend einem in der HVA vorgegebenen Fahrplan, an den innen- und außenpolitischen Vorstellungen der FDP orientieren. Über eine derartige ständige Interessenwahrnehmung (so die Strategen in Berlin-Lichtenberg) müßte es gelingen, das Blatt den führenden Politikern der Partei anzudienen und gleichsam der Öffentlichkeit FDP-Nähe zu suggerieren. Tatsächlich finden sich bald neben Pressematerialien »made by HVA« Autorennamen wie Genscher, Moersch und Mischnick. Die einst fiktive Dimension »Pressedienst« gewinnt langsam, aber stetig an Akzeptanz. Die anfänglich frei schwebende Dachkonstruktion wächst mit dem Fundament zusammen.

Der ebenfalls journalistisch ausgebildete DDR-Instrukteur Fuchs (Deckname »Jäger«) befindet sich fortan wöchentlich im Landeanflug auf Köln und Berlin, reichlich Pressematerialien und vertrauliche Informationen im Gepäck. Der zunehmenden Brisanz wegen ändert der Führungsoffizier Schubert vorsorglich die Decknamen. IM »Goldring« mutiert zu IM »Karstädt«. Später verbirgt sich der Spitzenmann hinter der Aktennumer »6004«. Die Lancierungsmaterialien, die in den »Informationsdienst« eingehen, sind von hohem Wert. Kein Wunder – neben den Informationen, die »6004« selbst liefert, kann die Abteilung X bei den Materialauswertern der Abteilung VII aus dem Vollen schöpfen. Nicht nur die internen Lagebeurteilungen des FDP-Politikers William Borm liegen dort vor, sondern auch die der 1967 in die Bundesrepublik übergesiedelten Sekretärin Johanna Olbrich alias Sonja Lüneburg. Sie sitzt, ein Aberwitz der Konspiration, ausgerechnet in Borms Vorzimmer und übermittelt zuverlässig von dort heißes Material zu den Ostverträgen und zum deutsch-deutschen Grundlagenvertrag.

Auf diese Weise profitiert der Kölner Pressedienst vom Materialvorlauf. Er kann sich seinen Lesern als besonders gut informiert präsentieren und, was noch wichtiger ist, mit fundierten Ratschlägen Bonner Gremien Entscheidungshilfen geben. Daß diese politischen Empfehlungen vorwiegend aus Ostberlin kommen, ahnt zunächst niemand im rheinischen Umfeld. Erst 1974 bemerkt Agent »6004« Auffälligkeiten im Verhalten seiner Parteifreunde, die er nicht zu deuten weiß.

Hals über Kopf ergreift er seine bewegliche Habe und meldet sich beim diensthabenden DDR-Offizier in der Berliner Friedrichstraße. Über Nacht wird er Bürger der Deutschen Demokratischen Republik und bezieht schließlich im Berliner Vorort Glienicke Quartier. Als Publizist dient er der Hauptverwaltung A unter neuen Bedingungen, spezialisiert sich auf die Erarbeitung von Personendossiers und Kommentaren zur Ost- und Deutschlandpolitik.

Im Sommer 1987 erklärt der Gorbatschow-Mitarbeiter Jakowlew vor Chefideologen der Bruderparteien zur Propagandastrategie, es sei notwendig, »die ideologische und propagandistische Offensive der Länder des Sozialismus auf die Positionen des Imperialismus weiter zu koordinieren... Uns scheint, daß wir jetzt zusätzliche Möglichkeiten haben, um die herrschenden Kreise in den USA in die Schranken zu weisen. Ihnen allmählich ihre Selbstsicherheit, ihren Dünkel gegenüber der übrigen Welt und ihren Glauben, daß ihnen alles erlaubt und möglich sei, abzugewöhnen.«

Auf welche geheimnisvollen Kampfreserven der Redner anspielt, wissen im einzelnen nur die Spezialisten des KGB-Generals Iwanow, die gemeinsam mit der Hauptverwaltung A die Aktion »Nordlicht« 1975 ins Leben riefen. Der Deckname ist eine Anspielung auf Finnland, das sich den europäischen Staaten sowie den USA und Kanada gegenüber als erfolgreicher Gastgeber der KSZE empfohlen hatte. Die Konfidenten beschließen, das »europäische Haus« mit geheimdienstlichen Mitteln nach Moskauer Vorstellungen zu bauen. General Iwanow spricht Klartext: »Nachdem die Teilnahme der Amerikaner am Europatreffen nicht zu verhindern war, müssen wir jetzt in Westeuropa alle frei verfügbaren Reserven gegen die USA und deren Vormachtsanspruch mobilisieren. Die Friedensbewegung, die erkennbar an Bedeutung in Westeuropa gewinnt, muß vorrangig gegen die amerikanische Hochrüstung gelenkt werden. Zum anderen sollten wir über entsprechende Einflußagenten den kleineren NATO-Staaten deutlich machen, daß sie von den USA dominiert und zu größeren Rüstungslasten veranlaßt werden. In Holland, Belgien, Dänemark und Norwegen haben wir bereits Vorsorge getroffen.«

Die HVA klinkt sich natürlich vorbehaltlos in diese Stoßrichtung ein. Ihre Residenten in Brüssel, Amsterdam und Kopenhagen lancieren über Vertrauenskontakte zahlreiche Materialien in die politische Szene. Parlamentsanfragen werden inspiriert, Presseartikel gestreut, bei Demonstrationen steuert die Hauptverwaltung A zündende Parolen und Forderungskataloge bei. In Dänemark, so erinnert sich Oberst Knaust, schon erheitert vom Abendschoppen, war ein besonderer PR-Gag geglückt. Anläßlich einer NATO-Ratstagung 1973 in Kopenhagen initiierten dänische Abrüstungs-Sympathisanten ein Happening. Mit Phantasieuniformen bekleidet und ausgerüstet mit Holzgewehren, belagerten sie die Tagungsstätte. Die internationale Presse berichtete ausführlich in Wort und Bild über den Mummenschanz. IM »Solist«, ein alter Haudegen aus der Widerstandsbewegung und HVA-Vertrauter, hatte unsichtbar im Hintergrund Regie geführt. Oberst Knaust nach einem tiefen Schluck aus seinem Bierseidel: »Auch mit dänischem Humor kann man die NATO lächerlich machen...«

Schwerpunktaktionen konzipiert die HVA für das »Hauptoperationsgebiert BRD«, zumal sich Ende der 70er Jahre zwischen den Supermächten der Rüstungswettlauf verstärkt. Die Abteilung I ist seit Jahr und Tag in der westdeutschen Friedensbewegung verankert. Über »legale Dächer« wie das Institut für Internationale Politik und Wirtschaft knüpft sie u. a. freundschaftliche Bande zum »Pahl-Rugenstein-Verlag« in Köln. Der veröffentlicht in treuer Pflichterfüllung DDR-Manuskripte (»Europastrategien des deutschen Kapitals«) oder initiiert in eigener Zuständigkeit antiamerikanisches Schrifttum (»Die Bedrohungslüge«). DDR-Außenhandelsbetriebe, insbesondere die »Interwerbung«, halten das Unternehmen am Rhein finanziell über Wasser. Trotz Geheimhaltung dieser deutsch-deutschen Connection regt sich mitunter Verdacht.

In Anspielung auf den Kölner Chef Paul Neuhöffer sprechen informierte Kreise halblaut vom »Paul Rubelschein-Verlag«.

In Gesprächen zwischen KGB und HVA wird die Idee geboren, eine prominente Bewegung mit eigenem moralischen Anspruch zu instrumentalisieren und gegen den Nachrüstungsbeschluß der NATO zu mobilisieren: »Generäle für den Frieden«. Ein Begriff, der jahrelang für Aufsehen in Europa sorgen soll. Die Abteilung IV der Hauptverwaltung A leistet analytische Vorarbeit. Peter Bach, Major z. b. V., beobachtet schon lange den politisch-moralischen Zustand der Bundeswehrführung. Er registriert jede Regung von »Bürgermut im Waffenrock« bei Generälen und höheren Stabsoffizieren, Unwillen gegen Allüren des nordamerikanischen NATO-Partners, Unzufriedenheit mit politischen Entscheidungen des Verteidigungsministeriums. Jede kritische Äußerung in der Truppe kann der Ausgangspunkt für geheimdienstliche Maßnahmen sein.

General Bastian wird auf diese Weise ein »personeller Schwerpunkt«, ein Multiplikator, der sich als Hoffnungsträger für die HVA-Verantwortlichen anbietet. Zusammen mit Prof. Gerhard Kade, Petra Kelly und Karl Bechert unterzeichnet er im Herbst 1980 den »Krefelder Appell«. Der nimmt Bonn hinsichtlich einer »alternativen Sicherheitspolitik« in die Pflicht. Daß dieser Appell seitens der Hauptverwaltung A als Bestandteil ihrer Aktion »Mars« gewertet wird, vermag der Ex-General nicht zu erkennen. Auch die Definition der Kölner Verfassungsschützer zum Stichwort »Einflußagent« ist ihm nicht bekannt.

Im Jahr 1981 erscheint im Kölner Pahl-Rugenstein-Verlag das Buch »Generale für den Frieden«. Autoren sind General a. D. Wolf Graf von Baudissin, Bundesrepublik Deutschland; General a. D. Francisco da Costa Gomes, Portugal; Brigadegeneral a. D. Michael Harbottle, Großbritannien; General a. D. Georgios Koumanakos, Griechenland; Admiral a. D. John Marshall Lee, USA; General a. D. M. H. von Meyenfeldt, Niederlande; General a. D. Nino Pasti, Italien, und Admiral a. D. Antonio Sanguinetti, Frankreich. Sie bewerten aus jeweils nationaler Sicht die militär-strategische Situation in der Welt. Rüstungskontrolle, Abrüstung, Kritik am Nachrüstungsbeschluß sind die entscheidenden Aussagen und, mit antiamerikanischem Akzent formuliert, der Aktion »Mars« sinnentsprechend. Die HVA steht – unsichtbar – Pate.

Ende 1993 sendet das ZDF-Magazin »Frontal« einen Beitrag zur Generalsbewegung mit Hinweis auf die Verstrickung östlicher Geheimdienste. Es wird die Vermutung lanciert, der Selbstmord Bastians könne damit in Zusammenhang stehen.

»Selbstmord wegen Stasi?« fragt einen Tag später auch die Boulevard-Presse. Das Bastian-Thema erhält wieder eine scheinbar dramatische Zuspitzung. Kommentare der Bundesanwaltschaft Karlsruhe werden hinzugefügt, wonach eine geheimnisvolle Kontaktperson (Deckname »Super«) innerhalb der Generalsbewegung tätig war. Wenige Tage später ist der Sachverhalt aus den Schlagzeilen verschwunden.

Tatsächlich gibt es für diese Selbstmordversion keine Belege. HVA-Insider haben schon in den 80er Jahren verlautbart, daß es keinerlei »aktive Anbindung« Bastians gegeben hat und Kurzschlußhandlungen vor einem DDR-Hintergrund deshalb als undenkbar gelten müssen. Auch die Materialien, die als Expertisen und Artikel-Entwürfe von der DDR in die Generalsbewegung eingebracht wurden, hatten keine ehrenrührige Brisanz für die Beteiligten. Sie waren nicht als DDR-Produkte ausgewiesen beziehungsweise als solche zu erkennen.

Berichtenswert scheinen heute noch zwei Episoden. Mit dem Ziel, die Basis der »Generalsbewegung« zu verbreitern, begeben sich HVA- und KGB-Experten Anfang der 80er Jahre auf die Suche nach neuen geeigneten Ansprechpartnern in Europa. So erscheint auch Ulrich de Maizière, Generalinspekteur der Bundeswehr, plötzlich als Kandidat im Sandkastenspiel. Er war zwischenzeitlich Pensionär und somit in Richtung Osten reisefähig. Seine konservative Grundhaltung, so vermutete die HVA-Führung, dürfe kein Hinderungsgrund für ein deutsch-deutsches Sondierungsgespräch sein.

Kurzfristig gerät der HVA-Wunsch in greifbare Nähe. Der Onkel kündigt seinem Neffen in Berlin (Ost), Lothar de Maizière, seinen Erstbesuch an. Sogleich tagen die Experten der HVA, auf der Suche nach Gesprächslegenden, Themen-Katalogen und eventuellen Übereinkommen. Auch aus Moskau werden strategische Denkmodelle beigesteuert. Am Ende steht jedoch der Mißerfolg: Aus gesundheitlichen Gründen sagt der hohe Gast die Reise ab.

Im Jahre 1995 hat Berlin (Ost) einen Nachwende-Gast: Oberstleutnant a. D. Alfred Mechtersheimer, als Friedensforscher bekannt, hält im Hilton-Hotel einen Vortrag. Im Pausengespräch gebe ich mich als Ex-HVA-Offizier zu erkennen. Der Redner glaubt, in mir den offenbar lange gesuchten Ansprechpartner gefunden zu haben: »Die Bundesanwaltschaft forscht nach einem gewissen ›Super‹-Mann. Sie können mir doch sicher bestätigen, daß *ich* es nicht bin...«

Noch von einem weiteren Buch soll die Rede sein. Im Jahr 1982 erscheint im Verlag Kiepenheuer und Witsch, Köln, das »Weissbuch: Frieden« von Bernt Engelmann, das teilweise auf die Publikation »Generale für den Frieden« zurückgeht. »In diesem Buch werden die Argumente der Anhänger der Friedensbewegung den Argumenten der Rüstungsbefürworter gegenübergestellt. Klar wird nachgewiesen, daß gerade die beiden deutschen Staaten, unbeschadet ihrer gegensätzlichen Gesellschaftssysteme, ein elementares Interesse an Abrüstung, ABC-Waffenbeseitigung und Gewaltverzicht haben müssen«, schreibt der Verlag.

Dieses Buch hat, wie andere Engelmann-Publikationen zuvor, DDR-Nähe, ablesbar an politischen Aussagen und Argumenten. Ein ansonsten unverdächtiger Umstand, waren doch Auffassungen in den wesentlichen Sachfragen zwischen der DDR und verschiedenen »realistischen Kräften der Bundesrepublik« ohnehin identisch bzw. einander ähnlich. Bernt Engelmann bewertete aus diesem Grund sogenannte Ostkontakte auch als legitim und pflegte sie. Aus Angst vor einer Verteufelung ließ er jedoch weitgehend Diskretion walten.

Eine »erste Adresse« für ihn war die von Dr. Karl-Georg Egel in Eichwalde bei Berlin. Egel, in der DDR durch zahlreiche Fernseh-Drehbücher bekannt, war mehrfach Gastgeber für politische und fachliche Debatten. Türen zu DDR-Archiven öffneten sich nahezu mühelos, wenn Engelmann dies wünschte. Egel, in HVA-Plandokumenten mitunter »Engel« genannt, war ausgewiesener Intimus von Markus Wolf.

Auch der General besuchte regelmäßig zu politisch-künstlerischem Dialog das Eichwalder Einfamilienhaus. Daß er Engelmann dort persönlich getroffen hat, ist nicht bestätigt, doch wahrscheinlich. Egel deutete es jedenfalls mir gegenüber an, zumal Wolf generell keine Gelegenheit ausließ, in das deutsch-deutsche Gespräch persönlich einzugreifen.

Engelmann hat auf Befragen nach eventuellen inoffiziellen DDR-Kontakten bei der Nutzung entsprechender Archive freimütig eingeräumt, die dienstbaren Geister der östlichen Seite könnten aus Wolfschem Hause gewesen sein. Er attestierte ihnen Engagiertheit und Kompetenz. Eine ähnliche Wertschätzung der HVA hat, wie die deutsche Öffentlichkeit inzwischen weiß, der neue Präsident des BND, Dr. Geiger, in einem »Spiegel«-Interview erklärt.

Eine Tulpe für Genscher

Respektlose Journalisten nennen ihn die »Fledermaus«, seine Bewunderer sehen ihn als »Genschman«. Folgsame politische Kommentatoren bezeichnen ihn hochachtungsvoll als den dienstältesten Außenminister. Auch die meisten Flugkilometer habe er zurückgelegt.

Daß er ein für Bonner Spitzenpolitiker ungewöhnlich inniges Verhältnis zu den »Brüdern und Schwestern« im Ostteil Deutschlands hat, ist bekannt. Schließlich stammt er aus Halle an der Saale. Im Jahre 1952 vollzieht er den innerdeutschen Ortswechsel, den Dialekt behält er bis heute.

Er versuchte sich in bundesdeutschen Landen zunächst in seinem Brotberuf als Jurist. Später zog es ihn nach Bonn, in die aufstrebende Bundeshauptstadt. Er machte dort in der FDP beispiellose Karriere.

Auf dem Gipfelpunkt seines politischen Höhenfluges handelt man ihn sogar als zukünftigen Bundespräsidenten. Daraus wurde aber nichts. Bonner Freunde hätten ihm damals angeblich von dieser Kandidatur dringend abgeraten. Am Horizont seiner politischen Karriere seien wohl dunkle Wolken aufgetaucht. Von ominösen Geheimdienstkontakten war die Rede. Wer hinter diesen Gerüchten steckte, ist heute schwer feststellbar. Hatten Neider aus den eigenen Reihen oder das »Document Center« im Westteil Berlins die Weichteile des Außenministers getroffen?

Über »des Pudels Kern« dürften die wenigsten Kenntnisse besitzen. Der Pensionär schweigt.

1966 jedenfalls erreicht die Hauptverwaltung A, auf welchem Wege auch immer, eine diesbezügliche »operative Depesche«: »Hans-Dietrich Genscher ist als Agent der CIA zu betrachten. Es wird vermutet, daß er künftig im amerikanischen Interesse politisch wirksam werden könnte.« Der »Dienst« sei aufgerufen, sich auf diese Möglichkeit einzustellen.

Diese Mitteilung droht zunächst im Wust der eingehenden Meldungen bei der Abteilung VII unterzugehen. Schließlich ist der größte Feind des Agenten sein eigener Schreibtisch. Doch die

Zahl gleichlautender Informationen steigt. Der »Chef«, Markus Wolf, entscheidet. Dieser Fall sei, bei allen Unwägbarkeiten, ernst zu nehmen. Er beauftragt die Abteilung X seines Verantwortungsbereichs damit, zunächst in der Vergangenheit von Genscher nach Anhaltspunkten für den Wahrheitsgehalt der übermittelten Nachrichten zu recherchieren.

Zuerst sind authentische Gründe für die Republikflucht des Hans-Dietrich G. zu finden. Die zweite, wichtigere Stufe, sollen eventuelle kompromittierende Tatsachen bilden, die als Druckmittel gegen den FDP-Politiker eingesetzt werden könnten. Anfangs ist an ein Material »für den Schrank« gedacht, die eventuelle Zusammenarbeit des Hallensers mit der damaligen sowjetischen Besatzungsmacht, dem MfS oder der SED betreffend.

Für den jungen Mitarbeiter der Abteilung X eine »Einstandsübung«, um seine Befähigung nachzuweisen. Endlich wird der »junge Dachs« von der Kette gelassen, darf sich unbeaufsichtigt in Halle aufhalten, um auf den Spuren des Prominenten zu wandeln. In der Hallenser Bezirksverwaltung ist der »Berliner« schon angekündigt. Es hat sich herumgesprochen, daß an dem »Republikflüchtling G.« höchstes Interesse bestehe.

Das private und berufliche Umfeld wird durchleuchtet. Auch in der Liberaldemokratischen Partei (LDPD), dem ersten politischen Tätigkeitsfeld des späteren Bonner Politikers, finden sich keine Anhaltspunkte für die erhobenen politischen Verdächtigungen. Einige ehemalige Mitschüler, in Halle und Umgebung aufgetrieben, erinnern sich natürlich an ihren prominenten Klassenkameraden.

Das Ergebnis der Befragung: Ein bißchen dick und unsportlich sei er immer gewesen, aber kein schlechter Kumpel. Auch gerne und gut habe Hans-Dietrich immer gegessen. Von grünen Bohnen mit Hammelfleisch ist übereinstimmend die Rede.

Die Bewohner seines ehemaligen Wohnhauses erinnern sich an die langen, lautstarken Monologe des jungen Jurastudenten, die bis in ihre Wohnung drangen. Ein rednerisches Talent sei er wohl schon immer gewesen. Eine Mieterin gesteht rückblickend, sie hätte sogar Rededuelle vernommen wie man sie aus dem Bundestag kennt.

Auf Grund der mageren Recherche-Ergebnisse wächst der Wunsch, zu dem Mann in Bonn einen direkten Kontakt herzustellen. Als geeigneter Kontaktpartner bietet sich ein ehemaliger Studienfreund Genschers an, der zum damaligen Zeitpunkt in Rostock eine Rechtsanwalts-Kanzlei unterhält.

Hans-Dieter Strich fällt aus allen Wolken, als zwei HVA-Mitarbeiter in seine Praxis kommen. Nur mühsam kann er den an ihn gerichteten Vorschlag abwehren, in Bonn mit seinem ehemaligen Jugenfreund ein »zufälliges« Treffen zu inszenieren. Schließlich sei Genscher ein Mann mit guten Kenntnissen der eingeschränkten Reisemöglichkeiten von DDR-Bewohnern. Der durchschaue doch, was da gespielt würde. Also: Fehlanzeige.

In diversen Beurteilungen Genschers, die in Halle aufgefunden werden, wird diesem Arbeitseifer, Gründlichkeit und geistige Beweglichkeit bescheinigt.

Ein Mitarbeiter, ständig mit Nachfragen nach einem »Vorgang Genscher« genervt, kommt auf eine glorreiche Idee: Man könne doch diese Personalakte nachträglich zu einem Dokument des MfS umfrisieren und eine Arbeitsakte hinzufügen – schon sei ein fertiger »Vorgang« auf dem Tisch.

Im Archiv der Bezirksverwaltung Halle findet sich ein betagter LDPD-»Vorgang« mit dem Decknamen »Tulpe«. Der Betreffende, ein ehemaliges Hallenser LDPD-Mitglied, war ebenfalls zu Beginn der 50er Jahre in die Bundesrepublik geflohen. Das einzige Andenken an diesen untreuen Liberaldemokraten auf dem Gebiet der DDR war seine Arbeitsakte. In ihr befanden sich allerlei belanglose Berichte über die »Blockpartei«, ihre Funktionäre und Mitglieder in und um Halle. Diese Berichte waren vorwiegend handschriftlich abgefaßt und wurden deshalb nachträglich durch maschinegeschriebene Versionen ersetzt. Ahnungslos kommt Genscher auf diese Weise zu seiner »Tulpe«.

»Die Blume verblüht, die Frucht muß treiben«, weiß Friedrich Schiller im »Lied von der Glocke«. Und: »Die Zeit nährt die Vergeßlichkeit«. Mit dem Beginn der 70er Jahre weiß niemand in der HVA mehr etwas von der einstigen CIA-Verdächtigung Genschers. Es fragt auch niemand nach dieser einsamen Akte, die in den Schränken der HVA vergilbt.

Außerdem wird der Verdacht durch die Praxis entkräftet und überholt. Hans-Dietrich Genscher arbeitet aktiv an der Konstruktion des »Europäischen Hauses«, die Bewertung seiner Arbeit in Chefetagen der Politik in Ost und West wird ständig günstiger. Diesem Werturteil können sich auch die »Dienste« nicht verschließen. Selbst in Moskau behandelt man den Außenminister der Bundesrepublik Deutschland mit Hochachtung. In der DDR folgt man, wie gewohnt, dem großen Bruder.

Die Bezirksverwaltung Halle schickt aber weiterhin alle scheinbar sachdienlichen Einzelheiten zur Person Genschers in die HVA-Zentrale. Der innerbetriebliche Automatismus vergrößert das Papierlager beträchtlich. Hinzu kommt, daß der ehemalige Hallenser sich anschickt, seine Heimatstadt zu besuchen. Die Klimaverbesserung in den innerdeutschen Beziehungen macht diese Besuche möglich. So erscheint der bundesdeutsche Außenminister wiederholt mit einem Troß persönlicher Mitarbeiter und zahlreicher Journalisten in Halle und erregt dort beträchtliches Aufsehen. Nicht nur bei den Einwohnern der Stadt, sondern auch bei den Mitarbeitern des größten DDR-Ministeriums. Observanten und Ermittler umschwirren ihn wie Motten das Licht. Keine Lebensäußerung entgeht diesen Spezialisten. Minutiös wird beispielsweise die Speisefolge des hohen Gastes im Interhotel registriert, seine zwanglosen Äußerungen über das Wetter erreichen die Dramatik von Kriegsberichten.

Schließlich fällt den Postkontrolleuren der Abteilung M auch ein Brief in die Hand, der von einem Hallenser Bürger nach Bonn abgeschickt wurde. Ein ehemaliger Schulfreund teilt dem Bonner Minister mit, wie er vergeblich versuchte, Genscher bei seinem Aufenthalt in Halle zu treffen. Rein zufällig sei er an einem der Besuchstage von Genscher mit dem Moped in der Stadt unterwegs gewesen und habe plötzlich den Troß des Ministers vor sich gesehen. Allerdings sei er von Sicherheitskräften sofort »abgedrängt« worden. In Erwartung des nächsten Besuches, würde er seinen alten Schulkameraden bitten, ihm rechtzeitig Bescheid zu geben. Da Genscher diesen Brief nie erhielt, wird sich zumindest bis Herbst 1989 der Wunsch des Klassenkameraden nicht erfüllt haben. Die Akte verschwand 1989 im HVA-Reißwolf.

Wenn einer eine Reise tut...

Der dienstliche Anlaß ist ein Flug des Majors Grüneberg aus der Abteilung X nach Stockholm. Um wertvolle Devisen zu sparen, muß der Flug bis Kopenhagen auf einer Interfluglinie stattfinden. Von dort ist eine Maschine der SAS zum Reiseziel gebucht.

Da Dänemark Mitgliedsstaat der NATO ist, zählt der Kopenhagener Flugplatz Kastrup zu den geheimdienstlichen Risikofaktoren. Mit gemischten Gefühlen sitzt der HVA-Mann im Transitraum und entspannt sich bei einem Tuborg-Bier. Die Zeit zieht sich hin, da der Weiterflug erst drei Stunden später erfolgen soll. Plötzlich spürt er einen Druck in seinem Rücken. »Dänische Staatspolizei, Sie sind verhaftet!« Der Schrecken der unerwarteten Situation schüttelt ihn von Kopf bis Fuß. Nur mühsam gelingt eine unbefangene Haltung. Während er sich langsam umdreht, sieht er natürlich nicht dänische Uniformen oder Schlapphüte vor sich. Vor ihm steht ein alter Bekannter, den er vor zwanzig Jahren aus den Augen verloren hat – »Atom-Hoffmann«, ein Spezialist für Weltraumfahrt, Mitglied der Astronautischen Gesellschaft der DDR. Dieser fliegt, aus den USA kommend, nach Berlin-Schönefeld zurück und hat den Major, dessen eigentliche Aufgabe ihm unbekannt ist, auf den Arm nehmen wollen...

Die Moral von der Geschichte: »Bekannte lauern überall.«

Mit Ole Jensen, dem dänischen Kontaktmann, ist ein Treff in der schwedischen Hauptstadt vereinbart. Da der DDR-Partner keine touristische Erfahrung hat, einigen sich die Beteiligten auf das hauptstädtische Rathaus als Treffpunkt. Der HVA-Reisende bekommt vor Ort den Bescheid, die Aufgaben eines Rathauses würden vom Stadthaus in Stockholm wahrgenommen. Allerdings gäbe es auch noch das Rathaus als Sitz des Stadtarchivs. Ole Jensen, ein schnurriger Typ der Geheimdienstbranche, hat vermutlich seine Recherchen auch nur flüchtig dem Reiseführer entnommen. Er eilt am Tage des Treffs zum Archiv.

Der gewissenhafte DDR-Tschekist wartet und wartet – allerdings im Stadthaus. Nach der akademischen Viertelstunde scheinbarer Verspätung seines Partners erkundigt er sich erneut im Ratskeller des Stadthauses. Zu seinem Entsetzen erkennt er nun das wahrscheinliche Mißverständnis und macht sich auf den Weg zum zehn Minuten entfernten Rathaus. Der preußischen Pünktlichkeit vertrauend, begreift auch Jensen schnell. Er eilt zum Stadthaus und an dem DDR-Mann vorbei. Wenn sie sich nicht gefunden haben, dann suchen sie sich noch heute...

Die Zahl der Reisenden von West nach Ost und in die Gegenrichtung wächst in den 70er Jahren an. Vor dem Hintergrund der staatlichen Gleichberechtigung der DDR und der beginnenden Entspannungspolitik wird *die* Grenze zwischen den beiden deutschen Staaten durchlässiger. Gleichzeitig wird jedoch die Technik der Grenzsicherung perfektioniert. Anlaß ist die Sorge der DDR-Führung vor wachsendem Einfluß des Westens und dem »illegalen Verlassen« der DDR. Das Problem: Auch der HVA-Mitarbeiter und die von ihm geführten Agenten müssen dieses Sicherungssystem konfliktfrei überwinden können. (In der Struktursprache

Günter Bohnsacks Diplomatenpaß,
lautend auf den Namen Grünwald

der HVA: operativer Reiseverkehr, Regimefragen, Ausstellung von Reisepässen, Visabeschaffung und Grenzpassagen einschließlich Schleusungssystem und Avisierung). Der Nachteil dieser Organisation: Die Toleranzgrenzen des avisierten Übertritts von berechtigten Mitarbeitern sind aus übersteigertem Sicherheitsbedürfnis zu eng bemessen. Deshalb wird vielfach der »normale« Grenzübertritt gewählt.

Nach einem Rückflug in die DDR widerfährt mir folgendes: Ich bin für einen Einsatz in Österreich mit einem Diplomatenpaß ausgestattet. Eine Schleusung im vorher angeführten Sinne erübrigt sich. Durch den üblichen Automatismus der Abteilung VI ist mein Grenzübertritt auf dem Flughafen Berlin-Schönefeld jedoch avisiert. Ich reihe mich folgsam in die wie immer lange Schlange der Wartenden ein. Der Widerspruch ist eklatant: Der »Diplomat« wartet in der Menge. Um unnötiges Aufsehen durch einen begriffsstutzigen Genossen der Grenzkontrolle zu vermeiden, flüstere ich dem etwas untersetzten Hauptmann in der Sichtbox zu: »Ich bin avisiert.« Worauf dieser mit erstaunter Kasernenhofstimme in die wartende Menge brüllt: »Was, Sie sind Offizier?« Alles lacht, und mit dem dringenden Wunsch nach einer Sonnenbrille verlasse ich hastig den Ort des Geschehens.

Die Aufklärung der Nationalen Volksarmee, 12. Verwaltung genannt, leidet seit jeher unter einem Umstand: Sie ist selbständig und nur ihrem Verteidigungsminister verantwortlich. Der auf Absicherung bedachte Erich Mielke hat jedoch in weiser Voraussicht eine unsichtbare Leine gezogen. Die Registratur der NVA-Truppe unterliegt der Kontrolle der MfS-Hauptabteilung I unter dem Spanienkämpfer Karl Kleinjung. Dieser General weiß die Kontrollpflicht zu handhaben. Er meldet Mielke alles, was ihm berichtenswert scheint. Eine Anekdote entgeht ihm. Sie ist auch weder kriegsentscheidend noch »Eilige Kommandosache«.

Ein Major, für die grenznahe Aufklärung jenseits der Mauer verantwortlich, bemüht sich engagiert um die Rekrutierung eines »Instrukteurs«. Dieser mußte ein zuverlässiger DDR-Bürger sein und sollte einem bereits geworbenen Offizier des Bundesgrenzschutzes als »Zwischenglied« präsentiert werden.

Es versteht sich, was der DDR-Repräsentant an Voraussetzungen zu erfüllen hat: politische Zuverlässigkeit, Cleverness, Kontaktfreude, persönliche Ausstrahlung und »Regime«-Kenntnisse. Der beauftragte Major glaubt diesen Kandidaten nach längerem Suchen in Suhl, einem eher beschaulichen Städtchen in Thüringen, gefunden zu haben. Die Uhren gehen dort etwas langsamer als in Berlin. Zudem ist der ausgewählte zuverlässige und parteiergebene Genosse von kleinem Wuchs. Selbst die Konfektionsgeschäfte der DDR, die »Exquisit«-Kleidung führen, können die konspirativen Anforderungen bei diesem Kandidaten nicht erfüllen.

Der Reise-Kundschafter erhält schließlich aus Dringlichkeitsgründen die Genehmigung, in Berlin (West) mit harten Devisen seine Bekleidungsprobleme zu lösen. Vor diesem entscheidenden Schritt erfolgt eine mehrstündige Einweisung durch Fachvorträge, die Vermeidung von Gefahren durch Polizei, Drogenhändler und leichte Mädchen eingeschlossen.

In den frühen Morgenstunden eines regnerischen Herbsttages geht der Thüringer in die unheimliche Spur. Zuvor hat sein Chef das Terrain per Stadtplan sondiert, die vereinbarte Route minutiös trainiert: Ein Hutkauf in Spandau, danach die U-Bahn-Fahrt zum Bahnhof Zoo. Am Kaufhaus »Wertheim« soll eine Gegenbeobachtung folgen. Danach Fußmarsch zum KaDeWe, Einkauf von Obertrikotagen und Schuhen. Am Cafe Steigenberger eine erneute Gegenbeobachtung. Nach erfolgreicher Mission die Grenzpassage und der Abschluß-Treff im Hotel »Berolina«.

Bereits unmittelbar nach der Schleusung über den Bahnhof Friedrichstraße scheinen dem Thüringer die Blicke der Mitreisenden nur auf ihn gerichtet. So jedenfalls schreibt er das im Abschlußbericht. Vorsichtshalber tarnt er sich hinter einer Zeitung. Der Inhaber des Hut-Salons in Spandau, so berichtet er später, habe einen lauernden Blick gehabt sowie ein künstliches Lächeln aufgesetzt. Nach der Anprobe einiger Hüte habe der Verkäufer sehr spontan seinen Namen gefordert. Eine Falle? In dieser Situation seien ihm weder sein fiktiver noch sein eigener Name eingefallen. (Vermutlich sollte der Name im Inneren des Hutes zur Kennzeichnung eingestickt werden. Aber diese Art Service war ihm wohl nicht vertraut.) Als der erleichterte Westberlin-Besucher auf die Straße tritt, bemerkt er sofort den unauffällig geparkten Wagen der Polizeistreife an der Straßenecke.

Die vielen Trainingsstunden in der Vorbereitung waren nicht vergebens. Der Mann erinnert sich: »Angesichts der Ordnungsmacht ist offensiv zu handeln. Irgendeine Einzelheit erfragen, um die operative Lage zu erkunden.« Also fragt er, mit leicht unterdrückter Erregung, nach dem KaDeWe. Daraufhin bietet ihm der Polizeibeamte die Mitfahrt im Streifenwagen an. Man würde in die gleiche Richtung fahren.

Der Agent ahnt das bittere Ende, der verdeckte Hohn der Uniformierten macht den Mißerfolg seiner Mission besonders schmerzhaft. Da er sich nur auf der befohlenen Route auskennt, wird die Tour im Streifenwagen durch unbekannte Straßen immer schweißtreibender. Endlich Halt. Man steht vor dem »Kaufhaus des Westens«. Die Streifenpolizisten verabschieden sich.

Benommen irrt der sozialistische Kundschafter zwischen den Obertrikotagen des großflächigen Kaufhauses herum. Als ein Verkäufer dem vermutlich zahlungskräftigen Kunden noch einen Cognac anbieten möchte, flieht der Amateuragent vor der vermeintlichen Anbahnung eines Abwerbeversuchs entnervt gen Osten.

Reise nach Kanada

Dr. Gabriele Gast, Regierungsdirektorin im Bundesnachrichtendienst, Jahrgang 1943, berichtet Markus Wolf über zwanzig Jahre Geheimes aus der Bundesrepublik. Sie tut dies aus politischer Überzeugung und aus Liebe. Der Mann, den sie 1968 kennenlernt und mit dem alles beginnt, heißt Karl-Heinz Schmidt. Tatsächlich heißt er Schneider, was sie nicht wissen kann. Er stammt aus Chemnitz. Sie nennt ihn liebevoll »Karliczek«, seit sie auf der Suche nach Material für ihre Doktorarbeit mit dem Titel »Die politische Rolle der Frau in der DDR«, aus Aachen kommend, scheinbar zufällig die Bekanntschaft des Mannes macht. Gerade fünfundzwanzigjährig, empfindet sie mehr als Zuneigung zu dem gemütlichen Sachsen. Beim dritten Besuch in der erzgebirgischen Stadt stellt »Karliczek« ihr einen Freund vor. Der ist von untersetzter Statur, sympathisch, mit spärlichem Haarwuchs. Karl-Heinz nennt ihn »Gotthard Schiefer«. Aber wie schon beim Namen Schmidt hat es mit Herrn Schiefer so nicht seine Richtigkeit, auch der Vorname ist leicht verfremdet. In Wahrheit heißt der väterliche Typ Gotthold Schramm. Er ist stellvertretender Leiter der Abteilung XV der Bezirksverwaltung des Ministeriums für Staatssicherheit. Insider wissen, daß es diese Abteilungen in allen Bezirken gibt. Sie sind Ableger der HVA, also auf Werbung von Informanten (»Quellen«) im »Operationsgebiet« spezialisiert. Mit Geschick und Fingerspitzengefühl deuten die Herren ihre Profession an. Überstürzen wolle und müsse man nichts, nur im Gespräch bleiben.

Die junge Frau überwindet erste Irritationen. Des charmanten Herrn Schmidt wegen gibt sie der Liason ihr Ja-Wort. Sie tritt in die Dienste der südlichen Bezirksbehörde. Der Genosse Gotthard verschwindet nach erfolgreicher Werbung aus ihrem Blickfeld gen Berlin in die HVA-Zentrale.

Im Frühjahr 1976 lädt mich »Gotti« auf eine Tasse Kaffee in sein Büro. Nahezu beiläufig fragt er mich nach sportlicher Ausbildung, körperlicher Fitness, englischen Sprachkenntnissen und Reiselust. Meine Antworten sind vorsichtig dosiert. Zurückhaltung, das weiß man aus der Praxis, ist beim Geheimdienst immer geboten. »Wenn du Lust hast, Großer, kannst du mit mir nach Amerika fliegen«, sagt er schließlich, »denk mal drüber nach, und kein Wort zu irgendeinem Menschen«. Natürlich sage ich sofort zu. Die Freiräume für den HVA-Normalverbraucher sind seit langem eng. Selbst das sozialistische Ausland gilt bei Reisevorlagen schon als Hürde, die nur einige wenige überwinden.

So gesehen ist Amerika eine einmalige Offerte. »Es geht nach Montreal«, präzisiert Gotthold. »Du brauchst keine Goldmedaille zu gewinnen. Dafür ist Manfred Ewald verantwortlich. Störungsfreier Ablauf ist dein Metier. Insbesondere auf deiner Hausstrecke, den Medien, also Fernsehen, Rundfunk, Presse und Pressefotografie.«

Kurze Zeit darauf sitzt zum ersten Male das HVA-Olympia-Team zusammen. Natürlich in einem geheimen Berliner Objekt. Man kennt sich flüchtig. Drei Mitarbeiter der Linie XI (USA), zwei Mitarbeiter der Abteilung IX, ein Vertreter des »Sektors Wissenschaft und Technik«. Gotthold bereitet auf das Geschehen vor, der historische Rundumschlag ist unvermeidlich. »1960 Rom, 1964 Tokio, 1968 Mexiko Stadt, 1972 München«, erläutert er. »Montreal muß für die DDR und natürlich die Freunde zum absoluten Höhepunkt werden.

Zur operativen Seite: Jeder Mitarbeiter übernimmt seinen Bereich eigenverantwortlich. Die Medien, die Leichtathletik, Fußball, Radsport, die Schwimmer, es ist alles exakt aufgeschlüsselt. Die Vertrauenskontakte werden euch für den Zeitraum der Olympiade von den Mitarbeitern der Hauptabteilung XX/3 übergeben. Das Verbindungswesen organisiert vor Ort jeder selbständig. Ich wohne als Mitglied der Mannschaftsleitung im Olympischen Dorf, bin jederzeit dort erreichbar. Ihr wohnt dezentralisiert im Stadtgebiet bei euren Leuten. Also auf die Legende achten und nicht auffallen...«

Ich stelle mich zunächst dem DTSB-Vize und Chef der Öffentlichkeitsarbeit, Johannes Rech, vor. Er ist ein moderner Typ mit Sinn für journalistische Befindlichkeiten. Vorsorglich hat er die entscheidenden Ansprechpartner der Medien generalstabsmäßig erfaßt und eingewiesen. Die annähernd militärische Organisation scheint dem Stil seines Chefs Manfred Ewald nachempfunden.

Der DTSB überwindet konsularische Hürden, das Visum wird bei der Kanadischen Botschaft in Warschau beschafft. In eigener Regie sorgt der Sportbund für die Akkreditierungsdokumente. Diskret erfolgt auch die Einkleidung mit schilfgrünen Anzügen. Bei der offiziellen Einkleidung in der Berliner Dynamohalle mischen wir HVA Geheime uns ohne Berührungsängste unter das Sportlervölkchen. Auch wir verpacken im Gefühl der Vorfreude T-Shirts, Turnschuhe, Trainingsanzüge, Regenbekleidung und andere Utensilien in die dunkelgrünen dreiteiligen Koffer. Eine Fabrik im thüringischen Pappenheim hat sie eigens für die Olympiamannschaft der DDR produziert. Auch Gotthold, der sich den neuen Decknamen »Gottfried« zugelegt hat, kramt aufgeräumt in seiner Kollektion und zeigt sich gar zu Späßen aufgelegt. Natürlich ist es den HVA-Mitarbeitern aus Sicherheitsgründen untersagt, die Ehefrauen etwa per Modenschau auf das große Ereignis einzustimmen. Alle Koffer werden in einem konspirativen Objekt gelagert. Erst unmittelbar vor dem Abflug erfolgt dort die Verkleidung.

Wir starten mit der »Präsidentenmaschine«, einer IL 62 der Interflug. An der Spitze der »Offiziellen« stehen DTSB-Chef Manfred Ewald, der ZK-Abteilungsleiter Rudi Hellmann, Johannes Rech und Siegfried Schröder. Unter den Aktiven (zur eventuellen Erinnerung) unter anderem der Boxer Fanghänel, die damals noch ineinander verliebten Cornelia Ender und Roland Matthes, der spätere Maske-Trainer Manfred Wolke, die Sprinterin Renate Stecher, der Kanute Rüdiger Helm, Radsport-Trainer »Hugo« Malitz, Sprinterin Bärbel Eckert... Der Flugkapitän offeriert ein Gläschen Sekt und erläutert die Flugroute: »Dänemark, Grönland. In Neufundland Zwischenlandung; auf dem dortigen Flugplatz Gander tanken, in zirka sieben Stunden werden wir dann auf dem schönsten Flughafen der Welt Mirabelle landen.«

Johannes Rech hat zur politisch-ideologischen Aufrüstung ein dreizehnseitiges Manuskript verfaßt und im Flugzeug verteilt. Das Pamphlet gibt Auskunft darüber, wie der Westen mit seinen Geheimdiensten versucht, durch Hetzaktionen den DDR-Sport zu diskreditieren. Das Papier kreist als Reiselektüre. Besondere Verurteilung erfährt darin der westliche Medien-Mogul Knecht. Er sei Hetzer und Agent in einer Person.

Die Landung auf dem NATO-Flugplatz Gander bringt einen ersten Hinweis auf »Feindtätigkeit«. Ausgerechnet mir, dem als Schwimmtrainer verkleideten HVA-Offizier, erklärt die charmante Dame der Einwanderungsbehörde die Vorzüge des Kontinents für arbeitsuchende Fachleute aller Branchen. Man könne notfalls auch sofort zur Sache gehen.

Ein weiterer »Eklat«, so Manfred Ewald, wird nach der Landung in Montreal-Mirabelle sichtbar. Mit »East Germany« (statt DDR) wird auf dem Tableau im Abfertigungsgebäude die soeben gelandete Maschine angezeigt. Die politische Aufregung indessen bewirkt nichts. »Wachsamkeit in diesem Land ist geboten«, sekundiert Rudi Hellmann als Abgesandter des Zentralkomitees der SED.

Die bereitstehenden Busse transportieren uns vorbei am Mont Royal, dem höchsten Punkt der Stadt, und an den Wolkenkratzern der City in Richtung Montreal Est, einem Vorort. Schließlich endet die Tour in einem ländlichen, intimen Familienhotel. In der Gesellschaft echter Sporttrainer werden wir mehrwöchige Dauermieter.

Die ersten Tage gehören den Regimestudien. Wir erkunden das U-Bahnnetz, zentrale Sportstätten, verschwiegene Treff-Lokale, Schiffsrouten auf dem Sankt-Lorenz-Strom. Selbst im Zoo des Lafontaine-Parks werden HVA-Späher auf der Suche nach Abgeschiedenheit fündig. Auch das Foyer des pompösen Hotels »Queen Elizabeth«, so berichtet ein Aufklärer, sei für eine kurze Materialübergabe geeignet. Im Olympischen Dorf, lautet die Maßgabe, sollen »operative Handlungen« vermieden werden. Nach den blutigen Zwischenfällen 1972 in München ist die höchste Sicherheitsstufe vom Gastgeber ausgegeben worden. Wie leicht könnte ein harmloser konspirativer Treff von zivilen Streifen beobachtet und falsch ausgelegt werden!

Nach der beeindruckenden Eröffnungsveranstaltung beginnen die Wettkämpfe der Athleten, die Medien arbeiten rund um die Uhr. Schon nach wenigen Tagen treffen wir eine fatale Feststellung: Der Gegner ist passiv, Abwerbeversuche sind nicht zu erkennen. Gottfried Schramm kommentiert unsere Berichte unzufrieden. »Keine operative Substanz!« stellt er lakonisch fest. Die täglichen Besprechungen der Mannschaftsleitung, an denen er regelmäßig teilnimmt, erbringen ebenfalls nichts »Operatives«. Schramm schwenkt beim Treffen mit uns ständig ein kleines rauschendes Taschenradio »Made in GDR«. Aus Furcht vor »Wanzen« und Richtmikrofonen setzt er es als akustischen »Zerhacker« ein.

Unerwartetes kommt eines Tages zur Sprache: Die sowjetische Mannschaft hat der brüderlich verbundenen DDR-Abordnung gelegentlich die kalte Schulter gezeigt. Beim Schwimm-Training haben sowjetische Aktive sogar die gebotene Hand ausgeschlagen. Stattdessen flirten die »Freunde« vordergründig mit den USA-Sportlern. Ewald veranlaßt sogleich ein »spontanes« Freundschaftstreffen und glättet damit die Irritation beim Sportlervolk.

Ein anderer Zwischenfall: Die erfolgreiche DDR-Schwimmerin Cornelia Ender hat eine in den USA lebende Oma, die von einem geschäftstüchtigen US-Fernsehteam eingeflogen wird. Eine provokante Ost-West-Story soll es offenbar werden, ganz nach amerikanischem Zuschnitt. Die Mannschaftsleitung ist verwirrt und ruft zur Krisensitzung. »Umarmung statt Konfrontation«, heißt der Beschluß. Die Großmutter wird freundlich empfangen, man geht wieder zur Tagesordnung über. Die DDR-Nachrichtenagentur ADN schweigt.

Das »Deutsch-Kanadische-Haus«, ein friedlicher Treffpunkt der in Montreal lebenden Deutschen, wird über Nacht zum Politikum. Sein Chef mit Namen Schmattke solle einen gesamtdeutschen Olympiaball mit provokanten Überraschungen planen. Angeblich ist Schmattke als CIA-Agent bekannt. Ein an den vermeintlichen Tatort entsandter DDR-Journalist mit Sinn für Humor und ein kühles Bier kann die Souveränitätshysteriker in den eigenen Reihen beruhigen. Herr Schmattke ist zufällig in der Gaststube anwesend und berichtet freimütig, es gehe ihm weder um ein Politspektakel noch um DDR-Diskriminierung. Vielmehr sei er auf einen hohen Bierumsatz aus, um die Geschäftslage zu verbessern.

Eine weitere Fehlmeldung: Im Olympischen Dorf hätte sich eine als Einwanderungsbehörde getarnte Menschenhändlerbande etabliert. Sie solle sozialistische Sportler zur Republikflucht veranlassen. Wir erhalten den Auftrag, das »Rattennest« ausfindig zu machen. Ein HVA-Agent ermittelt, daß es sich um das bereits

*Bohnsack als »Schwimmtrainer«
in Montreal, 1976*

bekannte Büro der Einwanderungsbehörde handelt. Er besucht die Filiale mit gemischten Gefühlen, erkundigt sich vorsichtig nach den Konditionen einer eventuellen Übersiedlung. »Die Damen waren ausgesprochen hübsch und freundlich«, berichtet der Aufklärer später. Sie hätten Kaffee angeboten und beratende Worte. Von List, Tücke und Gewalt habe er nichts bemerkt.

Als die DDR-Abordnung nach dem Ende der Olympiade vollzählig und mit einer Vielzahl von Medaillen in Berlin gelandet ist, erfolgen die Würdigungen der sportlichen Leistungen. Vom Trainingsfleiß ist die Rede und vom Kampfgeist der Sportler. Manfred Ewald hebt einmal mehr die fördernde Rolle von Partei und Regierung hervor. »Ich glaube«, konstatiert Gottfried bei Hackepeter und Bier anschließend im kleinen Kreis, »diesen Hut können auch wir uns aufsetzen...«

Tatort Messe

Seit die DDR existiert, leistet sich deren Führung in Leipzig einen besonderen Rummelplatz. Sie stellt sich und den Staat zur Schau, gibt sich weltoffen. Der trotzige kleine deutsche Bruder zeigt der Welt Souveränität und Selbstbewußtsein.

Nach der diplomatischen Anerkennung des zweiten Staates in Deutschland gerät der Messerundgang der selbstherrlichen Parteiführung endgültig zum Possenspiel. Bis zu vierzig Fotos vom Generalsekretär Honecker bietet das »Neue Deutschland« in einer einzigen Ausgabe. Die Leipziger tragen es mit Fassung. Schließlich bessert sich die marode Versorgungslage zumindest während der Messetage spürbar.

Das bunte Messepublikum rekrutiert sich wie immer aus in- und ausländischen Touristen. Fachleute sind in der Minderheit. Unter ihnen bilden die Abgesandten der Geheimdienste wiederum die Mehrheit. Schon Wochen vorher entwerfen sie Arbeitspläne, Informationsschwerpunkte, Werbevarianten und Kontaktversuche. Auch die Logistik für die Kampfhandlungen an der Messefront wird sichergestellt. »Operativfahrzeuge«, das heißt PKW westlicher Bauart, erfahren letzte Durchsichten. Zimmerbestellungen erfolgen, natürlich konspirativ, entsprechend Dienstgrad und IM-Kategorie. Spitzen-IM der HVA wohnen im Hotel »Merkur«. Die Obristen zieht es zusammen mit dem HVA-Vize, General Hans Fruck, in die Regierungsherberge, das Hotel »Astoria«. Das Personal hat sich längst daran gewöhnt, daß der eine oder der andere Gast namenlos ist und lediglich eine Numerierung offenbart.

Die unteren Dienstgrade sehen sich zu gewohnter Bescheidenheit veranlaßt. Ihre Unterbringung erfolgt in Internaten und Studentenwohnheimen. Die Bedingungen dort sind spartanisch. Die leitenden Tschekisten vermeiden aus diesem Anlaß Truppenbesuche und bestellen ihre Messebeauftragten, auch »Messemännchen« genannt, vorzugsweise in Hotelfoyers zum Rapport. Andere Kategorien inoffizieller Mitarbeiter, einschließlich der importierten Damen für Freizeit und Vergnügen, haben von Privatunterkünften

Besitz ergriffen. Hotels stehen ihnen nur in Begleitung westlicher Gönner offen.

Die »Runde Ecke«, der Sitz der Leipziger Bezirksbehörde, wird zum Werk II der Berliner Zentrale. Hier hat der Stab, jahrzehntelang unter dem Kommando von General Fruck stehend, Quartier bezogen. Auch die Abteilung VII, die Auswertung der HVA, residiert vor Ort. Der Chefauswerter fährt jeweils mit gemischten Gefühlen in die Messestadt. Er weiß, die hochkarätigen Informationen bleiben während der Messe meist aus. Nur schnellebiger »Polit-Schnickschnack« gerät ihm auf den Tisch. Tausende IM haben zuvor mühevoll wenig Brauchbares bei Gesprächen mit westlichen Partnern abgeschöpft.

Traditionell erwartet die Parteiführung entsprechend offiziell vorgegebener Jubelatmosphäre von der HVA inoffizielle Bestätigung. Der Auswerter kann sich dem politischen Auftrag nicht entziehen. Artig formuliert er im Tagesrapport: »Wie inoffiziell bekannt wird, ist der Messerundgang der Parteiführung mit großer Zustimmung aufgenommen worden. Westeuropäische Kaufleute heben in Gesprächen besonders die konstruktiven Vorschläge des Genossen Honecker zur Stabilisierung der ökonomischen Ost-West-Beziehungen hervor...«

Die HVA sieht die Leipziger Messe als Kulisse für die Kontaktanbahnung beziehungsweise die Erarbeitung von »Hinweisen auf operativ interessante Personen«. Die Mitarbeiter suchen vor allem in den 60er Jahren das harmlos scheinende Kontaktgespräch zum westlichen Gast. Zuvor haben sie die Quartierlisten ausgiebig studiert. »Klinkenputzen« nennen sie nicht ohne Unbehagen die ungeliebte Übung.

Nur in sehr seltenen Fällen gestaltet sich die »Aussprache« zum Einstieg in vertrauliche Beziehungen. Die Gesprächslegenden sind oft unseriös, halten einer Überprüfung nicht stand. »Guten Tag, ich komme von der Nationalen Front«, heißt mitunter das Erstangebot nach dem Klingelzeichen, oder: »Der Friedensrat sucht das Gespräch zwischen Ost und West. Darf ich eintreten?« Die meisten Messegäste melden nach ihrer Heimkehr die dubiosen Erlebnisse oder ziehen sich anderweitig aus dem Abenteuer zurück. Später ist es Markus Wolf selbst, der nüchtern konstatiert, daß der Schaden bei diesen ad hoc-Maßnahmen größer sei als der Nutzen.

Eine ständige Kontaktbörse, und dies bis zum Untergang der DDR, stellt der bei den Geheimdiensten in Ost und West gleichermaßen beliebte Internationale Presseclub dar. Die akkreditierten Journalisten frequentieren ihn. Er ist in unmittelbarer Nähe zum Arbeitsplatz gelegen, die angebotenen Speisen werden zügig gereicht, Gaststätten in der Umgebung sind dagegen überfüllt und überteuert. Auch für den Freund des Tanztees ist gesorgt. Live-Musik erklingt, die Damen an den Tischen sind – man ahnt es – meistens keine Presseverteter. Sie gehen mit Decknamen wie »Rose« oder »Engel« ins nachrichtendienstlich-erotische Rennen und sind auf Blickfeldarbeit spezialisiert. Häufig zeigen sich auch die Führungsoffiziere im Pressezentrum und kontrollieren die weiblichen Aktivitäten. In jedem Fall präsent sind die »Offiziere im besonderen Einsatz« der Aufklärung. Ihr Alibi liegt auf der Hand: Sie dienen unter den »Dächern« der Institutionen Presseamt, Kammer für Außenhandel, Journalistenverband, Ministerium für Außenhandel oder Auswärtige Angelegenheiten und sind ohnehin die offiziellen Ansprechpartner im Hause. Sie dürfen von Berufs wegen neugierig sein. Außerdem kennen sich die Herren auf dem west-östlichen Diwan oft seit Jahr und Tag. Wer wen abschöpft, bleibt mitunter im dunkeln.

Während einer Frühjahrsmesse treiben zwei DDR-IM Schabernack mit ihrem HVA-Führungsoffizier. In einer Sektlaune erfinden sie einen USA-Korrespondenten James Brown einschließlich einer gegenseitig abgestimmten Personenbeschreibung und berichten ihrem »Vormund«, jeweils separat, ungeheuerliche Tatbestände aus dem Pentagon. Der Führungsoffizier erkennt die vermeindliche Brisanz dieser Mitteilungen, die Glaubwürdigkeit scheint der Quellen wegen außer Zweifel. Indessen, ein Mister Brown fehlt auf den Akkreditierungslisten. Trotzdem geht der Tatbestand dann doch als Spitzenmeldung an die Parteiführung...

Club-Probleme erwachsen der HVA wiederholt in technischer Hinsicht. Über Vertrauenskontakte im Pressehaus erwirbt sie Blanko-Clubkarten in größerer Anzahl. Zugleich bringt sich jedoch die Hauptabteilung II (Spionageabwehr) über eigene Kanäle in den

Besitz solcher Dokumente. Weithin sichtbar sind die MfS-Abgesandten gegenüber den Journalisten wieder einmal massiv in der Überzahl. Es hagelt dann natürlich und regelmäßig Beschwerden der West-Presse beim Presseamt. Das MfS gelobt Besserung. Bei der folgenden Messe ist der Presseclub erneut fest in »tschekistischer« Hand.

# Aus dem prallen Leben des HVA-Kundschafters

Schon lange vor Gründung der HVA haben sich die Geheimdienste verschiedener Methoden bedient, die mit der Vorstellungswelt eines christlichen Mädchenvereins nicht vereinbar sind. Sie gehen seit mehr als zweitausend Jahren von der Maxime aus, daß der Zweck die Mittel heilige. Alles sei erlaubt, um Agenten zu werben, Agenten zu führen und »Panzerschränke« zu knacken.

Eine uralte Methode, wie man weiß, besteht in der Einbettung des horizontalen Gewerbes in die Geheimdienstarbeit. Bei der Schilderung des nachfolgenden Sachverhalts sind wir auch recht schnell beim Stichwort »Kompromat«. Dieses Fachwort aus dem MfS-Deutsch leitet sich aus der angestrebten Kompromittierung ab. Die Geheimdienste gehen von der Erfahrung aus, daß bestimmte Kontaktpartner nicht bereit sind, in ihre Dienste zu treten. Deshalb ist etwas Nachhilfe nötig.

Natürlich gibt es bei den Kompromaten einen breiten Fächer, die »Lust« auf Mitarbeit zu fördern – etwa Fotos, Tonbänder u. a. Kompromate dienen – und die Geschichte der Abteilung X beweist dies – auch dazu, mißliebige Personen öffentlich zu diffamieren, zu diskreditieren oder, im harmloseren Fall, lächerlich zu machen.

Das Kompromat als Druckmittel im Sinne einer erzwungenen nachrichtendienstlichen Kooperation war in der HVA umstritten. Abgeklärte Mitarbeiter vertraten die Ansicht, daß jemand, der nicht freiwillig arbeitet, sich auch unter Druck nicht dazu bereit findet.

Dessenungeachtet ereignet sich 1966 folgende Geschichte. Ein Beteiligter erzählt: »Die Abteilung M der Abwehr, die regelmäßig anderer Leute Post las, erwischte das Schreiben eines ›operativ interessanten Absenders‹ aus Bonn, gerichtet an einen Verwandten in Dresden. Dieser Briefschreiber hatte sich, bedingt durch seine Tätigkeit, mit Dienststellen der Bundesregierung überworfen, befürchtete Repressalien und wollte mit diesem Brief moralische

Unterstützung gegenüber seinen Feinden in Bonn einholen. Der Brief gelangte zuständigkeitshalber von der Bezirksverwaltung Dresden auf den Tisch der HVA. Es wurde nun überlegt, wie man an diesen Mann herankommen könnte. Naheliegend war der Kontakt zu seinem Dresdener Adressaten. Es handelte sich um einen Mitarbeiter an der Technischen Universität, der nach kurzer Ermittlung als politisch loyal eingestuft wurde und damit als Ansprechpartner für die HVA in Frage kam. Zwei Mitarbeiter fuhren nach Dresden, um ihn aufzusuchen. Der Mann war gesprächsbereit, gab auch bereitwillig Auskunft, berichtete von den guten Kontakten zu seinen Verwandten. Selbst Altnazis in Spanien würden dazu gehören, auch Kontakte zu Geheimdiensten. Ein interessanter Sachverhalt. Unsere Strategen überlegten, wie man den Mann aus Bonn in die DDR holen könnte. Da der Betreffende selbst das Gespräch mit verantwortlichen DDR-Vertretern wünschte, war es nicht schwer, ihn zu einem Besuch zu veranlassen.

Er erschien wenige Wochen später und traf sich mit den HVA-Offizieren in Berlin. Die gaben sich als Mitarbeiter des Ministerrates, also völlig wertfrei, und als politisch einflußreiche Persönlichkeiten zu erkennen. Es kam zu mehreren völlig unspektakulären Begegnungen, bei denen die Sorgen des Besuchers offenbar wurden.

Zur Vertiefung des Kontaktes hatte ein junger ehrgeiziger Hauptmann, frisch aus der Provinz nach Berlin versetzt, eine Idee – die Anfertigung eines Kompromats. Eine charmante Dame sollte an ihn »herangespielt« werden.

Diese Dame wurde dann auch schnell gefunden, sie war hauptamtlich für die Hauptverwaltung A tätig. Sie hatte sich den schönen Namen »Janine« ausgesucht, sah auch sehr interessant aus. Sie hatte etwas Exotisches, auf das Männer mitunter fliegen. Die Verbindung kam zustande.

Der Hauptmann traf seine technischen Vorbereitungen. Mitarbeiter der Abteilung VIII besorgten einen Radioapparat, in dem sich sowohl eine »Wanze« befand als auch eine ferngesteuerte Kamera. Dieses präparierte Radio wurde »Janine« übergeben mit der Maßgabe, diesen Apparat an einem festgelegten Platz aufzustellen. Aus technischen Gründen mußte dieser Standort unbedingt beibehalten werden. Die Funktion wurde in ihrer Wohnung vorgeführt, allerdings mit einer Einschränkung. Von der Kamera wußte sie nichts.

Es war an einem kalten Wintertag im Februar, als das Startzeichen für diese Aktion gegeben werden konnte. Drei Mitarbeiter gingen zwei Querstraßen von der Wohnung »Janines« entfernt auf Lauschangriff. Sie hockten in einem betagten »Wartburg«, Modell 311, das beim Parken nicht beheizbar war. Die drei Tschekisten vor Ort waren also wirkliche Helden des »Kalten Krieges«. Schließlich mußten sie Stunden vor Ort warten. Sie konnten nicht wissen, wann das Pärchen, aus einer warmen Gaststätte heimkehrend, im kuscheligen Liebesnest zur Tat schreiten würde. Im Gegensatz zu diesen drei Herren schauten die frisch Verliebten überhaupt nicht auf die Uhr.

Um Mitternacht war es dann soweit. Das (un)-verfrorene Trio wurde hellwach. Das Mikrofon signalisierte die Rückkehr der Liebesleute. Der westdeutsche Gast erzählte noch etwa zwei Stunden alles mögliche, nur keine brauchbaren Sachverhalte. Er war im Jahr zuvor in Andalusien/Spanien im Urlaub gewesen. Dort hatte er, vermutlich ein leidenschaftlicher Sportangler, alle möglichen Fische gefangen und auch verzehrt. Außerdem referierte er gegenüber der aufnahmebereiten Janine über die Eßbarkeit von Tintenfischen, Garnelen, Haifischsteaks und ähnlichem.

Um endlich aufklärerisch effektiv zu werden, sollte nun die fotografische Technik zum Einsatz kommen, befand der Hauptmann. Diese stammte übrigens, das hatten die Techniker der Abteilung VIII vorher erklärt, aus dem Sowjetland – sie war etwas schwergewichtig. Aber dennoch funktionsfähig, wie die Spezialisten beruhigend behaupteten. Hauptmann Richter schob nun die Antenne in die winterliche Frostnacht hinaus und drückte, nicht ohne innere Spannung, auf den Auslöser der Kamera. Daraufhin vernahmen die drei Nacht- und Nebelakteure über das Mikrofon, das sich im Radio befand, ein lautes Pfeifgeräusch. Dummerweise hörten das nicht nur die drei angefrosteten Tschekisten, sondern auch die beiden in der Wohnung. Der Herr aus dem Westen fragte verwundert nach der Ursache dieses schrillen

Geräuschs. Sie meinte nur, nicht sehr geistesgegenwärtig, sie könne sich dies auch nicht erklären. Die beiden setzten, leicht verstört, ihr Gespräch fort. Nach einer Dreiviertelstunde etwa hielt der Hauptmann die Zeit »zum Nachlegen« für gekommen und löste erneut die Kamerafernbedienung aus. Wieder ein entsetzliches Pfeifen in der Wohnung. Das brachte den westdeutschen Herrn nun doch in Rage. Er spazierte hörbar in der Wohnung herum, um die Quelle für dieses Geräusch zu finden. Auch Janine war offensichtlich verunsichert. Entgegen der Anweisung nahm sie den Apparat von seinem Platz und stellte ihn auf den Fußboden. Der Hauptmann drückte noch einige Male auf den Auslöser. Der Kampfauftrag zur Sicherung des sozialistischen Vaterlandes schien vollbracht. Die drei Herren verschwanden mit ihrem Fahrzeug im frostklirrenden Dunkel.

Die drei machten furchtbar lange Gesichter, als sie die Bilder auf den Tisch bekamen. Alles mögliche war zu sehen, nur nicht das Erwartete. Zunächst der Kanarienvogel der Dame Janine, operativ ohne Bedeutung, und am Ende der Fotoserie die vier nackten Füße der Beteiligten im Liebesnest.

Der Abteilungsleiter, der das ehrgeizige Projekt genehmigt hatte, wurde zum HB-Männchen, als er das Ergebnis der Bemühungen sah. Der Hauptmann, Leiter des Spähkommandos, wurde veranlaßt, einen Bericht für die Akte zu fertigen. Im MfS-Deutsch müßte der etwa folgendermaßen gelautet haben: Betrifft Aktion »Janine«. Entsprechend dem langfristigen Plan wurde eine operative Kombination mit IM »Janine« durchgeführt. Mit dem Ziel der Schaffung eines Kompromats kam operative Technik zum Einsatz. Die Aktion dauerte fünf Stunden und dreißig Minuten. Das operative Ergebnis war nicht zufriedenstellend. Es entstanden unerwartet Geräuschprobleme. Zur Auswertung des Vorfalls ist eine Absprache mit der Abteilung VIII durchzuführen. Weitergehende Maßnahmen sind in einem neuen Plan festzulegen. gez. Hptm. Richter.

Von der Sowjetunion lernen, hieß siegen lernen. Unter diesem Motto sei noch ein KGB-Witz zur Spionage-Technik aus der Sowjetunion erzählt. Michail Michailowitsch sitzt abends bedrückt beim Abendbrot. »Aber, Lieber«, sagt seine Frau, »was ist dir? Du trinkst ja gar nicht«

».Ich werde abgehört, vom KGB...« murmelt Michail Michailowitsch dumpf.

»Aber bewahre, wie kommst du bloß darauf?«, fragt sie erstaunt und erschrocken.

»Seit heute habe ich drei neue Kleiderschränke in meinem Büro«.

Die Abteilung XII der Hauptverwaltung A, zuständig für die NATO-Mitgliedsstaaten, hatte einen Kontakt zu einer Sekretärin aufgebaut, die in der NATO-Zentrale arbeitete und geworben werden sollte. Die Abteilung entwickelte einen umfangreichen Maßnahmekatalog zur Werbung, der etwa in folgendem bestand: Es sollte ein DDR-Agent – »Romeo«, wie man diese Art von Mitarbeitern später nannte – auf sie »angesetzt« werden, um sie allmählich in die nachrichtendienstliche Arbeit einzubeziehen.

Die Dame war Dänin und religiös gebunden. Tatsächlich konnte der delegierte »Romeo« die Sekretärin für sich entflammen. Natürlich vermied er es zunächst, seine nachrichtendienstlichen Interessen ins Spiel zu bringen, um die Liebe noch etwas wachsen zu lassen. Es verging etwa ein Jahr. Dann hatte er seiner Geliebten folgende Legende zu offenbaren: Er sei von einem Geheimdienst unter Vertrag genommen worden (er sollte dabei die USA andeuten). Die Amerikaner seien daran interessiert, die Interna ihrer Verbündeten zu überprüfen – praktisch eine Gegenkontrolle ihrer militärischen Juniorpartner. Er hätte sich vor Zeiten aus einer Notlage heraus den Amerikanern versprochen, nun würde sein Wort eingeklagt. Er sehe aus seiner Zwangslage heraus keine andere Möglichkeiten, als seine Geliebte um Hilfe zu bitten.

Seine Partnerin war verständlicherweise zuerst sehr verstört und erregt, aber nach einigem Zögern bereit, ihrem Liebsten zu helfen. Sie lieferte zunächst allerdings eher unbrauchbares, legales Material, dessen Weitergabe sie moralisch nicht belastete. Natürlich wurde nun der »Romeo« aus der Zentrale darauf orientiert, aussagekräftigeres Material von seiner Quelle zu fordern. Notgedrungen gab er diese Forderungen an seine Geliebte weiter und stürzte sie in weitere Gewissenskonflikte – bis zu einer seelisch bedrohlichen Lage. Die junge Frau wußte sich in ihrer inneren Not nicht zu helfen. Schließlich blieb ihr nach ihrer Ansicht nur der geistliche

Beistand als letzte Rettung. Sie wollte durch eine Beichte Absolution und gleichzeitig Rat für ihr weiteres Verhalten.

Diese Absicht überbrachte der »Romeo« bei einem Treffen mit der Zentrale. Er löste dadurch erhebliche Hektik bei den Verantwortlichen aus. Man mußte befürchten, die aufwendig geworbene Quelle, bevor sie richtig »sprudelte«, schon wieder versiegen zu sehen. Kurzfristig wurde ein »Beichtvater« mit überdurchschnittlichen Englischkenntnissen benötigt, denn es waren nur wenige Tage Zeit. Es gelang, der jungen Frau die Beichte von einem präparierten HVA-Geistlichen abnehmen zu lassen. Die Aufrichtung des »Geistlichen« war ergebnisorientiert: Er riet der jungen Frau, ihrem so schwer belasteten Freund zu helfen. Letztlich sei es eine Tat für den Frieden. Wenn alle das gleiche wüßten, hätte keiner Vorteil. Die junge Frau war erleichtert, nicht nur verständnisvollen geistigen Beistand, sondern auch praktische Lebenshilfe bekommen zu haben. Erleichtert berichtete sie es ihrem Freund. Später erhöhte sich auch die Qualität der Informationen. Dank der Beichte wurde aus dem »Vorgang« eine »Spitzenquelle«.

Der Untergang

Im Jahr 1912 sank die »Titanic«, das Flaggschiff der englischen »White Star«-Linie. Im Bewußtsein der damaligen Zeitgenossen war das ein Schock, vergleichbar mit den letzten Tagen von Pompeji oder dem Untergang der Insel Krakatoa im Stillen Ozean. Diese Katastrophen der Menschheitsgeschichte sind vielfach durch Überlieferung, Romane, wissenschaftliche Untersuchungen immer wieder ins Bewußtsein der Menschen gebracht worden. Dem Untergang der Titanic haftet zusätzlich noch etwas Gleichnishaftes an. Europa stand an der Schwelle zum ersten Weltkrieg. In diesem langjährigen, nach industriellen Fertigungsprinzipien organisierten internationalen Blutbad, sollte das bürgerliche Selbstverständnis einer Epoche zugrundegehen.

Der Untergang dieses Luxusschiffes zeigt erstmals anhand der Zeugenaussagen vor dem Seefahrtsgericht, mit welcher Brutalität und Menschenverachtung der sozial Schwächere preisgegeben wurde. Listet man die überlebenden Passagiere der Katastrophe auf, haben zirka 80 Prozent der Passagiere der ersten Klasse, aber nur fünf Prozent der sogenannten Zwischendeck-Passagiere den Schiffbruch überlebt. Das waren meist Amerika-Auswanderer aus Osteuropa, Deutschland und Irland. Die unzureichend vorhandenen und dilettantisch zu Wasser gelassenen Rettungsboote standen zwar für »Frauen und Kinder zuerst« zur Verfügung. Aber der an Bord befindliche Präsident und Hauptaktionär der »White Star«-Fracht- und Passagierlinie hatte sich nicht nur als Frau verkleidet, sondern beanspruchte eines der wenigen kostbaren Rettungsboote für sich allein. Denen in den Luxussalons auf dem Oberdeck des von einem Eisberg aufgeschlitzten Schiffes blieb zumindest die rechtzeitige Information. Jeder konnte, nach seiner charakterlichen Veranlagung, bei der Rettung anderer Menschenleben helfen oder wenigstens die Vorbereitung zur Sicherung der eigenen Haut treffen. Passagiere in den Zwischendecks, nicht zuletzt wegen der Sprachprobleme und Übermittlungsschwierigkeiten, wurden von dem Riesenschiff in die Tiefe gerissen. Mit viel Geschick konnten einige noch die Reeling erreichen und in das eiskalte Wasser springen. An Bord der Boote kamen die wenigsten. Dort standen die Passagiere, teilweise auch Damen der besseren Gesellschaft, und schlugen mit den Rudern auf die Hände der sich an die Boote klammernden Ertrinkenden, um ein eventelles Kentern zu verhindern.

Der MfS-Mitarbeiter, also auch der HVA-Angehörige, wurde von der Führung jahrzehntelang total reglementiert. Das erstreckte sich nicht nur vom Haarschnitt bis zur Barttracht. Neben diesen Äußerlichkeiten war die umfassende Kontrolle der Verfügbarkeit jedes Mitarbeiters in der Freizeit durch ein ausgeklügeltes Alarm-, Melde- und Kontrollsystem gesichert.

Ende des Jahres 1989, als sich nach unserem Bild das Schiff zur Seite neigt, distanziert sich die »Übermutter« von ihren unmündigen Kindern, zahlt eine verdammt kleine Abfindung und jagt sie aus dem Haus. Die ständig Gegängelten befinden sich in einer unerwarteten Situation und sind oft hilflos. Sie stehen, zumal bedingt durch ihre soziale Situation, im Regen und begreifen die Welt nicht mehr.

Schon der Sommer des Jahres 1989 signalisiert strategische Weichenstellungen. Die Parteioberen Krenz und Schürer konspirieren gegen den Generalsekretär, betreiben immer gezielter dessen Ablösung. Auch Mittag und Herrmann stehen auf der Abschußliste. Markus Wolf, so der Kronzeuge Schabowski, bestärkt Krenz in der Absicht, schnell zu handeln und nicht länger auf eine biologische Lösung im Politbüro zu warten. Am 17. Juli eilt Wolf persönlich nach Moskau, um den Konfidenten Portugalow über die DDR-Sitation ins Bild zu setzen.

Der 11. September macht für die Ausreisewilligen in Ungarn den Weg frei. Das Neue Forum verstärkt den Druck auf die SED-Führung. Mielke nennt die Oppositionellen drohend Handlanger des Gegners. Am 21. September präsentiert sich Markus Wolf bei einer Lesung in der Akademie der Künste als demokratischer Sozialist.

Die Mitarbeiter der Hauptverwaltung A, auf Grund der eigenen Kenntnisse und Erfahrungen aus dem IM-Netz, reagieren verunsichert. Sympathisanten schließen sich zu kleinen Gruppen zusammen, treffen sich zum Gedankenaustausch in konspirativen

Wohnungen. »Die Hauptsache ist, es gibt keinen Schießbefehl«, konstatiert Major Schumann unter vier Augen, »sonst wäre nicht nur in Berlin-Lichtenberg die Hölle los«. Der Stab probt wiederholt den Ernstfall, Verdunkelungsübungen gegen vermutete Hausbesetzer, Bestandsaufnahme in den Waffenkammern, Uniformkontrollen. »Wir müssen ernsthaft darüber nachdenken, wichtige Vorgänge kurzfristig auszulagern«, stellt General Geyer in einer Anleitung fest. Im kleineren Kreis ergänzt er resignierend: »Die da oben bemerken offenbar immer noch nicht den Ernst der Lage...«

Die Parteileitung verordnet inzwischen für die HVA Offensiv-«Verteidigung«. »Genossen«, ruft Otto Ledermann leidenschaftlich, »wir müssen jetzt konsequent in den Parteiaussprachen den Standpunkt jedes einzelnen bestimmen. Um uns auch von wankelmütigen Elementen kurzfristig zu trennen, wenn es sein muß. Der Genosse Felber als 1. Sekretär der Kreisleitung hat, auf die HVA bezogen, seine Bedenken... Wir haben in der HVA aus konspirativen Gründen bisher darauf verzichtet, das Parteiabzeichen zu tragen. In diesen Stunden der Bewährung gelten andere Gesetze. Deshalb schlage ich vor, so schnell es geht die Abzeichen zu besorgen und öffentlich zu tragen. Der Bürger auf der Straße soll jederzeit sehen, daß ein Genosse neben ihm steht...«

Fortan gehört es zum morgendlichen Ritual: Parteisekretäre und Abteilungsleiter kontrollieren die neue Kleiderordnung, ermahnen Säumige, drohen mit Konsequenzen.

Ende September übergibt mir Chefsekretärin Heidi konspirativ einen Briefumschlag. Der Inhalt: eine Einladung zum 3. Oktober in den Konferenzsaal des »Palastes« Normannenstraße. Der 40. Jahrestag der DDR-Gründung soll gewürdigt werden. Dunkler Anzug, kleine Ordensspange, heißt es in der Vorschrift, Beginn 15 Uhr, die Plätze sind bis 14.30 Uhr einzunehmen. Wie sich herausstellt, ist auch der Hauptmann Hans vom Referat 1 geladen. »Ich weiß nicht, was es jetzt noch zu feiern gibt«, kommentiert er die unerwartete Ehre pikiert.

Pünktlich auf die Minute erscheint der Minister mit untertänigem Gefolge. Ein Portal wird aufgestoßen, beifallheischend präsentiert sich die Abordnung. Vor dem unterschwelligen Beben, das die bisher willfährige DDR-Bevölkerung erfaßt hat, wirkt die Situation eher grotesk. Die Gruppe mit dem Minister schreitet von der Empore abwärts, die Genossen Generale und Offiziere applaudieren. Bestellte Hochrufe erfüllen den erleuchteten Saal. Soldaten mit Fahnen flankieren die gespenstische Szene. Bunkerfasching, denke ich.

Der Minister referiert wie immer, seine Rede ist eine Mischung aus Leutseligkeit und Drohgebärden, ranzigem Humor und Machtgetöse. »Das Wichtigste, Genossen, das müßt ihr euch für alle Zeiten merken, ist die Macht. Die dürft ihr nie aus der Hand geben. Das ist unsere heilige Klassenpflicht...«

Anschließend erfolgt auf der entrückten Bühne die Vergabe von Medaillen und Orden. Eine Sowjetdelegation unter General Titow ist aus Karlshorst herbeigeeilt und übergibt Ehrenurkunden. Die Szenerie findet in einem Bankett ihre Fortsetzung. Der Minister erteilt sich immer wieder das Wort, erheitert und erschreckt das Publikum, erklärt schließlich um 19 Uhr die gesamte Übung für beendet. »Der muß weg«, flüstert mir Hauptmann Hans zu.

Die feierlichen Gefühle haben keinen langen Bestand. »Tartarenmeldungen«, wie sie die Auswerter der Informationsabteilung VII der HVA neuerdings nennen, überschwemmen das Haus. Das Kontingent an Optimismus schrumpft weiter. Am 18. Oktober stürzt Honecker, Krenz folgt ihm. Filmteams westlicher Medien lauern ohne Unterbrechung vor dem Eingang Ruschestraße. Die HVA-Mitarbeiter flüchten durch Nebenausgänge, meiden das Objekt, sofern es die Obersten zulassen. Später weisen die Abteilungsleiter an, die »Anwesenheit im Objekt wird operativ geregelt«. Die Vernichtung von Unterlagen ist noch nicht genehmigt, obwohl sich immer mehr Mitarbeiter dafür aussprechen. In der Parteileitung haben die Zweckoptimisten noch immer Oberwasser. Sie wollen die Chronik der HVA, an der eine spezielle Arbeitsgruppe seit Jahren werkelt, den Realitäten zum Trotz noch mit preußischer Gründlichkeit zu Ende schreiben.

Einige Protagonisten, die mit dem Gedanken einer Teilvernichtung spielen, haben schlaflose Nächte. Was, wenn der Stab bei Stabilisierung der Lage die alte, straffe Autorität wieder ausübt und die Urheber des Materialverlustes bestraft? »Überlassen Sie das Denken den Pferden, die ham einen größeren Kopp«, heißt es.

Dessen ungeachtet schreiten einige Mutige zur Tat. Sie ermitteln vorsorglich, welche offenen Feuerstellen nutzbar sind, Öfen in Altbauwohnungen oder Gartenanlagen sowie Müllkippen. Da die Bevölkerung auf Grund der Lage wachsam geworden ist, muß die Vernichtung diskret erfolgen.

Der Runde Tisch – erstmals am 7. Dezember 1989 zusammengetreten – wirft seine Schatten auch in den tristen Innenhof des MfS. Das Personal des »Feldherrenhügels« – so die Köche und Kellner – befinden, nun sei Schluß. Man könne ihn stillegen. Tatsächlich wird, entsprechend dem alten DDR-Witz, so verfahren (»Erich, der letzte DDR-Bürger macht das Licht aus!«)

Nachdem der Hügel geschlossen ist, geht die kleine Delegation der absoluten Führungsspitze einsam, vermutlich mit sich und der Welt uneins, in den Essenraum des Fußvolks. Seit ihrer Beförderung zum Stabsoffizier haben sie vermutlich nie wieder in einem derart bescheidenen Ambiente gegessen. Selbstbedienung, die unvermeidlichen Plastiktabletts in Gelb, Zartgrün und Hellblau, vielleicht noch mit Spuren des Menüs vom Vortage. Auch dieser Raum schon in gedämpftem Licht, wie im Zeichen des Übergangs. Vereinzelt läßt man sich zu jovialen Dialogen mit untergeordneten Mitarbeitern herab. Sogar die Toiletten- und Putzfrauen werden plötzlich mit Handschlag begrüßt.

Ein verwandter Aspekt ist die Unterwerfung der leitenden Persönlichkeiten unter die herrschende Situation. Mielkes Stellvertreter, General Großmann, seit dem Ausscheiden von Markus Wolf Dienstherr der Hauptverwaltung A, stand stramm, wenn der Minister auch nur von weitem zu sehen war. Seine Gefolgschaft gegenüber dem Chef Erich Mielke galt ohne Einschränkung. In dieser Hinsicht unterschied er sich von seinem Vorgänger.

Aber nun hat sich die Sitation geändert. Minister Mielke ist verschwunden. Großmann, den Windschatten einer autoritären Persönlichkeit gewohnt, muß nun mit den buntscheckigen und unberechenbaren Persönlichkeiten des Runden Tisches verhandeln. Hier wird Offenlegung von internen Sachverhalten der HVA verlangt, Spionage-Quellen sollen nach dem Willen der Bürgerrechtler enttarnt werden. Großmann kommt im Januar 1990 auf die Idee, den Chef der Lagezentrums der HVA, Dr. Heinz Busch, zu beauftragen, die HVA am Runden Tisch kommissarisch zu vertreten. Busch wird auch mit Unterlagen ausgestattet, die das beste Licht auf die HVA werfen sollen.

Das heikle Unterfangen und dessen Tragweite bleibt dem Abgesandten nicht verborgen. Er beschließt, sich nach Karlshorst zu den befreundeten Tschekisten abzusetzen. Aber die kennen ihren einstigen treuen Verbündeten nicht mehr. So verschwindet Busch in die Bundesrepublik, zum Bundesnachrichtendienst. Er wolle nicht für eine Generalität geopfert werden, für die er persönlich schon so lange Opfer gebracht habe, lautet später seine Begründung.

Nun muß General Großmann nach weiteren Möglichkeiten des Arrangements mit den Vertretern des Runden Tisches suchen. In dieser Zeit wird ein Beschluß dieses Gremiums wirksam. Die Angehörigen vom Wachregiment »Feliks Dzierzynski«, Truppenformation des MfS, werden als Wachschutz vom Objekt Normannenstraße abgezogen. Stattdessen kommt aus der Umgebung von Berlin, aus Basdorf, eine dort kasernierte Einheit der Bereitschaftspolizei zum Einsatz. Unter anderem wird veranlaßt, nur Fahrzeuge mit einem Sonderberechtigungsschein passieren zu lassen. Zur besseren Kontrollfähigkeit haben die Fahrer dieser PKW unaufgefordert ihren Kofferraum zu öffnen, um einen unberechtigten Transport zu verhindern. Unter diese Kategorie fällt dann auch das Fahrzeug des amtierenden HVA-Chefs. Sofort paßt der sich dieser neuen Forderung an. Wenn der Fahrer am Eingang zum HVA-Gebäude steht und auf seinen Chef wartet, eilt Großmann, aus dem Dienstgebäude kommend, schnurstracks als erstes zum Kofferraum, öffnet ihn und läßt sich mit geöffneter Klappe zur Ausgangskontrolle fahren.

Nicht alle Mitarbeiter kopieren diese Beflissenheit ihres Chefs. Bei den Abteilungsleitern gibt es einige listige Füchse. Sie besorgen sich beim Referenten des HVA-Leiters, Oberst Irmscher, Sonderberechtigungskarten. Das Herausbringen interessanter Unterlagen ist für Inhaber dieser Karten somit leichtes Spiel. An einem dieser Tage verwickelt mich am Eingang des Ministeriums ein Oberst in ein Gespräch. Als dann plötzlich ein Kfz. die Ausfahrt passiert, unterbricht er mich plötzlich mit den Worten: »Nun kannste weitergehen, mein Ding ist gelaufen.« Er hatte nur unauffällig die Passage seines Fahrzeugs beobachten wollen, mit Dingen, die dem leitenden Herrn wohl wertvoll, lieb und teuer schienen.

Noch ein Erlebnis, das die letzten Stunden des Untergangs illustriert: An anderer Stelle hatten wir schon einmal die Spezialeinheit »Disziplinar« der Hauptabteilung Kader und Schulung des MfS, die sogenannte Feldgendarmerie, erwähnt. Nach der Flucht des HVA-Mitarbeiters Stiller hatte dieser Bereich, im Laufe der Zeit mit wachsender Intensität, Vollmachten über die totale Kontrolle aller Mitarbeiter.

Für die HVA ist Herbert König verantwortlich, ein für die operativ-fachliche Arbeit unbrauchbarer Versager. In der Rolle des Häschers und Privatdetektivs blüht er auf wie eine Rose im Juni. Sein ihm übertragenes Amt wird von ihm nicht nur mit beruflicher Überzeugung ausgeführt. Sein Eifer grenzt an die Geilheit älterer Zimmerwirtinnen, die an den Türen ihrer Mieter lauschen. So werden von ihm großzügig Ferienplätze vergeben. Der höhere Sinn: die in den Urlaubs-Zimmern installierte Abhörtechnik zu testen. Die »königlichen Übergriffe« führen in der Vorwendezeit dazu, daß einige Mutige diese Praktiken in Parteiversammlungen anprangern und Königs Versetzung oder Abberufung fordern. Durch den Mißbrauch ihrer Machtbefugnisse würden diese Schnüffelmeister demonstrieren, daß sie die Hauptfeinde jeder Demokratisierung und Humanisierung der inneren Verhältnisse seien. Mit diesen Kettenhunden sei jede durch die Leitung angekündigte Demokratisierung oder Reform eine Farce.

Plötzlich ist König von der Bildfläche verschwunden. Als die letzten HVA-Mitarbeiter im März 1990 ins Nichts entlassen werden, stellt sich dann heraus, daß Herbert König jener Ober-»Abwickler« der provisorischen Behörde ist, die die reibungslose Übergabe der Dienstwaffen und restlichen Unterlagen der Mitarbeiter organisiert. Grinsend sitzt er in seinem Arbeitsraum und vollzieht den dienstlichen und gesellschaftlichen Exitus mit der Aushändigung des Laufzettels und der Abfindungs-Summe von 2.500 DDR-Mark für meine 26 Dienstjahre.

Der Beschluß des Runden Tisches zu den HVA-Akten macht Anfang 1990 die planmäßige Aktenvernichtung aus der Sicht des

»Dienstes« dringlich. Oberstleutnant »Atze«, wegen seiner Umtriebigkeit bekannt, bewährt sich bei diesem letzten Akt als Regisseur. »Du wirst morgen früh um 7.20 Uhr am Friedhof Ruschestraße erwartet«, erklärt er konspirativ am Telefon. »Richte dich auf vierundzwanzig Stunden ein, Speisen und Getränke sind mitzubringen...«

Das Wetter ist neblig trüb und entspricht atmosphärisch der Mission, die uns erwartet. Die ehemals per Dekret zu weißem Hemd und Binder verurteilten HVA-Mitarbeiter versammeln sich nunmehr im selbstgestalteten Freizeitlook griesgrämig und lustlos am Friedhofszaun. Pro Abteilung sind fünf Mitarbeiter genehmigt worden. Man redet Belangloses, Gefühle mag niemand zeigen. Bemerkungen über die Zukunft sind tabu. Totengräberstimmung. Da steht der ehemalige Resident aus Washington, entlassen in die Hilflosigkeit. Neben ihm der Dolmetscher, dessen arabische Sprachkenntnisse plötzlich nicht mehr gefragt sind. Der Resident aus Paris hat den Nadelstreifen zu Hause gelassen. Er nestelt verlegen an der Plastiktüte, die seinen Proviant enthält. Lediglich der Parteisekretär will diese eigenartige Gruppierung mit einem Witz erheitern, aber es hört keiner zu. Alle haben mit sich zu tun.

Plötzlich das Kommando: »In Zweierreihen, marsch«. Die Formation trottet an der Friedhofskulisse vorbei. »Die Moorsoldaten kommen«, ruft einer aus der Gruppe. Am Tor, unlängst am 15. Januar von Demonstranten gestürmt, erwartet uns eine Ausweiskontrolle. Mißtrauisch betrachtet der Polizist die Gesichter, vergleicht die Nummern mit den Avisierungen. Schließlich erscheint ein Liliputaner auf einem Klappfahrrad, setzt sich an die Spitze der Truppe. »Guten Morgen, Genossen«, sagt er. »Ich bin vom Bürgerkomitee und für euch verantwortlich.« Er fährt mit dem Rad voraus.

Der Weg zur Hauptverwaltung ist durch ein Laufgitter markiert. Die Offiziere hören auf sein Kommando und seine Belehrungen: »Ich öffne jetzt die Tür um 8.00 Uhr und schließe sie wieder hinter Ihnen. Niemand verläßt das Haus. Die Schicht endet morgen früh um die gleiche Zeit. Vor dem Verlassen des Objekts werden sie kontrolliert. Es darf nichts mitgenommen werden. Auf Wiedersehen.«

Die Fenster der HVA sind verdunkelt, nächtliches Treiben bleibt der Öffentlichkeit verborgen. Nur einige Tischlampen brennen, soweit es das Vernichtungswerk verlangt. »Atze« übernimmt nun seinerseits die Befehlsgewalt im Hause. Er fungiert als V-Mann zum Stab, erstattet Bericht, übermittelt Weisungen. »Ich schlage vor, im Interesse der Effektivität vernichtet jeder zunächst seinen eigenen Kram. Leider haben wir nur kleine Tischgeräte als Papierfresser.
Wir müssen sorgsam mit ihnen umgehen, immer 'mal wieder eine Pause einlegen. Der Betrieb kann einige Wochen dauern. Wegen der Geheimhaltung sollten wir uns vor allem um die personenbezogenen Materialien kümmern. Das heißt, die reinen Personalakten, später geht es an die Arbeitsakten und Objektvorgänge. Papiersäcke sind ausreichend vorhanden. Bücher, Fahrpläne, Telefonbücher usw. werden nur gebündelt und im Keller abgelegt. Zur sanitären Lage ist zu sagen, daß einige Toiletten nicht mehr funktionieren. Da wir hier nachts unter uns sind, können notfalls auch schon mal die Damentoiletten benutzt werden.« Oberst Rabe kichert: »Na endlich mal 'ne gute Nachricht.«

Monoton, aber stetig läuft die Aktion ab. Die Nachtarbeiter hüllen sich weitgehend in Schweigen. Die Fahrstühle sind überfüllt, weil die Mitarbeiter aller Abteilungen gleichzeitig den Weg in den Keller nehmen wollen.

Hin und wieder fällt ein Reißwolf aus, für solche Papiermengen ist er nicht programmiert. Ein Hauselektriker leistet Nothilfe. Freude kommt auf, als ein pfiffiger Tschekist von einem sensationellen Fund berichtet. Zufällig sind ihm die Generalsreserven in die Hände gefallen, als er ein bislang streng geheimes Zimmer öffnet. Whisky aus Schottland und Cognac aus Frankreich haben schließlich eine extreme Wirkung. Einige Konsumenten sind von kindlichem Frohsinn beseelt und voll heiterer Ausgelassenheit, andere depressiv, apathisch und sentimental und fallen sich in die Arme.

Ein Oberst, der als »harter Hund« galt, sitzt weinend zwischen den Papiersäcken. »Das ist das Ende der Welt«, schluchzt er alkoholisiert. Die Morgenstunde hat um 8.00 Uhr wieder ihr Ritual. Unrasierte, übermüdete Gesichter im HVA-Foyer, in Erwartung des kleinen Kommandeurs. Der erscheint wieder mit dem Fahrrad, öffnet persönlich die Tür in die Freiheit, kontrolliert den einen und anderen nach unerlaubten Gegenständen und entläßt die Geistertruppe. Am Friedhof, im morgendlichen Nebel, versammelt sich bereits die Ablösung.

Unternehmen Phoenix

Sollte nach dem Untergang der HVA, möglicherweise im Rahmen eine umfassend koordinierten Aktion mit dem Decknamen »Phoenix«, das Überleben von grundlegenden Geheimdienststrukturen gesichert werden? War der »Winterschlaf« von führenden Kadern, ausgerüstet mit finanziellen Mitteln, neuen Legenden und langfristigen operativen Zielstellungen geplant?

Die HVA versuchte seit dem Beginn ihrer Tätigkeit aufzuklären, inwieweit das Dritte Reich durch Überlebensträger oder Residenten international fortbesteht. Es wurde immer wieder die Frage nach der Möglichkeit eines internationalen Faschismus gestellt, der von Ägypten über Spanien bis nach Argentinien auch über logistische Basen verfügte und nach bestimmten Überlebenskriterien weiter existierte. Diese Vermutungen wurden langfristig und eingehend überprüft. Die Existenz einer Überlebens-Organisation konnte nicht bestätigt werden.

Unter dem Einfluß von Markus Wolf wurde trotz dieser weitgehend gesicherten Kenntnis versucht, die Legende vom organisierten Überleben der Nazis zu weben. Entscheidend waren dabei propagandistische und vordergründig politische Bezüge zur Bundesrepublik. Es wurden verschiedene Filmdrehbücher und Buchmanuskripte vorbereitet, auch speziell in der Abteilung X. Der Hauptgedanke, der vor allem für das Ausland suggeriert werden sollte, bestand darin, die Bundesrepublik Deutschland sei immer noch die Heimstatt unverbesserlicher Nazis. Diese Drehbücher sind dann aber immer wieder verworfen worden, vermutlich auch unter dem Eindruck der internationalen Entspannungs- und Verständigungspolitik der Regierung Brandt. Nach dem Sturz dieser Regierung durch das Eigentor mit der Plazierung des Kundschafters Guillaume und seiner Enttarnung, war die internationale und europäische Entwicklung über diese Konzepte hinweggegangen.

Es existieren aber auch kaum Hinweise darauf, daß die Überlebensträgervariante für den Bestand der HVA entworfen wurde. Ein solches Konzept scheint schon deswegen unrealistisch, weil die

Parteiführungen im Osten als Machtträger nie davon ausgingen, jemals die Macht zu verlieren. Schließlich war für sie, begründet durch den ideologischen Zukunftsanspruch, die Frage des internationales Siegs sozialistischer Produktionsverhältnisse nur noch eine Zeitfrage. Weshalb hätte man da die Frage des Überlebens stellen sollen?

Allerdings gab es Überlegungen seit den 50er Jahren, die bis in die 80er Jahre fortgeführt wurden, mit geheimdienstlichen Mitteln das Überleben im Kriegsfall zu sichern. Der letzte Befehl stammt vermutlich aus dem Jahre 1988, war mit hoher Geheimhaltungsstufe versehen und daher naturgemäß nur in wenigen Ausfertigungen existend. Dieser Mielke-Befehl hatte zum Inhalt, in Zeiten unmittelbar wirkender internationaler Spannungen oder akuter Kriegssituationen Maßnahmen für die Sicherung des Fortbestands des Geheimdienstes zu garantieren.

Es gibt (westliche) Experten und Insider, die anhand alter Drehbücher materielle Festlegungen vermuten, die dieses Überleben sichern sollten: zum Beispiel Transfer von Devisen auf bestimmte Konten, Abtransport von Edelmetallen, personelle Sicherstellung, beispielsweise durch Offiziere im besonderen Einsatz (OibE), die mit neuen Lebensläufen und neuen Pässen weiterleben können, Schaffung bestimmter Agenturen, die in einem Konfliktfall zum Tragen kommen, um im Hinterland des »Gegners« die Infrastruktur zu schwächen. Die reale Existenz solcher Überlegungen für den Kriegsfall vorausgesetzt, wäre es eine bedenkliche Vereinfachung, diese Sandkastenspiele auch auf den Untergang der DDR zu projizieren.

Die HVA ist tot.

Ausklang

Gerhard Löwenthal, der Mann des ZDF. Von Anfang an hat er die Herrschenden in Berlin (Ost) bis aufs Blut gereizt. Er war der »Medien-Oberteufel«, die Inkarnation des Bösen auch für den Mitarbeiter der Abteilung X der HVA. Man bezeichnete ihn als den »Schnitzler des Westens«, seiner publizistischen Aggressivität wegen. Erich Mielke hatte ihn zu seinem persönlichen Feind erklärt, Markus Wolf gleichermaßen.

In der Zentralen Auswertungs- und Informationsgruppe (ZAIG) wurde jede Sendung Löwenthals mitgeschnitten und dokumentiert. In der Nachwendezeit wurde Markus Wolf in einem Interview der Illustrierten »Bunte« nach dem von ihm meistgehaßten Deutschen der Nachkriegszeit gefragt. Er nannte den Namen Löwenthal.

Im Mai des Jahres 1993 klingelte bei mir das Telefon. Gerhard Löwenthal war am anderen Ende der Leitung. Durch verschiedene damalige Presseberichte, die mit meinem Namen verknüpft waren, auf mich aufmerksam geworden, schlug er einen Gesprächstermin vor. Vieleicht war die Neugier auf den prominenten ehemaligen Gegner im publizistischen deutsch-deutschen Grabenkampf entscheidend, jedenfalls sagte ich zu.

Da sitzen wir uns plötzlich, im Inneren doch etwas befangen, in einer Kneipe der Düsseldorfer Innenstadt gegenüber – der ehemalige »Tschekist« der Hauptverwaltung A und der, nach früherem Verständnis, »Kalte Krieger« aus dem Westen Deutschlands – im MfS auch »Natter« genannt. Die einstigen Gegner erkennen sich auf Anhieb am »Stallgeruch«, und die erste Begegnung beginnt mit einem angemessenen Witz. Löwenthal bestellt gleich nach der Begrüßung einen norwegischen Aquavit der Marke »Linie«. »Dafür bin ich bekannt«, lächelt er etwas schief. »Eigentlich müßten Sie das wissen.« Als er die Fragezeichen in meinen Augen liest, äußert er launig: »Ich habe das aus meinen Stasi-Akten, die ich in Erfurt eingesehen habe. Etwa zwanzig Ordner liegen dort über mich und meine Arbeit beim ZDF, manche waren schon ohne ihren ehemaligen Inhalt. Der Rest war allerdings eigenartig und skurril genug.

Auf einer Karteikarte, die ich nicht richtig zuordnen konnte, stand auch meine gelegentliche Vorliebe für geistige Getränke verzeichnet. Sogar mein Lieblings-Aquavit war da dokumentiert. Nun steht er vor ihnen auf dem Tisch.«

Die Person Gerhard Löwenthals gehörte zu keiner Zeit in mein Ressort. Auch der von ihm favorisierte Aquavit ist mir nicht geläufig.

Nach einigen Gläschen gibt Löwenthal, die Spannung zwischen uns hat sich etwas verloren, eine Anekdote zum besten: Der Sender SAT.1 hat ihm vorgeschlagen, sich im Hinblick auf die nun vereint zu bewältigende deutsche Geschichte mit Karl-Eduard von Schnitzler zu einer gemeinsamen Talk-Show zu treffen. Dabei sollen, nach der Vorstellung der SAT.1 – Redakteure, auch ehemalige Feindbilder abgebaut werden. Das finanzielle Angebot, so läßt er durchblicken, sei nicht unattraktiv gewesen. Auf meine Frage nach seiner Entscheidung blitzt wieder das alte Sendungsbewußtsein auf.

»Das kam für mich nicht eine Sekunde lang in Frage. Mein Gegenspieler hatte seine Position von der SED-Parteiführung geschenkt bekommen und weidlich ausgenutzt. Ich habe meinen Ruf – egal ob gut oder schlecht – allein zuwege gebracht. Darum verbietet sich für mich ein Zusammentreffen.«

Seiner entschieden vorgebrachten Erklärung schließt sich ein heiteres Nachspiel an. Während ein neuer Aquavit auf dem Tisch steht, nähert sich eine etwas beleibte Mittfünfzigerin. Sie hat schon einige Zeit aus der Distanz unser Gespräch verfolgt, den Meister erkannt und möchte sich nun Gewißheit verschaffen. Er bestätigt, genüßlich lächelnd, ihre Vermutung. Die Dame hat ein schweres persönliches Schicksal zu tragen. Sie war in der ehemaligen DDR Aufnahmeleiterin beim Fernsehen in Berlin-Adlershof. Nur unter strikter Geheimhaltung sei es ihr möglich gewesen, die Sendungen des Meisters zu konsumieren. Darunter habe sie sehr gelitten. Nun, nach der Wende, ist sie beglückt, die Möglichkeit zu einem kurzen persönlichen Plausch mit ihrem Idol zu bekommen. Gerührt kehrt sie an ihren Tisch zurück.

Gerhard Löwenthal lächelt sarkastisch: »Wenn diese Dame von uns beiden wüßte, was sie nicht weiß...« Er wird dann schnell wieder ernst. »Wissen sie, dieses Nichtwissen ist wohl Segen und Fluch zugleich. In den Erfurter Stasi-Unterlagen war auch eine Handskizze meiner Arbeitsräume in Mainz. Aus der Vertrautheit mit den Gegebenheiten, Detailtreue und anderem, muß ich auf den Verrat eines Mitarbeiters meiner ehemaligen Redaktion schließen.«

Als wir nach drei Stunden das Ost-West-Meeting beenden, sind wir noch einmal beim Thema »Nachkriegsgeschichte«. »Deutsche an einen Tisch«, resümiert Löwenthal, »stand in den 50er Jahren auf den Fahnen. Damals konnte keiner ahnen, daß der Zug in Richtung Einheit vierzig Jahre Verspätung haben würde...«

Jörg Gfrörer

Günter Wallraff, die Stasi und die Bundesanwaltschaft

Die Hinrichtung des Schriftstellers Günter Wallraff soll im Fernsehen zur besten Sendezeit angekündigt werden. Der »Scheiterhaufen« aus nach Maß gefertigten Zeugenaussagen, Lügen, Halbwahrheiten und Verdrehungen ist aufgeschichtet. Er soll am darauffolgenden Morgen gezündet werden.

Am 12. Februar 1992 erscheint das Boulevardblatt »SUPER!« aus dem Burda-Verlag mit der Schlagzeile: »Auch Wallraff (Türke Ali) von der Stasi gelenkt?« *(siehe Dokument 10)* Die Konkurrenzblätter aus dem Springer-Verlag, Bild und BZ (»Der Mann, der bei der Stasi ›Walküre‹ war«) folgen. Immer neue Anschuldigungen werden von »SUPER!« und Bild nachgereicht. Als am Vortag, dem 11. Februar, der Chef des Westdeutschen Fernsehens, Fritz Pleitgen, in der ARD-Schaltkonferenz anfragt, wer gegebenenfalls einen Kommentar über die geplante Anhebung der Mehrwertsteuer oder ersatzweise einen Kommentar über die Stasi-Verdächtigungen gegen den Schriftsteller Günter Wallraff sprechen könnte, meldet sich ein alter Wallraffgegner zu Wort: »Ich bin in beiden Themen drin«. Heinz Klaus Mertes (CSU) ist Chefredakteur des Bayerischen Rundfunks. Man einigt sich darauf, nur für den Fall, daß sich der Verdacht gegen Wallraff erhärtet, daß Mertes den Fall kommentieren soll.

Der Zeitpunkt zur Abrechnung mit dem gehaßten Autor ist günstig. Der Fall der Mauer liegt reichlich zwei Jahre zurück. Die Jagd auf Mitschuldige und Kollaborateure ist, auf beiden Seiten der ehemaligen Grenze, in vollem Gange. Fast täglich erscheinen in den Medien Namen von Künstlern, Publizisten und Wissenschaftlern mit der Verdächtigung der MfS-Zusammenarbeit. Die Reste der DDR werden geschleift. Ihrer Bevölkerung sind blühende Landschaften versprochen. Die Rufe: »Deutschland den Deutschen« werden immer lauter. Die vereinigten Deutschen sollen wieder stolz auf ihr Vaterland sein. Man muß ihnen nur Zweifel und Zweifler, die Nachdenklichen und die Kritiker nehmen.

»Den Herrschenden auf die Schliche kommen, sie provozieren, ihnen ins Wort fallen«, so hat Günter Wallraff einmal seine Arbeitsweise beschrieben. Niemand hat so breitenwirksam wie er Zweifel am schönen Schein des »Wohlfahrtsstaates Bundesrepublik« gesät, am Lack von Institutionen und Repräsentanten gekratzt. Er drang mit falschen Identitäten in Firmen und Institutionen ein und schrieb in seinen Reportagen über skandalöse Verhältnisse und illegale Machenschaften, die der Öffentlichkeit bis dahin vorenthalten waren. Er berichtete über geheime Aufrüstungspläne der Bundeswehr. Er enttarnte SS-Verbrecher, die es sich im Schutz der deutschen Justiz wieder bequem gemacht hatten. Als Reporter Hans Esser heuerte Wallraff 1975 bei der Bild-Zeitung an und schrieb über deren Redaktionsarbeit. Eine große Öffentlichkeit wurde durch diese Schilderung mobilisiert, und die Bild-Zeitung mußte einen zeitweiligen Auflagenrückgang hinnehmen. Niemand ahnte, daß fünfzehn Jahre später die »SUPER!«, als Boulevardblatt für den Osten Deutschlands konzipiert, dieses negative Vorbild noch übertreffen sollte. Doch die Marktstrategen hinter den Kulissen hatten sich verrechnet. Das Schmierblatt machte Pleite. »Ost-Leser« waren für diese krude Mischung von Banalitäten mit Verleumdungen noch nicht reif.

Mertes konnte aus seiner journalistischen Erfahrung wissen, auf welch tönernen Füßen die Anschuldigungen aufgebaut waren, die »SUPER!« gegen Wallraff erhob. Um so wichtiger war es, diesen Anschuldigungen mit der Überzeugungskraft des Fernsehens den Anschein der Objektivität und der journalistischen Ernsthaftigkeit zu geben.

So schreibt er dann in seinem Kommentar den selbstbeschwörerischen Satz: »Die Details über die Stasi-Kontakte Wallraffs, die die ostdeutsche Zeitung »SUPER!« ausbreitet, sind jedenfalls konkreter und nachprüfbarer als das meiste, was der Auflagenmacher in seinen Reportagen je vorweisen konnte«. Dann geht sein blauweiß kariertes Selbstverständnis mit ihm durch: Wallraff habe für die Diktatoren des real existierenden Sozialismus einen geradezu unersetzlichen Wert gehabt, er sei eine steuerbare Leitfigur notwendiger Systemveränderung im Westen gewesen.

Woher diese persönliche Gegnerschaft? Die erste Begegnung mit Wallraff geht, wie Mertes in seinem Buch: »ALI. Phänomene um einen Bestseller« schreibt, auf das Jahr 1973 zurück. Während Wallraff sich unerkannt als Bürobote in den Kölner Versicherungskonzern Gerling eingeschlichen hatte, versuchte Mertes für das Münchener »Industriemagazin« ein Porträt dieses Versicherungskonzerns zu schreiben. »Ehe ich freilich die Recherchen abgeschlossen hatte, ließ Wallraff die Bombe platzen«, schreibt Mertes. Er muß seine Recherchen »etwas frustiert« zur Seite legen. Mertes: »Das Spektakel war eine der besten Lachnummern, die der ›Stern‹ je herausbrachte. Was ich mit meinen wirtschaftsjournalistischen Fleißarbeiten herausbringen wollte, hatte Wallraff mit einem einzigen effekthaschenden Auftritt erreicht (...) Ihm gehörte der publizistische Ruhm und der Beifall der Öffentlichkeit.« Und solche Niederlagen schmerzen lange. Seinen Kampf gegen das »Wallraffen«, wie Mertes die Recherche-Methoden des Kölner Autors bezeichnet, führt er auch noch als Chef von »Report München« und als Chefredakteur des Bayerischen Rundfunks fort.

Aber was waren nun die Details über Wallraffs Stasi-Kontakte, die (laut Mertes) so konkret und nachprüfbar waren?

Wallraff hat, ebenso wie Bernt Engelmann, Rolf Hochhut, Beate Klarsfeld, die Magazine »Spiegel« und »Stern« bei seinen Recherchen die Archive der DDR genutzt. Mit den dort gewonnenen Erkenntnissen gelang es Wallraff u. a., den bis dahin unbehelligt in der Bundesrepublik lebenden Gestapo-Leiter des Warschauer Ghettos, Dr. Ludwig Hahn, zu überführen. Er wurde dann mit Hilfe Simon Wiesenthals auch tatsächlich inhaftiert und wegen Ermordung Zigtausender Juden zu lebenslänglicher Haft verurteilt.

Um an das gewünschte Material zu kommen, wendet sich Wallraff 1968 zunächst an den Leiter seines damaligen DDR-Verlages, an Herrn Dr. Voigt. So kommt es in den Räumen des Aufbau-Verlags zu einem Treffen mit einem Vertreter des Pressezentrums beim Ministerrat der DDR, der sich als ein Herr Gebhard vorstellt. Mit dessen Hilfe erhält Wallraff schon im ersten

Anlauf die gewünschten Archivmaterialien. Noch mehrmals trifft er sich mit Gebhard im Pressezentrum in der Friedrichstraße. Bei diesen Treffen hält Wallraff mit kritischen Beurteilungen der DDR nicht zurück. Im Jahr 1971 bricht Wallraff den Kontakt ab. Der zeitliche Aufwand habe in keinem Verhältnis zu dem Ertrag aus diesen Archiven gestanden, erinnert er sich heute. Sämtliche Unterlagen, die Wallraff aus diesen Archiven erhalten hatte, fanden ausschließlich in zwei Reportagen Verwendung, »Zweierlei Recht« und »Verbotene Aufrüstung«. Noch zweimal versucht Gebhard, mit Günter Wallraff in Kontakt zu kommen. Die eine Gelegenheit ergibt sich bei einem Empfang im Aufbau-Verlag, die andere bei einem Pressegespräch. Bei beiden Gelegenheiten gibt Wallraff gegenüber Gebhard deutlich zu erkennen, daß er keinen weiteren Kontakt wünscht. Damit hatte Günter Wallraff den Kontakt, den das Ministerium für Staatssicherheit suchte, abgebrochen. Wie sich zehn Jahre später herausstellte, verbarg sich hinter dem Namen Gebhard der Stasi-Major Heinz Dornberger. Er war für den persönlichen Kontakt von westdeutschen Journalisten mit unverfänglich firmierten Institutionen, wie dem »Pressezentrum« oder diversen Archiven, mitverantwortlich.

Noch ein Mann mit falschem Namen taucht in Wallraffs Nähe auf. Anlaß ist eine Reise Wallraffs mit seiner Frau nach Rostock im Jahre 1968. Er ist zu einer Lesung am Rostocker Volkstheater eingeladen. Bei einem Treffen mit Mitarbeitern der »Rostocker Ostseezeitung« wird Wallraff auch ein Dr. Hans-Joachim Grabowski als Mitarbeiter des Internationalen Pressezentrums in Ostberlin vorgestellt. Als später Grabowski in Wallraffs Kölner Wohnung unangemeldet auftaucht, fühlt sich Wallraff bespitzelt und verwahrt sich gegen weitere Besuche. Wallraffs Ahnung trügt nicht. Denn nach der Wende heißt Grabowski mit Klarnamen Swarovsky und behauptet in der »SUPER!« vom 13. Februar 1992, Wallraffs erster Stasi-Instrukteur gewesen zu sein.

Wie sind nun diese Informationen zu »SUPER!«, Bild und dem CSU-Mann Mertes gelangt?

Der ehemalige Major Dornberger ist am 7. November 1991 in den Diensträumen des Berliner Kammergerichts von Beamten des Bundeskriminalamtes vernommen worden. Es wäre nicht das erste

Mal, wenn aus den unermeßlichen Weiten des BKA Hinweise gezielt nach außen gegeben worden sind.

Der erste Hausierer mit diesen Erkenntnissen heißt Günther Prütting. Ein Nachrichtenhändler, der sich rühmt, beste Verbindungen zu den verschiedenen Geheimdiensten, zum Bundeskriminalamt und zur Bundesanwaltschaft zu besitzen. Solche Kanäle sind das Betriebskapital, mit dem auch Rufmordjournalismus betrieben werden kann. Nachrichten, Hinweise, Einflüsterungen aus diesen Quellen können – richtig eingesetzt und lanciert wie die Agentenstory über Wallraff – viel Geld bringen. Springers WELT hat schon angebissen. Nur, Prütting hat keinen Zeugen, der diese Mischung aus gezielten Indiskretionen, Vermutungen und Verdächtigungen bestätigen kann. Major Dornberger schweigt. Die Aussagen Swarovskys sagen wenig aus, taugen bestenfalls für eine mittelprächtige Verleumdungsstory.

Zeugen, muß sich Prütting gesagt haben, sind käuflich. Schließlich ist in einer Marktwirtschaft alles zu haben. Ein geeigneter Zeuge wäre auch der ehemalige Oberstleutnant der Hauptverwaltung A, Günter Bohnsack. Als Mitarbeiter der Abteilung X war er mitverantwortlich für die Arbeit mit westlichen Journalisten. Ihm hätten damit Zusammenhänge einer möglichen Stasi-Mitarbeit Wallraffs bekannt sein können.

Prütting fragt telefonisch bei Bohnsack an, ob er nicht Interesse an einer lukrativen Zusammenarbeit mit Springers WELT habe. Die WELT suche einen erfahrenen Redakteur auf einem leitenden Posten, läßt er Bohnsack bei einem ersten Treffen wissen. Immer wieder bringt Prütting das Gespräch auf Wallraff und Material, das er gegen ihn zusammengetragen habe. Wenn Bohnsack an dieser Story mitarbeiten würde, sei für beide sehr viel Geld zu verdienen. Dann fährt Prütting mit Bohnsack zu Swarovsky.

Swarovsky, inzwischen Redakteur einer Tierzeitschrift, erinnert sich zwar, Wallraff unter dem Namen Grabowski in dessen Wohnung aufgesucht zu haben. Er räumt jedoch ein, daß Wallraff selbst daraufhin den Kontakt zu ihm abgebrochen habe. Er kann auch keinen Hinweis darauf geben, ob er bei seinen Besuchen Material an Wallraff weitergegeben oder von ihm erhalten habe. Swarovsky will sich lediglich daran erinnern, bei einem seiner

Besuche eine Visitenkarte oder eine Telefonnummer hinterlassen zu haben. Auf dem angegebenen Anschluß war jener Gebhard vom Internationalen Pressezentrum erreichbar, hinter dem sich in Wahrheit Major Dornberger verbarg, behauptet Swarovsky.

Prütting und Bohnsack fliegen gemeinsam nach Bonn. Ein Treffen in der Bonner Redaktion der WELT ist vereinbart. Am Flughafen werden sie vom Dienstmercedes des Chefredakteurs Manfred Schell abgeholt. In den Redaktionsräumen ist ein kleiner Empfang vorbereitet. Mit badischem Wein und badischen Spezialitäten wird der Einstieg des Journalisten Bohnsack in die Welt der WELT gefeiert. Als Bohnsack nun vom anwesenden Chefredakteur Schell zu Einzelheiten einer Stasi-Mitarbeit Günter Wallraffs befragt wird und nach besten Wissen und Gewissen antwortet, daß er davon nichts wisse, verläßt der Chefredakteur unzufrieden und eilig den Empfang. Er habe, so läßt er die Umstehenden noch wissen, kein Interesse daran, seine Zeitung dem Spott der übrigen Presse und den Gegendarstellungen von Wallraff auszusetzen.

Am nächsten Morgen fliegt Günter Bohnsack nach Berlin zurück. Von dem neuen Job ist keine Rede mehr.

Doch Prütting gibt nicht auf. Schließlich gibt es noch »SUPER!«. Dieses Blatt, 1990 vom Burda-Verlag gegründet, soll Springers Bild-Zeitung in den neuen Bundesländern am Kiosk besiegen. Für jede kaufkräftige Schlagzeile ist deshalb der Verlag bereit, viel Geld auszugeben. Der Stratege für den Erfolg ist Heinz van Nouhuys, in vielen journalistischen Schlammschlachten erprobt. Nach Recherchen des »Sterns« war er ein Doppelagent, der in den 50er Jahren vom MfS unter dem Decknamen »Nante« und vom BND unter der Bezeichnung »Handwerker« geführt wurde. Ein Mann »fürs Grobe«.

Nouhuys beauftragt zwei Reporter, die Wallraff-Story »rund zu machen«: Thomas Reinecke, wegen seiner Verdienste in der Redaktion auch liebevoll »Schweinecke« genannt, und Michael Schnell (Name geändert). Während Prütting mit Reinecke zu Swarovsky fährt – er will ihm den einzigen Zeugen einer Zusammenarbeit Wallraffs mit der Stasi präsentieren – soll Schnell den Ex-Major der Stasi, Heinz Dornberger, zu einer Aussage gegen Wallraff bewegen. Schnell lauert ihm vor dem Haus auf und bietet ihm 50.000 DM für eine handfeste Wallraff-Information. Dornberger ist arbeitslos und hat bisher vergeblich versucht, irgendeine Arbeit zu finden. Das hat er wenige Tage zuvor, am 29. Januar 1992 in einer Vernehmung vor BKA-Beamten zu Protokoll gegeben. Wußte Schnell von dieser privaten Zwangslage von Dornberger, und wenn ja: woher? Aber Schnell hat Pech. Dornberger schiebt ihn beiseite und schlägt ihm die Haustür vor der Nase zu. Auch der Besuch Prüttings und Reineckes bei Swarovsky (alias Grabowski) erweist sich als nicht ergiebig.

Aber der Text, den Reinecke in seinen Laptop schreibt, findet bei Nouhuys höchste Anerkennung. Nun kommt es auf das richtige Timing an. Nouhuys formuliert eine Presseerklärung zu den bevorstehenden »Wallraff-Enthüllungen«. Sie werden über dpa an alle Zeitungen und Pressestationen weitergegeben.

Die Tagesthemen-Redaktion aus Hamburg schickt ein Kamerateam in die »SUPER!«-Redaktion. Nouhuys gibt ein Interview. Was er da so in die Kamera erzählt, belastet Günter Wallraff schwer. Am späten Nachmittag erreicht den Chefkoordinator bei der ARD, Fritz Pleitgen, zu Hause ein Anruf der Redaktion »Tagesthemen« aus Hamburg. Man teilt ihm mit, das Thema Mehrwertsteuer habe sich zerschlagen, die Vorwürfe gegen Wallraff hätten sich jedoch anscheinend erhärtet. Damit erhält Mertes grünes Licht für seinen Kommentar.

Bei Günter Wallraff steht an diesem Tage seit etwa 14 Uhr das Telefon nicht mehr still. Aufmerksam geworden durch die dpa-Mitteilung und die ARD-Schaltkonferenz, wollen zahlreiche Journalisten von Wallraff eine Stellungnahme bekommen.

Immer wieder versucht er vergeblich, mit seinem Verlag und seinem Anwalt zu telefonieren. Jedes Mal ist beim Abheben die Leitung blockiert. Entnervt sucht Wallraff einen befreundeten Journalisten in der Nachbarschaft auf, um von dessen Anschluß zu telefonieren. Seine Frau hält zu Hause die Stellung.

Als um 15.45 Uhr der Apparat klingelt, geht Barbara Wallraff ans Telefon. Es ist die »SUPER!«-Redaktion. Wallraff soll eine Stellungnahme abgeben – zu einem Zeitpunkt, als durch »SUPER!« bereits Gerüchte und Mutmaßungen als Tatsachenbehauptungen verbreitet worden waren. Die Vorverurteilung hatte bereits stattgefunden. Dieser Anruf sollte ohnehin nur eine Alibifunktion haben, wie sich später bestätigt.

Im Tagesthemenbeitrag vom 11. Februar 1992, der sich mit den Stasi-Vorwürfen gegen Wallraff befaßt, weist der verantwortliche Redakteur Jürgen Thebrath einleitend darauf hin, daß die erhobenen Vorwürfe gegen Wallraff nur schwer zu widerlegen oder zu beweisen sein dürften. Schließlich seien die Unterlagen der Hauptverwaltung A größtenteils vernichtet. Aber dann gibt er Nouhuys ausführlich Gelegenheit, Wallraff ohne Nennung eines Zeugen oder eines anderen Beweismittels zu belasten: »Wallraff hat nicht nur Dokumentationshilfe von der Stasi angenommen, der hat selbst Berichte geliefert. Ich glaube nicht große Staatsgeheimnisse, darüber haben wir keine Erkenntnisse. Worüber wir Erkenntnisse haben, sind politische Einschätzungen über die deutsche Linke und sowas. Das hat er seinem Führungsoffizier übergeben...«

Dann folgt der Kommentar von Mertes: »Er ist einer von zigtausend Erfüllungsgehilfen und Nutznießern des Systems der grenzenlosen Ausbeutung und Menschenverachtung. Nicht über sich und den Stasi-Staat schrieb dies Wallraff. Es ist der Schlußsatz seines Buches ›Ganz unten‹, des Bestsellers der Bestseller, mit dem er Abermillionen schaudernder Leser in die ach so menschenverachtende Wirklichkeit des sozialen Rechtsstaates Bundesrepublik Deutschland entließ (...) Es liegt auf der Hand, der Staatspreisträger der untergegangenen Union sozialistischer Republiken, der ebenfalls verblichenen DDR und der Bulgarischen Volksrepublik hatte für die Diktaturen des realen Sozialismus einen gerade unersetzlichen Wert: steuerbare Leitfigur notwendiger Systemveränderungen im Westen, mit Wirkung weit in die bürgerliche Gesellschaft hinein. Im Stasi-Reich von Erich Mielke und Markus Wolf rangiert dies unter ›Destabilisierung‹«

In Wirklichkeit hat Wallraff nie einen Staatspreis oder eine sonstige Auszeichnung von einem sozialistischen Land entgegengenommen. Auch dies ist eine fixe Idee von Mertes.

Am 22. Juli 1993 wird Mertes vom Landgericht Berlin per Einstweiliger Verfügung untersagt, zu behaupten oder zu verbreiten, Wallraff habe vom bulgarischen Staat einen mit 10.000 Dollar dotierten Preis erhalten. Für den Fall der Zuwiderhandlung wird ein Ordnungsgeld bis zu 500.000 DM, ersatzweise Ordnungshaft bis zu sechs Monaten angeordnet.

Auch der »Kölner Express« druckt die Vorwürfe von »SUPER!« gegen Wallraff ab, aber er gibt ihm in der gleichen Ausgabe Gelegenheit, in einem Interview Stellung zu nehmen:
Haben sie ein reines Gewissen, Herr Wallraff?
Ich habe mir nichts vorzuwerfen. Ich werde gegen »SUPER!« juristisch vorgehen. Meine Freunde Wolf Biermann und Jürgen Fuchs wollen mir bei der Aufklärung dieser Schweinerei helfen.
Die Einzelheiten sind aber ziemlich konkret.
Alles Quatsch.
Kennen sie Stasi-Agenten?
Mir sind ein paar Leute begegnet, die rochen danach.
Hat man mal versucht, mit ihnen Kontakt aufzunehmen?
Bei einer Leipziger Buchmesse, in Begleitung Heinrich Bölls. Ich habe Böll das mitgeteilt, der hat daraufhin Riesenspektakel gemacht. An der Grenze hat man sich dann entschuldigt.
Haben sie Stasi-Archive benutzt?
Ich habe Unterlagen eingesehen, da ging es um NS-Verbrecher. Für meine Hauptwerke habe ich keinerlei Unterlagen benutzt.

Am Tage nach dem Erscheinen des Artikels in der »SUPER!« wird Mertes auf der Rundfunkratssitzung in München scharf angegriffen. Mit solch einem Chefredakteur mache sich der Bayerische Rundfunk bundesweit lächerlich, klagt der SPD-Landtagsabgeordnete Heinz Kaiser. Der bayerische DGB-Landesvorsitzende wirft Mertes vor, den Bayerischen Rundfunk als Öffentlich-Rechtliche Anstalt mit einer »Anstalt zur gewollten Hinrichtung« verwechselt und gegen die Prinzipien der Rechtsstaatlichkeit verstoßen zu haben, berichtet die »Frankfurter Rundschau«. Am Ende der zweieinhalb Stunden dauernden Sitzung gibt der Intendant des Bayerischen Rundfunks, Albert Scharf, die Ablösung von Mertes als Kommentator der Sendung »Report« bekannt.

Damit ist Mertes' Wechsel vom öffentlich-rechtlichen zum privaten »Nahkampf-Medium« (Mertes) eingeleitet. Als künftiger Programmdirektor Information soll er dem Kommerzsender SAT. 1 eine erhöhte publizistische Schlagkraft verleihen, berichtet die »Frankfurter Rundschau« am 5. März 1992 und zitiert den damaligen Chefredakteur von SAT. 1, Michael Rutz: »Der Informationsbereich gewinnt mit der Berufung von Mertes eine erhöhte Schlagkraft für weitere Programmentwicklungen.«

Reinecke will die Schlappe, die sein Kumpels Schnell beim Ex-Major Dornberger erlitten hat, wieder ausbügeln. Er braucht dringend einen Zeugen für Wallraffs Stasi-Mitarbeit, damit »SUPER!« die gerade angelaufene Kampagne fortsetzen kann. Auch der redaktionsinterne Druck wächst. Reinecke zieht Erkundigungen über Dornberger ein. Der hat eine Datsche im Norden von Berlin. Wann hält er sich dort auf? Wann kehrt er in seine Plattenbauwohnung zurück? Dann legt sich Reinecke, der früher sein Geld als Sensationsfotograf verdient hat, an einer abgelegenen Bushaltestelle im Berliner Vorort Summt auf die Lauer.

Am 13. Februar erscheint ein Foto von Dornberger in der »SUPER!« mit der Schlagzeile: »Sein Führungsoffizier – Ich verrate ihn nicht« *(siehe Dokument 10)*

Als Zeuge vor dem Landgericht Berlin sagt Dornberger am 8. September 1992 dazu aus: »Es ist richtig, daß Schnell mich eines Tages angesprochen und mir 50.000 DM für eine Story geboten hat. Ich habe die Tür zugeschlagen und bin auf dieses Angebot überhaupt nicht eingegangen.« Auf weitere Nachfragen präzisiert Dornberger noch seine Aussage: »Ich habe dem Schnell nicht erklärt: ›Ich verrate ihn nicht‹. Ich habe mit Herrn Schnell nicht gesprochen.«

Im weiteren Artikel behauptet »SUPER!«: »Eine Wallraff-Akte liegt bereits auf dem Tisch der Bundesstaatsanwaltschaft, die gestern mit den Vorermittlungen begonnen hat«. Der Anwalt von Wallraff fragt bei der Bundesanwaltschaft nach, ob es eine Voruntersuchung gegen Wallraff gäbe. Die Bundesanwaltschaft kann das nicht bestätigen, auch von einer Wallraff-Akte des BKA ist nichts bekannt. Wieder entpuppt sich der ganze Artikel als Verleumdungsaktion.

Noch am gleichen Tag formuliert Günter Wallraff eine Gegendarstellung. »SUPER!« ist nach den Bestimmungen des Pressegesetzes zum Abdruck dieser Gegendarstellung verpflichtet. Es geschieht am 19. Februar 1992. »SUPER!« rettet sich neben der üblichen redaktionellen Bemerkung, man müsse die Gegendarstellung »unabhängig von deren Wahrheitsgehalt« abdrucken mit erneuten Unterstellungen. Diese sind eine Zusammenstellung der alten Behauptungen in neuer Reihenfolge: »Wallraff war Einflußagent. Er hatte 1969 im Rostocker Hotel ›Warnow‹ eine Zusammenkunft mit seinem späteren Führungsoffizier unter dem Decknamen ›Grabowski‹. Treffen fanden im konspirativen Objekt Charlottenstraße in Berlin-Pankow statt.«

Wallraffs Anwalt reist nach Berlin und sucht das konspirative Objekt in Berlin-Pankow. Er findet in der Charlottenstraße 13 ein Gebäude, das bis zur Auflösung der DDR als »Gästehaus des Ministerrates der DDR« ausgewiesen war. Auch das langjährige Personal, der Hausmeister Ludwig und die Köchin Hennig können sich nicht daran erinnern, jemals von Reportern der »SUPER!« angesprochen worden zu sein. Wallraffs Gegendarstellung veröffentlicht »SUPER!« erst zwei Monate später. Beide Artikel in der »SUPER!« – vom 12. und am 13. Februar – haben den Gegendarstellungen von Wallraff nicht standhalten können. Die Enthüllungskonstruktionen der Nouhuys, Reinecke und Schnell sind in sich zusammengebrochen. Sieg auf der ganzen Linie? Reinecke, der sich noch immer als Spezialist in der Stasiszene ausgibt, kommt nun selbst unter Druck. Er benötigt dringend einen Zeugen, den er in den durch »SUPER!« leichtfertig ausgelösten Prozessen präsentieren kann, um seinen Kopf aus der Schlinge zu ziehen.

Es ist ausgerechnet ein Artikel in dem mächtigen Konkurrenzblatt Bild, der ihn auf die Spur des ehemaligen Hauptmanns der HVA, Peter Eberlein, bringt. In seiner Ausgabe vom 12. Februar 1992 (also zeitgleich zum ersten »SUPER!«-Artikel) hatte die Bild-Zeitung geschrieben: »Stasi-Vorwürfe gegen Wallraff. Der Schriftsteller Günter Wallraff ist in schweren Verdacht geraten. Beim Bundeskriminalamt liegt eine Aussage des ehemaligen Stasi-Mannes Peter Eberlein. Danach habe Wallraff Geld von der Hauptverwaltung ›Aufklärung‹ des Ministeriums für Staatssicherheit erhalten.«

Wer ist dieser Eberlein? Schnell bekommt den Auftrag, diesen Mann aufzuspüren und einen ersten Kontakt herzustellen. Der Ex-Hauptmann Peter Eberlein, Diplom-Journalist, beginnt seinen Dienst in der HVA, Abteilung X, im Jahr 1967. Dornberger, als älterer erfahrener Kollege, wird Eberlein als »Pate« zugeteilt. Die beiden arbeiten zeitweilig gemeinsam in einem Dienstzimmer. Dornberger hat gegenüber seinem Kollegen menschliche oder auch dienstliche Vorbehalte. Aber Eberlein, der geschickt die latente Geldnot, Eitelkeiten und andere menschlichen Schwächen der anreisenden Westjournalisten zu nutzen weiß, wird ein erfolgreicher Agentenwerber. Auf mehreren Auslandsreisen nutzt er die Möglichkeit, westliche Journalisten in luxuriösen Hotels und anspruchsvollen Nachtclubs »anzuzapfen« und zu werben. Eberlein gibt sich spendabel, und er ist ein geduldiger Zuhörer.

Nicht alle Kontakte, die Eberlein mit dem Westen anbahnt, haben nachrichtendienstlichen Charakter. Eberlein führt auch sogenannte »Beschaffungs-IM«, deren einzige Funktion darin besteht, ihn und seine Vorgesetzten mit begehrten Westwaren zu versorgen. Die HVA ist in seinen Augen längst zu einem Selbstbedienungsladen verkommen. Er sieht, wie sich die Führung mit Luxus eindeckt, und die Abscheu gegenüber seinen »Klienten«, den westlichen Journalisten, die sich gegen Geld diesem Apparat andienen, wird immer ausgeprägter. Eberlein verliert die Achtung vor der HVA und sich selbst. Mitunter äußert er sich auch etwas freier, wenn Alkohol im Spiel ist. Seine dienstliche Position in der Abteilung X wird, trotz seiner Meriten, unsicher. Für 1980 bereitet Eberlein seine Flucht über Helsinki in den Westen vor. Er wird verhaftet, bevor er seine Reise antreten kann. Wie dem Hauptmann des MfS Werner Teske, der kurz nach ihm verhaftet und hingerichtet wird, droht auch Eberlein die Todesstrafe. Aber er hat Glück. Die Fluchtvorbereitungen werden nicht entdeckt. Eberlein wird vom 1. Militärstrafsenat des Militärobergerichts Berlin (Ost) wegen Mißbrauchs von Dienstbefugnissen zu fünf Jahren und sechs Monaten Haft verurteilt. Nach dreieinhalb Jahren wird er entlassen. Das MfS erwartet von ihm, daß er weiter mitarbeitet. Dazu werden ihm bis zur Wende wechselnde Arbeitsstellen zugewiesen.

Als Eberlein am 7. November 1991 von Beamten des Bundeskriminalamtes verhört wird, glaubt er, mit seinen Vernehmern auf der richtigen Seite zu stehen. Mit ihnen fühlt er sich einig in der Ablehnung der alten Nomenklatura und ihren Zuträgern aus Ost und West. Hier hat er, vielleicht zum ersten Mal, geduldige Zuhörer, wenn er seine Verachtung gegenüber westdeutschen Journalisten herausläßt, die mit dem MfS zusammengearbeitet haben. Für ihn waren alle käuflich.

Die Vernehmung verläuft, so erinnert sich Eberlein, in einer offenen, vertrauensvollen Atmosphäre. Eberlein ahnt, was man hören will. Was er erzählt, ist nicht für die Öffentlichkeit bestimmt. Vertraulichkeit ist vereinbart. Eberlein traut jedoch seinen Augen nicht, als er elf Tage später in einem »Spiegel«-Artikel am 18. November 1991 (»Spione um Engholm«) einige von ihm gemachte Angaben abgedruckt sieht. Eberlein glaubt auch den Verfasser zu kennen – Günther Prütting. Eberlein ist gewarnt. Vielleicht ahnt er auch schon, wie im Westen Informationen zwischen Bundesanwaltschaft, Bundeskriminalämtern und Presse gehandelt werden.

In einer vielleicht intuitiven Vorahnung aller noch kommenden Ereignisse läßt er bei einer zweiten Vernehmung am 27. November 1991 folgende Richtigstellung ins Protokoll aufnehmen: »Wenn ich bei meiner Vernehmung vom 7. November 1991 ausgesagt habe, daß Dornberger zu dem Journalisten Wallraff Kontakte unterhalten hat und daß Dornberger ihm Geld gegeben haben soll, so möchte ich diese Aussage präzisieren. Es gibt keine konkreten Anhaltspunkte für mich zu der Annahme, daß Wallraff bei diesen Kontakten erkannt hat beziehungsweise hätte erkennen müssen, daß Dornberger dem MfS angehörte. Vom Hörensagen weiß ich auch, daß Wallraff von der Abteilung IX/11 (Nazi-Archiv), diese Behörde saß in Hohenschönhausen, Material für seine Veröffentlichungen erhalten hat. Auch hierzu ist mir nicht bekannt, ob Wallraff wußte, daß er mit dem MfS in Verbindung stand. Weitere Erkenntnisse zur Person Wallraffs liegen mir nicht vor.«

Das nutzt wenig. Am 12. Februar 1992 erscheint jener Artikel in der Bild-Zeitung mit dem Vorwurf, Wallraff habe Geld von der Stasi genommen, der Reinecke und Schnell auf Eberleins Spur bringt.

Nach dem Erscheinen des Bild-Artikels, in dem Eberleins angebliche Aussage vor dem BKA vom 7. November 1991 zitiert wird, schreibt Eberlein an seinen Vernehmer vom BKA: »Sehr geehrter Herr Klauß, zu dem beigefügten Artikelausschnitt aus der

Bild-Zeitung vom heutigen Tage erwartet meine Frau von Ihnen eine Erklärung. Ich selbst bin schockiert und maßlos enttäuscht über diesen eklatanten Vertrauensbruch des BKA und lehne deshalb künftig jegliche persönlichen Kontakte ab. Gewiß werden Sie das verstehen, denn die eventuellen Folgen habe ich zu tragen. Ich behalte mir vor, in dieser Angelegenheit einen Anwalt mit den entsprechenden Vollmachten zu beauftragen.«

Nur zwei Tage später bringt die »SUPER!« das von Eberlein widerrufene Zitat aus der Bild-Zeitung, das er nun vor dem Verfassungsschutz abgegeben haben soll.

In einer Erklärung, die Peter Eberlein am 10. November 1992 vor dem Berliner Landgericht abgibt, sagt er dazu aus: »Am 14. Februar erfuhr ich anhand eines Berichtes in der ›SUPER!‹-Zeitung des News Burda Verlages Berlin über den Schriftsteller Günter Wallraff, daß ich im Zusammenhang mit dessen angeblichen Stasi-Kontakten eine gewisse Rolle als Auskunftsperson zu dieser Sache gespielt haben soll. In diesem Punkt unterstellt man mir, ich hätte beim Verfassungsschutz Aussagen über Herrn Wallraff gemacht... Diese Behauptungen der Zeitung waren erfunden, denn ich stelle hier fest, daß ich bis zu diesem Zeitpunkt der Veröffentlichung keinerlei Kontakte zu Redakteuren dieses Blattes hatte.«

Zwei Tage nach der »SUPER!«-Veröffentlichung, Eberlein tippt gerade an einer Gegendarstellung, klingelt »SUPER!«-Reporter Schnell an der Tür. Schnell versucht den aufgebrachten Eberlein zu beruhigen und kündigt ihm an, daß ein leitender Mitarbeiter seiner Zeitung ihn in dieser Angelegenheit aufsuchen möchte. Der »leitende Mitarbeiter«, der am nächsten Tag mit Schnell vor der Tür steht, ist Thomas Reinecke.

Reinecke hat auch gleich eine Flasche Cognac mitgebracht. Feuchtfröhlich plaudert man über Eberleins Tätigkeit bei der Hauptverwaltung A. Eberlein ist beeindruckt von den »exzellenten« Kontakten zum BKA, zur Bundesanwaltschaft und zu den verschiedenen Geheimdiensten, mit denen Reinecke als angeblich leitender Mitarbeiter der »SUPER!«-Redaktion prahlt.

Wallraff, so behauptet Reinecke zu wissen, wurde von der Hauptabteilung X der HVA als Einflußagent geführt. Kann Eberlein, der doch immerhin mit Dornberger in einem Zimmer gesessen hat, das bezeugen? Michael Schnell stellt Eberlein, der nie als freier Journalist gearbeitet hat, einen Bombenjob mit Festgehalt bei der »SUPER!« in Aussicht.

Eberlein ist arbeitslos. Ein vorübergehender Job als Platzverteiler auf einem Wochenmarkt ist ihm vor wenigen Tagen gekündigt worden. Eberlein erklärt sich zur Mitarbeit bereit. Damit läßt er sich, wie er später über seinen Anwalt erklären läßt, auf das »Geschäft mit falscher Nachricht« ein. Gleich bei diesem ersten Treffen verfaßt Reinecke mit Eberlein eine persönliche Erklärung, in der Eberlein in 13 Punkten Wallraff belastet. Eberlein unterschreibt diese Erklärung nur mit seinem Vornamen und erklärt Reinecke, daß dies beim MfS so üblich gewesen sei. Aber Reinecke ist froh, soweit vorangekommen zu sein. Er sagt zum Abschied, daß dieses erste Treffen ihm 3.000 DM wert sei. Die könne sich Eberlein am morgigen Tag in der Redaktion abholen.

Am 26. Februar 1992 druckt »SUPER!« unter dem Titel »Guten Morgen, Herr Wallraff« die 13-Punkte-Erklärung ab. Nur der Name von Eberlein fehlt im Artikel. Die Anschuldigungen werden einem anonymen »Hauptmann Z.« zugeschrieben.

Warum nennen die »SUPER!«-Redakteure nicht Eberleins Namen, wenn tatsächlich eine von Eberlein am 25. Februar unterzeichnete eidesstattliche Versicherung vorlag, wie Reinecke, Schnell und Nouhuys behaupten? Solch ein Beweismittel läßt eine Zeitung, die von Sensationen lebt, doch nicht tagelang ungenutzt herumliegen!

Erklärung von Peter Eberlein: »Die ›SUPER!‹-Zeitung brachte unter dem Titel ›Guten Morgen Herr Wallraff‹ am 26. Februar 1992 einen weiteren Artikel, den ich nicht autorisiert hatte. Darauf machte ich Herrn Reinecke mit Vehemenz aufmerksam. Er versuchte mich mit dem Argument zu überzeugen, ich hätte ja schließlich eine Karriere mit 4.000 DM netto Anfangsgehalt bei der »SUPER!«-Zeitung vor mir. Gleichzeitig kündigte er mir den Besuch eines guten Bekannten von ihm namens Siegmund bei mir zu Hause an.

Kurze Zeit später meldete sich ein Herr Siegmund bei mir, und wir vereinbarten einen Termin. Er teilte mir mit, er wäre Mitarbeiter der Bundesanwaltschaft in Karlsruhe.

Sofort machte ich Herrn Reinecke darauf aufmerksam, daß die in dem von der »SUPER!«-Zeitung am 26. Februar 1992 veröffentlichten Fakten nicht den Realitäten entsprächen und ich diese aus ihm bekannten Gründen nicht zu Protokoll geben könne.

Herr Reinecke lachte herzhaft und fragte ironisch, was ich denn eigentlich wolle, einen hochdotierten Job bei Burda oder das Nichts. Ich müsse mich jetzt schon an die Aussagen des Artikels vom 26. Februar 1992 halten. Wenn ich jetzt einen Rückzieher mache, würde mir sowieso niemand glauben. In diesem Zusammenhang verwies er auf seinen Freund, den Bundesanwalt ▬▬▬▬▬, *(Name dem Verfasser bekannt)*, mit dessen Hilfe mir einer ›rübergezogen‹ würde, hielte ich mich nicht an gewisse Spielregeln.«

Tatsächlich erscheint ein Oberstaatsanwalt Siegmund von der Bundesanwaltschaft Karlsruhe, von Reinecke freundschaftlich als »Sigi« angekündigt, am 4. März 1992 in Eberleins Wohnung. Es ist kein Höflichkeitsbesuch. Siegmund soll Eberlein im Auftrag der Bundesanwaltschaftschaft in dem Ermittlungsverfahren gegen Markus Wolf wegen Verdacht des Landesverrats und der Bestechung verhören. Die Vernehmung dauert von 14.30 Uhr bis 16.10 Uhr. Eberleins Frau, die befürchtet, daß ihr Mann sich weiter verstrickt, hat sich geweigert, an diesem Tag die Wohnung zu verlassen. Schließlich willigt sie doch ein, während der Befragung ins Nachbarzimmer zu gehen.

Eingeschüchtert durch Reinecke bestätigt Eberlein gegenüber dem Vertreter der Bundesanwaltschaft noch einmal alle Vorwürfe gegen Wallraff, die er mit Reinecke vereinbart hatte.

Wie eng die Zusammenarbeit zwischen der Bundesanwaltschaft und »SUPER!« war, beschreibt Michael Schnell in einer Eidesstattlichen Erklärung vom 25. Juni 1993 *(siehe Dokument 11)*. »SUPER!« ist bereits eingestellt. Schnell hat seinen Job verloren. Er will auspacken. Schnell: »Ich war von Ende Mai 1991 bis Sommer 1992 als Chefreporter bei der Zeitung »SUPER!« in Berlin angestellt. Zu unseren Geschichten und Fotos sind wir sehr häufig über Geldzahlungen gekommen. Wir haben viele Geschichten getürkt oder ›hingeflickt‹, es gab auch Geschichten, an denen überhaupt nichts Wahres war.

Mit der Bundesanwaltschaft hatten wir eine sehr produktive Zusammenarbeit. Die Behörde hatte ihren Vorteil durch uns und wir hatten unseren Vorteil durch sie, speziell durch den Bundesanwalt ▆▆▆▆▆▆. Der Kontakt war für uns wie ein »Sechser im Lotto«. Bundesanwalt ▆▆▆▆▆▆ hat uns zahlreiche Informationen über Verhaftungen, anstehende Verhaftungen und über Ermittlungsverfahren gegeben. [...]

Wir hatten regelmäßigen telefonischen Kontakt mit Herrn ▆▆▆▆▆▆. Es ist auch vorgekommen, daß wir ihn nachts unter seiner geheimen Privatnummer 0721▆▆▆▆▆▆ angerufen haben [...].

Das Hauptmotiv von Bundesanwalt ▆▆▆▆▆▆ für diese Zusammenarbeit war nach seinen eigenen Worten, daß er ›Markus Wolf hinter Gitter bringen‹ wollte. Dafür war ihm ›jedes Mittel recht‹. Mit einem ähnlichen Motiv hat er auch den Fall Wallraff verfolgt. Er hat uns sinngemäß gesagt: ›Ich will Papiere, ich will Zeugen, egal wie‹. Das sei ›sein Lebenswerk‹. Wir haben für die Bundesanwaltschaft sozusagen die Schmutzarbeit gemacht, frei nach der Fernsehserie: ›Die linke Hand des Teufels‹. Überall da, wo die Stasi-Informanten der Bundesanwaltschaft keine Informationen geben wollten, sind wir als Reporter mit der dicken Brieftasche aufgetreten und haben die Information gekauft. Wenn auf diese Weise ein Vertrauensverhältnis hergestellt war, konnten wir sagen, ›Da kommt demnächst jemand vom Bundeskriminalamt oder von der Bundesanwaltschaft und befragt Dich‹. So haben wir zum Beispiel den Stasi-Offizier Peter Eberlein mit Geldzahlungen von mehreren Zehntausend DM dazu gebracht, eine unwahre Aussage gegenüber der Bundesanwaltschaft zu machen. Auch für uns in der Redaktion waren die falschen Aussagen von Eberlein zur angeblichen Stasirolle von Günter Wallraff eine willkommene Sensation. Nach Absprache mit der Verlagsleitung haben wir Herrn Eberlein für die Zeit nach der Wallraff-Enthüllung einen Job mit einem Gehalt von 7.000 bis 10.000 DM in Aussicht gestellt. Eberlein stand etwa alle 14 Tage in unserer Redaktion und fragte: ›Was ist mit meinem Geld?‹. Die Beträge habe ich ihm persönlich in die Hand gedrückt, das Geld war abgezählt, Schein für Schein.«

Bei Wallraff häufen sich die telefonischen und schriftlichen Morddrohungen. Auch bei einer Romafamilie, die Wallraff in der Wohnung seiner verstorbenen Mutter einquartiert hat, gehen Drohanrufe an.

Schon einmal, im Jahre 1976, war Wallraffs Haus Ziel eines Brandanschlags gewesen. Wallraff erwägt, Polizeischutz für seine Familie in Anspruch zu nehmen. Ehefrau Barbara steht kurz vor der Entlassung aus der Klinik. Vor wenigen Tagen ist die Tochter Elena geboren. Zwei Tage nach der Veröffentlichung in der »SUPER!« holt Wallraff Frau und Tochter aus der Klinik ab und bringt die Familie bei Verwandten im Westerwald in Sicherheit.

Wenige Tage später spürt ihn dort ein Fernsehteam des Schweizer Fernsehens auf. Sie finden einen Mann vor, dessen Haut dünner geworden ist. »Ich erlebe, daß ich meine Lebenskraft nicht mehr habe... die wird mir ausgesaugt. Es wird was über mir ausgeschüttet, wie eine Schlammlawine. Ich komme da manchmal nicht mehr raus. Ich habe Alpträume. Ich habe manchmal Angst, das gibt mir den Rest. Ich habe in meiner Arbeit immer wieder Phasen gehabt, wo ich auch sehr beansprucht war. Wo es nicht leicht war, das durchzusetzen, und ich habe es geschafft.

Es ist das ein ganz verfluchtes Land. Ich habe auch den Eindruck, man braucht eine Jagdstimmung. Es ist auch ein Meuteinstinkt entwickelt, den es in Holland und Skandinavien nicht gibt. Wo es auch mehr Zivilcourage gibt, die das auffängt. Hier hat man den Eindruck, wenn einige Großwildjäger den Ton angeben, kommen andere mit dem Meuteinstinkt und setzen nach. Was fehlt, ist ein liberales, demokratisches Potential, das dann aber auch steht und denen die Stirn bietet.«

Als Wallraff im Oktober 1992 aus dem »Spiegel« erfährt, daß die Bundesanwaltschaft ihn in der Anklageschrift gegen Markus Wolf beschuldigt, er habe für die Stasi Nachrichten über die linke Szene beschafft, verlangt Wallraff über seinen Anwalt Akteneinsicht. Die wird ihm mit Schreiben vom 26. Oktober von Bundesanwalt ███████ verwehrt. Die Bild-Zeitung hat da wohl weniger Schwierigkeiten gehabt. Nur vier Tage später, am 30. Oktober meldet Bild: »Jetzt hat Generalbundesanwalt von Stahl den Fall Wallraff/Esser wieder aufgegriffen. Deutschlands oberster

Ankläger stützt sich auf Wallraff als Zeugen im Prozeß Markus Wolf. Wolf war Chef des Geheimdienstes der Ex-DDR. Der Generalbundesanwalt schreibt in seiner Anklageschrift, daß die Stasi-Hauptabteilung X der HVA Wallraff möglicherweise bereits seit dem Jahr 1966, jedenfalls aber ab 1967 als IM geführt habe.« Über Wallraff und seine Rolle hätte sich Wolf mit Oberstleutnant Wagenbreth besprochen. Dabei sollten zum einen »politische Verbindungen und berufliche Kontakte Wallraffs« genutzt werden, um »aktuelle Informationen aus dem Bericht der SPD über den Zustand der ›linken Szene‹ in der Bundesrepublik sowie über Mitarbeiter, redaktionelle Arbeit und Umfeld der Zeitschrift ›konkret‹ zu beschaffen.«

Der Generalbundesanwalt: »Eine weitere, zeitweise verfolgte Zielstellung im Vorgang Walküre war es, über Hans-Günter Wallraff, der sich unter falscher Identität in die Redaktion der Bild-Zeitung einschlich, Kenntnisse über Personalstruktur, Einstellungs- und Karrierevoraussetzungen bei der Bild-Zeitung sowie etwaige Kontakte dort beschäftigter Journalisten zu westdeutschen Politikern zu erlangen.«

Damit war aber der Generalbundesanwalt von Stahl dem falschen Zeugen Eberlein auf den Leim gegangen. Dieser, präpariert und eingeschüchtert von Reinecke, hatte gegenüber Oberstaatsanwalt Siegmund Angaben gemacht, mit denen er glaubte, seinem Vernehmer entgegenzukommen. Kann der Generalbundesanwalt das gewußt haben?

Dazu noch einmal aus der eidesstattlichen Versicherung von Schnell vom 25. Juni 1993: »Die Aussage von Eberlein zu Wallraff wurde in der Redaktion vorformuliert. Dabei war uns klar, daß diese Aussage in wesentlichen Teilen nicht der Wahrheit entsprach [...] Als eine Vernehmung von Eberlein in dessen Wohnung im März 1992 durch die Bundesanwaltschaft anstand, haben wir ihn genau instruiert, was er gegenüber dem Ermittlungsrichter Siegmund aussagen solle.

Eberlein hat das gemacht, was wir von ihm wollten. Dafür ist er bezahlt worden. Bundesanwalt ▮▮▮▮▮▮▮ wußte von uns, daß wir den Zeugen Eberlein in Richtung auf eine bestimmte wahrheitswidrige Aussage vorbereiteten, und daß er in der offiziellen

Vernehmung eine entsprechend wahrheitswidrige Aussage bekommen würde.«

Eberleins Aussage war nicht nur wahrheitswidrig, wie Schnell versichert, sondern auch widersprüchlich.

Eberlein hatte erklärt, daß Wallraff seinen Kontakt mit der Stasi spätestens seit der Ausbürgerung Wolf Biermanns 1976 abgebrochen habe. Gleichzeitig hatte er behauptet (13-Punkte-Erklärung von »SUPER!«, Punkt VI), Wallraff habe dem MfS einen ausführlichen Bericht über seinen Einsatz bei Bild (7. März bis 1. Juli 1977) gegeben. Hat der Generalbundesanwalt diesen Widerspruch nicht bemerkt oder wollte er ihn nicht zur Kenntnis nehmen?

»Falls Generalbundesanwalt von Stahl die mich betreffenden Passagen nicht aus der Wolf-Anklage entfernen läßt, behalte ich mir vor, ihn als Mitglied einer faschistischen Tarnorganisation zu bezeichnen, die unter dem Decknamen ›Werwolf‹ operiert und dessen Schmisse im Gesicht von einer schlagenden Naziorganisation stammen« droht Wallraff in einem »Stern«-Interview an. Auf den Einwand des Reporters, der Generalstaatsanwalt habe doch gar keine Schmisse im Gesicht und sei auch kein Mitglied einer Tarnorganisation, sagt Wallraff: »Ja eben, genauso wie ich nicht Walküre oder Stasi-Spion bin.«

Inzwischen holt sich Peter Eberlein an jedem Monatsanfang seine 4.000 DM bei der »SUPER!« ab. Als er aufgefordert wird, seine Steuernummer abzugeben, glaubt er, eine Festanstellung stehe nun unmittelbar bevor. Aber immer wieder wird er vertröstet. Wegen der negativen Wirkung, die eine Festanstellung des Wallraffzeugen Eberlein in der Öffentlichkeit haben könne, müsse er sich gedulden. Erst müßten die Prozesse, die Wallraff gegen »SUPER!« angestrengt habe, abgeschlossen sein. Als die ersten Gerüchte auftauchen, daß »SUPER!« eingestellt werden könne, wird ihm bei einem Gespräch mit der Verlagsleitung sogar eine Übernahme in ein neues Blatt des Burda-Verlags in Aussicht gestellt. Der Zeuge Eberlein wird noch gebraucht.

Am 19. Juni 1992 findet ein Treffen hochrangiger Rechtsvertreter des Burda-Verlags mit Eberlein in der Redaktion der »SUPER!« statt. Herr Dr. Rehbock ist im Auftrag der Kanzlei Schweizer angereist, die den Burda-Verlag federführend in München vertritt. Auch Dr. Welsch ist gekommen, dessen Kanzlei den Verlag in Berlin vertritt. Die Herren müssen die Klage erwidern, die Wallraff vor dem Landgericht Berlin gegen den Burda-Verlag erhoben hat.

Die Runde sei damals zusammen gekommen, um mit Eberlein die inhaltlichen Unklarheiten in dessen »Eidesstattlicher Versicherung« zu klären. Punkt für Punkt sei man mit Eberlein durchgegangen. Insbesondere sei auch über die zeitlichen Widersprüche gesprochen worden, sagt Dr. Welsch als Zeuge vor dem Amtsgericht Tiergarten aus. Die zeitlichen Widersprüche aber, die Eberleins Ausssage so unglaubwürdig machen, lassen sich nicht mehr ausräumen. Nach drei Stunden muß die Runde ergebnislos auseinander gehen. Eberleins Erinnerung an dieses Treffen deckt sich nur in einem Punkt mit der Aussage von Dr. Welsch. Danach hat auch ein Herr Drießel an dem Treffen teilgenommen. Der habe sich als Ex-Oberstleutnant des MfS und ehemaliger Stellvertretender Abteilungsleiter bei der HA VII vorgestellt, die auch für die Archive des Ministerium des Innern zuständig war. Auf mehrfaches Nachfragen von Dr. Rehbock, erinnert sich Eberlein, kann Drießel nichts Belastendes gegen Wallraff vorbringen. Spätestens jetzt weiß Eberlein, daß er der einzige Belastungszeuge gegen Wallraff ist, auf den sich »SUPER!« in dem bevorstehenden Prozeß stützen kann. Fällt er aus, droht das ganze Lügengebäude einzustürzen.

Wenige Wochen später steht Eberlein vor verschlossenen Türen, die »SUPER!« ist eingestellt. Kein Job, keine monatlichen Zahlungen mehr. Eberlein liegt wieder auf der Straße. So wie vor dem Tag, an dem Reinecke ihn zu einer Aussage gegen Wallraff überredete.

Für den 8. August 1992 ist Eberlein als Zeuge im Prozeß »Wallraff gegen News-Burda Verlag« vor das Berliner Landgericht geladen. Er erscheint nicht. Man hat ihm abgeraten, behauptet Eberlein. Dr. Rehbock habe ihm telefonisch den Rat gegeben, zur Verhandlung nicht zu erscheinen. Das zu zahlende Ordnungsgeld würde er erstattet bekommen. In diesem Zusammenhang versucht Eberlein sich noch einmal beim Burda-Verlag in Erinnerung zu bringen. So schreibt er am 29. September 1992 an die Verlagsleitung von Burda:

»Sehr geehrter Herr Dr. Könke, da ich auf Anraten von Dr. Rehbock dem Verhandlungstermin aus taktischen Gründen fernblieb, wurde ich inzwischen, wie von Dr. Welsch angekündigt, vom Landgericht Berlin mit einer Ordnungsstrafe von 509 DM belastet. Inzwischen wurde der entscheidende Gerichtstermin für den 10. November 1992 anberaumt.

In diesem Zusammenhang halte ich es für unerläßlich, vor dem genannten Termin um ein Gespräch mit Ihnen zu bitten, um sie über inzwischen neue Aspekte zu informieren. Außerdem bitte ich Sie, die immer noch ausstehende Zahlung von 3.000 DM für den Monat Juli sowie die eingangs genannten 509 DM auf mein Konto bei ▓▓▓▓▓▓▓▓ zu veranlassen.«

Zwar erhält Eberlein die 509 DM Ordnungsgeld erstattet, aber die von ihm angemahnten 3.000 DM werden nicht mehr überwiesen. Auch Dr. Könke ist für Eberlein nicht mehr zu sprechen. Eberlein fühlt sich wie 1980 betrogen und im Stich gelassen, als er sich, wie viele andere auch, von den ihm zur Verfügung stehenden Devisen ein paar Westmark abgezwackt hatte und dafür von der eigenen Truppe eingesperrt wurde. Wie damals reift in Eberlein der Plan, die Front zu wechseln, sich abzusetzen. Am Dienstag, dem 10. November 1992, ist Eberlein erneut vor das Landgericht Berlin geladen. Ihm wird die, mit seinem Namen unterzeichnete, »Eidesstattliche Versicherung« vom 25. Februar 1992 vorgehalten. Eberlein sagt aus, daß er diese Erklärung nicht abgegeben habe.

Bei dem Schriftzug seines Nachnamens handele es sich um eine Fälschung. Der Text zu dieser Erklärung wäre ihm unter Alkoholeinfluß von Reinecke diktiert worden. Dann erklärt er, daß auch seine Aussagen, die er gegenüber dem Oberstaatsanwalt Siegmund gemacht habe, falsch gewesen sein.

Reinecke habe unter Hinweis auf seine persönliche Bekanntschaft mit dem Bundesanwalt ▓▓▓▓▓▓▓▓ geäußert, man würde ihm »einen überziehen«, falls er nicht bei der Darstellung der Eidesstattlichen Versicherung bleibe. Auch als der Vorsitzende Richter Mauk den Zeugen Eberlein darauf hinweist, daß er sich mit dieser Aussage selbst belaste, bleibt dieser bei seiner Erklärung.

Damit wird der Klage Wallraffs gegen den Burda-Verlag in allen Punkten stattgegeben. Aber die Bundesanwaltschaft will sich noch nicht von der nun endgültig abgesoffenen »SUPER!«-Ente verabschieden.

Am 26. April 1993 wird Peter Eberlein von der Bundesanwaltschaft in Karlsruhe vernommen. In seiner Ladung hatte man ihm mitgeteilt, es gehe um ein Ermittlungsverfahren gegen einen ehemaligen Abteilungsleiter des MfS wegen des Verdachts geheimdienstlicher Tätigkeit. Eberlein weiß heute, daß dies nur ein Vorwand war.

In einer Erklärung, die er im Mai 1993 vor dem Landgericht abgibt, schreibt er: »Es stellte sich jedoch heraus, daß es sich in dieser Frage nur um einen Vorwand handelte. Tatsächlich ging es in der Vernehmung um den Schriftsteller Günter Wallraff. Ich war erstaunt, mit welcher Offenheit mir zu verstehen gegeben wurde, welche Aussagen von mir erwartet wurden.« Eberlein fühlte sich von seinen beiden Vernehmern bedrängt, seine Aussagen vor dem Berliner Landesgericht zu widerrufen. Eberlein weiter: »Auch ein anwesender Bundesoberstaatsanwalt ließ keinen Zweifel aufkommen, daß es um meine Zukunft in unserem Rechtsstaat schlecht bestellt sei, rücke ich nicht von meinen Aussagen vom 10. November 1992 ab. Schließlich wurde ich noch mit der Verdächtigung konfrontiert, im Auftrag eines harten Kerns der HVA zu agieren und Wallraff zu helfen. Da ich mehrere Jahre MfS-Haft und über einen längeren Zeitraum Repressalien durch Mielke-Lakaien überstanden habe, möge man mir durch langjährige Erfahrungen glauben, wenn ich die Vorgehensweise während meiner Vernehmung am 26. April 1993 als Stasi-Methoden charakterisiere.«

Am 19. Dezember 1995 steht Peter Eberlein vor dem Amtsgericht Tiergarten. Er ist angeklagt, am 10. November 1992 vor dem Landgericht als Zeuge falsch ausgesagt zu haben. Damit hätte er wider besseres Wissen in Beziehung auf einen Dritten eine unwahre Tatsache behauptet, die geeignet wäre, diesen verächtlich zu machen und in der öffentlichen Meinung herabzuwürdigen, heißt es in der Anklageschrift.

Reinecke, der sich in seiner beruflichen Ehre gekränkt fühlt, schwingt sich zu Beginn der Verhandlung zum Nebenkläger auf.

Eine Anwältin, die ihn dabei vertreten soll, wartet schon unter den Zuschauern. Am Ende der Verhandlung wird sie eine Haftstrafe für Eberlein fordern. Doch zunächst muß Reinecke in den Zeugenstand. Eberlein sei für seine Aussagen gegen Wallraff nach seinem Wissen weder Geld gezahlt noch ein Job versprochen worden, sagt Reinecke aus. Solche Praktiken seien bei der »SUPER!« nicht üblich gewesen. Reinecke bestreitet auch, Eberlein jemals mit dem Einfluß eines Bundesanwalt ▇▇▇▇▇▇▇ gedroht zu haben, wenn er nicht bei seiner Aussage bleibe.

Zum Anfang seiner Aussage will er den Bundesanwalt ▇▇▇▇▇▇▇ nicht einmal kennen, muß dann im Laufe der Vernehmung aber eine Bekanntschaft seit 1988 zugeben. Auf die Nachfrage des Gerichts, warum er die Bekanntschaft mit dem Bundesanwalt ▇▇▇▇▇▇▇ geleugnet habe, erklärt Reinecke, viele Personen dieses Namens zu kennen. Der Bundesanwalt sei ihm deshalb nicht erinnerlich gewesen.

Auch die anderen »SUPER!«-Kumpel sind als Zeugen in dieser Verhandlung geladen. Zeuge Schnell räumt bei seiner Vernehmung ein, daß Reinecke Kontakte zur Bundesanwaltschaft, auch zum Bundesanwalt ▇▇▇▇▇▇▇ gehabt habe. Es sei »der kurze Dienstweg« gewesen. Dann bittet er darum, als Zeuge nicht mehr auf seine früheren Eidesstattlichen Versicherungen angesprochen zu werden. Auf Nachfragen von Eberleins Verteidiger Johannes Eisenberg sagt Schnell dann aus, Reinecke sei der »Führungsoffizier« von Eberlein gewesen. Er selbst wäre für die Logistik, das heißt die rechtzeitigen monatlichen Zahlungen an Eberlein durch die Redaktionsleitung zuständig gewesen. Schnell will sich auch an das Unterschreiben einer Eidesstattlichen Versicherung durch Eberlein erinnern, aber welche das gewesen sei, wisse er nicht mehr. Denn damals, so erinnert er sich, habe ja jeder fast jeden Tag irgendetwas ungeprüft unterschrieben.

Der Zeuge Nouhuys behauptet dann unter Eid, Eberlein habe am 25. Februar 1992 die bereits im Prozeß erwähnte Eidesstattliche Versicherung unterschrieben. Nur, Eberlein war an jenem Tag nicht in Berlin, sondern hat auf Wunsch seines todkranken Vaters noch einmal mit seinen Eltern ihre Heimatstadt Auerbach im Vogtland besucht. Eberleins Frau hatte sich für die

Ausfertigung

LANDGERICHT BERLIN

B E S C H L U ß

Geschäftsnummer: **566 - 12/96**

In der Strafsache

gegen   Peter Helmut E b e r l e i n ,
geboren am 1. Dezember 1944 in Auerbach/
Vogtland,
wohnhaft: ▇▇▇▇▇▇▇▇▇▇▇▇▇▇▇▇▇▇

wegen   felscher uneidlicher Aussage

wird die Durchsuchung der Wohn- und Nebenräume des Angeklagten gemäß den §§ 102, 105 StPO angeordnet.

Der Angeklagte steht im VErdacht einer Straftat nach den §§ 153, 187, 52 StGB.

Die Durchsuchung wird vermutlich zur Auffindung von Beweismitteln führen.

Für das angeordnete Schriftgutachten werden mindestens 20 Schriftstücke (insbesondere aus dem Jahr 1992) im Original benötigt, auf denen sich die unbefangen gefertigte Unterschrift des Angeklagten befindet.

Landgericht Berlin, den 7. August 1996
Strafkammer 66

W a r n a t s c h
Vorsitzender Richter am Land-gericht

Ausgefertigt
STP 247   Justizangestellte
Urteilsurschrift (§ 275 StPO) – LT –

*Durchsuchungsbefehl
für die Wohnung Eberleins*

180

einwöchige Reise von ihrem Arbeitgeber freigeben lassen. Auch dies ist nachweisbar. Eberleins Anwalt spricht in seinem Plädoyer von einem offensichtlichen Zeugenkomplott. Trotz erheblicher Zweifel an der Glaubwürdigkeit der Zeugen Reinecke und Schnell will das Gericht dieser Darstellung nicht folgen.

Eberlein wird wegen uneidlicher Falschaussage in Tateinheit mit Verleumdung zu einhundertzwanzig Tagessätzen zu je zwanzig DM verurteilt.

Eberleins Anwalt hat gegen dieses Urteil Berufung eingelegt und gegen Thomas Reinecke Strafanzeige wegen Falschaussage gestellt. Vorläufiges Ende dieser unendlichen Geschichte?

Am späten Nachmittag des 12. September 1996 erhält die 77jährige Mutter von Eberlein einen mysteriösen Anruf. Der Anrufer nennt keinen Namen, stellt sich nur als Kriminalbeamter der Polizeidirektion 7 vor. Er will die Anschrift und Telefonnummer ihres Sohnes Peter wissen. Die alte Dame ist entsetzt und verständigt sofort ihren Sohn. Eberlein wird mißtrauisch. Es war die Polizeidirektion 7, die gegen ihn wegen des Verdachts der falschen uneidlichen Aussage ermittelt hatte. Wieso fragten sie nun die Mutter nach seiner Anschrift? In Eberlein, dem ehemaligen Geheimdienstmann, wächst der Verdacht, daß er hereingelegt werden soll. Aber wer steckt dahinter?

Als nach wenigen Minuten der anonyme Anrufer sich bei Eberlein meldet und noch für den gleichen Abend seinen Besuch ankündigt, um mit ihm über Reinecke zu reden, lehnt Eberlein ab. Er stecke in Urlaubsvorbereitungen und habe keine Zeit. Am 24. September meldet sich der Anrufer erneut. Man vereinbart ein Treffen in Eberleins Wohnung für den 7. Oktober um 19 Uhr. Eberlein ruft in der Polizeidirektion 7 an. Er will wissen, ob er es tatsächlich mit einem Kriminalbeamten von dort zu tun habe. Man verneint und gibt Eberlein den Rat, einen Zeugen zu dem Treffen mitzunehmen. Im Fall einer Bedrohung soll Eberlein die Notrufnummer 110 wählen. Am Abend des 7. Oktober legt sich Eberlein vor seinem Wohnblock auf die Lauer. Seiner Frau hat er eingeschärft, den Besucher nicht in die Wohnung zu lassen. Um diese Uhrzeit bewegen sich am äußersten Rand dieser abgelegenen

Trabantenstadt nur noch wenige Menschen. Tatsächlich steigt ein Paar, das Eberlein hier noch nie beobachtet hat, um 19 Uhr aus der Straßenbahn. Eberlein ahnt ihr Ziel. Sie fahren mit dem Fahrstuhl in das 7. Stockwerk zu seiner Wohnung. Eberlein wartet. Die Beamten, denen Frau Eberlein die Tür aufmacht, können sich ausweisen. Polizeidirektion 7 VB III 3 und sie haben einen zwei Monate alten Durchsuchungsbeschluß. Frau Eberlein will die Polizeidirektion 7 anrufen. Die Nummer hat ihr Mann auf dem Tisch liegen lassen. Man sagt ihr, dort sei jetzt niemand mehr. Man sagt ihr auch, man hätte die Wohnung auch aufbrechen können. Aber das hätte man mit Rücksicht auf die Vergangenheit ihres Mannes vermeiden wollen. Da ruft Frau Eberlein die Notrufnummer 110 an. Bis die Streifenbeamten eintreffen, sind 32 handgeschriebene Blätter ihres Mannes beschlagnahmt. Darunter ein Liebesgedicht an seine Frau und sein Terminkalender. Das alles benötige man, wird der herbeigeeilte Eberlein belehrt, um ein angeordnetes Schriftgutachten zu erstellen, er habe diese Maßnahme nur seinem Anwalt und dessen Berufungsbegehren zu verdanken.

Sieben Jahre nach der Wende fühlt sich Eberlein nicht mehr als ein in die Freiheit Entlassener.

Begriffserklärungen

AG »S«
Arbeitsgruppe Sicherheit der
HVA. Zuständig für das
IM-Netz im »Operations-
gebiet«, zugleich auch für die
Beobachtung verdächtiger
HVA-Mitarbeiter

Aktive Maßnahmen
Der psychologischen Kriegführung vergleichbare Aktionen, mit dem Ziel der Beeinflussung politischer Vorgänge
im »Operationsgebiet«

Container
Unverfängliches Transportmittel
mit einem geheimen Versteck

Dach
Firma oder Institution ohne
sichtbaren geheimdienstlichen
Bezug, dient zur Tarnung
bei der Durchführung geheimdienstlicher Operationen

Dossier
Materialsammlung von
privaten und beruflichen
Einzelheiten bei Personen, die
aktiv oder passiv für die
geheimdienstliche Tätigkeit
interessant sind

E-Auftrag
Ermittlungsauftrag

Feldgendarm
Spitzname für einen
Angehörigen der Abteilung
»Disziplinar« bei der Haupt-
abteilung Kader und Schulung

Kursant
Aus dem Russischen. Bezeichnung für Lehrgangsteilnehmer

IM
Inoffizieller Mitarbeiter
(oft fälschlich als informeller
Mitarbeiter bezeichnet)

Instrukteur
Beauftragter einer Agentenzen-
trale zur Anleitung eines
Agenten

Kompromat
Kunstwort für einen
kompromittierenden Sachverhalt
beziehungsweise die entsprechende Dokumentierung

Kontaktperson (KP)
Bezeichnung für eine (noch)
nicht geworbene Person

Kurier
Transporteur von
Spionagematerialien

Lagezentrum
Auf Initiative Mielkes in der HVA geschaffene Expertenrunde zur kurzfristigen Lagebeurteilung unter dem »Dach« der Auswertungsabteilung VII

Linie
Fachbegriff für eine Abteilung des MfS

M-Kontrolle
Tarnausdruck für Postüberwachung

Operationsgebiet
Ursprünglich Tarnbezeichnung für das Haupteinsatzgebiet

operativ
Bis zum Überdruß gebrauchtes Füllwort. Selbst das Aufschlagen eines Frühstückeis kann eine »operative Maßnahme« sein. Operativ eigentlich: tätig eingreifend

OibE
Offizier im besonderen Einsatz. Arbeitete als Angehöriger außerhalb der MfS-Zentrale

OPK
Veranlassen einer allgemeinen »operativen Personenkontrolle« ohne die Anlage eines »Vorgangs«

Q (»Quelle«)
Nachrichtenlieferant

QS-Quelle
Informant mit besonderem Geheimhaltungsgrad

Resident
Leiter einer Spionagegruppe im Einsatzgebiet

Romeo
Jargon für eingeschleusten Werber alleinstehender weiblicher »Zielpersonen«

Schleusung
Ein- oder Ausschleusen von Agenten (vergleiche auch Grenzschleusung)

Überwerben
Werbung eines erkannten gegnerischen Agenten; dieser wird dann zum »Doppelagenten«

TBK
»Toter Briefkasten«. Geheimes Versteck für Spionagematerial

Werbung
Verpflichtungserklärung zur Zusammenarbeit mit dem MfS. Bei DDR-Bürgern mußte diese Erkärung schriftlich erfolgen. Im Operationsgebiet genügte eine verbale Zusage

Dokumente

Dokument 1

Zentrale Auswertungs- und Informationsgruppe
Bereich 6

Berlin, 19. 8. 1985
mier-ba

V e r m e r k
über ein Gespräch mit dem Leiter der HVA/X, Gen. Oberst Wagenbreth

---

Das am heutigen Tag mit dem Leiter der HVA/X geführte Gespräch war aufgabenbezogen und hatte folgende Ergebnisse:

1. Ausgehend von der Entscheidung des Leiters der Abteilung Agitation des ZK, den Vorgang "Furrer" nicht in den Medien der DDR zu publizieren, wurden die operativen Hinweise zum BRD-Astronauten dem Gen. Wagenbreth übergeben.
Die op. Information wurde von mir ergänzt mit aktuellen Presseinformationen (1985), Westpublikationen zur Ermordung von Egon Schultz (1964) sowie Unterlagen der Pressekonferenz zur Entlarvung der subversiven Tätigkeit von Studenten der "Freien Universität" in Westberlin (1967).
Die HVA/X ist mit einer Lancierung einverstanden und nutzt die nächste Treffmöglichkeit (22./8. 85) mit Carpet-IM aus dem Operationsgebiet zur Übergabe des Materials.
Gen. Wagenbreth habe ich darauf hingewiesen, daß er sich bei Notwendigkeit auch mit Gen. Weiber konsultieren kann. Den Gen. Plohmann (Sekretariat Gen. Weiber) habe ich über den Stand der Auswertung informiert.

2. Die gegenwärtigen Umstände im Zusammenhang mit der Produktion von "Vera Lenz" habe ich übermittelt.
Der Gen. Wagenbreth machte deutlich, daß der Leiter der HVA informiert ist und sich weiterhin persönlich um den Fortgang der Produktion kümmert.
Der "Verlust" des Drehbuches führte beim Gen. Wolf zur Konsequenz, nun erst recht, schnell und in hoher Qualität den Film herzustellen. Es entfällt auch die bisherige Zurückhaltung gegenüber anderen sozialistischen Ländern in Fragen der Schauspielerbesetzung. (Sie bekamen nur Drehbuch-Auszüge).

3. Die evtl. Teilnahme des Gen. Günter Karau an der Hauptverhandlung gegen Frauendorf konnte mit der HVA/X nicht geklärt werden. Es ist eine R. mit der HVA/II, Gen. Behnke, Telf.: 27564/565 notwendig.

4. Im Zusammenhang mit der Erarbeitung und der von der HVA erfolgten Stornierung des Manuskriptes zu Inge Goliath wurde übereinstimmend festgelegt, daß der Autor Klaus Huhn vom MfS 3000,- M Anerkennungshonorar bekommt. Die HVA/X wird uns diese Summe zur Verfügung stellen.

5. Gen. Wagenbreth darüber informiert, daß HA/IX den Vorgang "Lübke" wieder aktiviert hat und mit unserer Unterstützung über die Verbindung - Generalstaatsanwalt - ehem. Anwaltsbüro Kaul - den Informationsbedarf für die Rechtsanwälte der BRD-Illustrierten "Stern" abdecken will. (Dazu liegt ein Schreiben der HA/IX vom 14. 8. 85 vor!)

Hiermeister
Oberst

Dokument 2

Einzelprojekte, darunter u. a. einer CIA-Dokumentation des Fernsehens, Neuauflage von "Who is who in CIA",- Broschüre CIA gegen Afghanistan u. a.

- Fertigstellung bzw. Beginn der Fernsehproduktionen "TASS ist ermächtigt" (7-teilige sowj. Serie, aus pol. Gründen bisher nicht gesendet), "Dem Feind keine Chance" (Retrospektive von Staatssicherheitsfilmen), Porträtfilm "Hanns Fruck" (Rohschnittabnahme positiv erfolgt), Spionagefilm "Die letzte Begegnung" (Rohschnittabnahme positiv erfolgt), "Für die gerechteste Sache der Welt" (Schulze-Boysen-Harnack Dokumentation, mit Aktualisierung des Drehbuchs begonnen)

- Planabstimmung mit Leitung des Fernsehens für 1987 und den Perspektivplanzeitraum durchgeführt.
  (Szenarium für einen weiteren Spionagefilm "Das Double" wird für Produktionsaufnahme geprüft. Ebenso sind bereits acht Szenarien für vier Zweiteiler der Fernsehserie zum 40. Jahrestag des MfS erarbeitet, die z. Z. mit den zuständigen DE abgestimmt werden.)

  Begonnen wurde mit den Dreharbeiten für den Dreiteiler "Vera Lenz", 90 min. liegen vor und werden von der Leitung des Fernsehens positiv bewertet. Sendung voraussichtlich Anfang 1988 - Projekt wird von der HVA betreut.

  Nach Erarbeitung und Abstimmung konkreter Ideen über Themen möglicher Spielfilme wurde im Dezember ein Grundsatzgespräch mit der DEFA geführt, das im I./87 durch konkrete Stoffangebote sowie die Auswahl und Festlegung von Bearbeitern dieser Stoffe untersetzt werden soll.

- Mit dem Rundfunk wurden ein Interview mit Gen. Kleinjung u. eine Schulfunksendung über F. E. Dzierzynski realisiert. Vorbereitet, aber aus pol. Gründen nicht gesendet, wurde ein Rundtischgespräch zur "Mordsache Thälmann".

  Für die Rundfunkepisodenreihe anläßlich des 40. Jahrestages des MfS (Kinderhörspiele und Hörspiele) wurden erforderliche Abstimmungen mit den entsprechenden Verantwortlichen herbeigeführt. Eine Rundfunkdokumentation über die CIA wird vorbereitet.

- In Zusammenarbeit mit dem Militärverlag wurden herausgegeben

  Mordsache Thälmann (Przybylski)
  Der MAD der BRD (Gelbhaar)
  Drahtzieher des Terrorismus (sowj. Autorenkollektiv)

  Mit Unterstutzung des Militärverlages wurde eine Autorenberatung zur Gewinnung weiterer Autoren genutzt. Bisher liegen fünf geeignete Angebote vor.

- Die Zusammenarbeit mit dem Militärverlag, dem Dietz-Verlag, dem Verlag der Nation, dem Verlag Neues Leben, dem Verlag Offizin Andersen Nexö und dem Kinderbuchverlag wurde verstärkt. Es befinden sich z. Z. 24 Titel in Vorbereitung, darunter die Felfe-, Guillaume-, Lorenzen und Gäbler-Memoiren, die bei positiver Entscheidung bzw. Entwicklung 1987 erscheinen könnten. Vorbereitet sind Romane über die CIA in China (Thürk; Mitteldeutscher Verlag) u. den BND (Harnisch).
  Zu weiteren 10 Projekten liegen Konzeptionen vor, darunter zu einer Reihe interessanter Sachbücher (Mader s.O.; Pitaval des kalten Krieges von Rückmann; Kriegsverbrecher von Przybylski)

- Die Zusammenarbeit mit der Presse wurde verstärkt. In "horizont", der "NBI", der "Wochenpost", der "Technischen Gemeinschaft" erschienen mehrere längere Beiträge zur Entlarvung der Praktiken imp. Geheimdienste aus Geschichte und Gegenwart.

- Über ADN erschienen in allen Tageszeitungen (und im Rundfunk und Fernsehen) 55 Meldungen über Festnahmen und Verurteilungen von Staatsverbrechern sowie über gesell. Ereignisse im MfS bzw. das Auftreten des Gen. Minister, darunter vor allem im Zusammenhang mit den Volkswahlen.

- Auf der Grundlage des Traditionskalenders wurden in zentralen und regionalen Zeitungen/Zeitschriften verstärkt Artikel anläßlich von Geburts- und Gedenktagen ehemaliger Kundschafter und verdienter Mitarbeiter des MfS sowie Meldungen über wichtige Ereignisse in der Arbeit mit Trägern tschekistischer Ehrennamen veröffentlicht, darunter im "ND" und in der "JW" über Karl Kleinjung, in der "Wochenpost" über Gustav Szinda, in mehreren Bezirkszeitungen, so in Halle, Suhl, Dresden, Frankfurt/O., Neubrandenburg und Rostock und in der BZ sowie im ND über durchgeführte Erfahrungsaustausche mit solchen Kollektiven und über Foren mit ehemaligen Spanienkämpfern in Magdeburg und Potsdam.

- Mit dem Presseamt beim Ministerrat wurde die Aufnahme von Veröffentlichungen zur Zurückdrängung von Bränden und Störungen, zur Erhöhung der Wirksamkeit des Geheimnisschutzes, von Sicherheit und Ordnung insgesamt in die "Presse-Informationen" auf der Grundlage op. Erkenntnisse des MfS bzw. die koordinierte Einflußnahme auf entsprechende Entwürfe vereinbart und in Zusammenarbeit mit ausgewählten HA zu realisieren begonnen.

- In Auswertung von Erfahrungen der HA Presse der NVA wurde mit der monatlichen Presseplanung unter systematischer Einbeziehung des Bereiches 1 und ausgewählter HA begonnen (HVA, II, VI, VII, IX, XVIII, XIX, XX, ZKG).

- Vor allem zur Unterstützung des Zurückdrängungsprozesses von Übersiedlungen wurden vielfältige Aufgaben zur Vorbereitung und Durchführung von Interviews westlicher Journalisten mit Zurückgekehrten, in enger Zusammenarbeit mit der ZKG, HA II und dem beteiligten BV/KD durchgeführt.

Dokument 3

Hauptverwaltung A Berlin, den 16. Juni 1986
Abteilung X 570-mo

P L A N O R I E N T I E R U N G

für eine wirksame Öffentlichkeitsarbeit
in den Jahren 1986 - 1990
(Grundrichtungen, Vorhaben, Grundsätze)

Der Beitrag der HV A für eine wirksame Öffentlichkeitsarbeit des
MfS ist entsprechend der Dienstanweisung Nr. ... des Genossen
Minister systematisch und zielstrebig weiter zu erhöhen und zu
qualifizieren. Auf der Grundlage der Beschlüsse und der Politik
von Partei und Regierung dienen diesbezügliche Maßnahmen, deren
praktischer Durchsetzung. Als fester Bestandteil der politisch-
operativen Arbeit sind sie auf die Erfüllung der Schwerpunktaufgaben des MfS, speziell der HV A, gerichtet.

Im Mittelpunkt stehen

- die Entlarvung friedensgefährdender, entspannungsfeindlicher
  und antisozialistischer Pläne, Absichten und Aktivitäten der
  aggressivsten Kreise des USA-Imperialismus und ihrer engsten
  NATO-Verbündeten, insbesondere auf militärischem Gebiet bzw.
  ihrer Geheimdienste;

- die Entlarvung der Ziele, Hintergründe, Inspiratoren und
  Organisatoren gegen die DDR und andere sozialistische Länder
  gerichteter Provokationen und Einmischungsversuche sowie deren
  offensive Zurückweisung;

- die Entlarvung und Bekämpfung des subversiven Wirkens imperia-
  listischer Geheimdienste (CIA, BND) und anderer feindlicher
  Zentren und Kräfte (insbesondere im Bereich der politisch-
  ideologischen Diversion);

1.2.2. Aufbereitung von Erlebnisberichten und Entscheidung über deren Auswertung sowie rechtzeitige Sicherung von dokumentarischem Material (Film-, Ton- oder Video-Aufnahmen) zu den Vorgängen:

- IM "Charlie" und "Nana"
  Verantw.: Abt. IV und X

- IM "Wein"
  Verantw.: Abt. II, AG S und X

- IM "Anna"
  Verantw.: Abt. II, AG OB, X

- IM "Bildhauer"
  Verantw.: Abt. I und X

- IM "Tanne"
  Verantw.: Abt. II und X

- sowie in weiteren derartigen Vorgängen (siehe Anlage) sowie in solchen, die wie auch immer in den nächsten Jahren abgeschlossen werden.
  Verantw.: zuständige Abteilungen der HV A, OB, Abt. X
  Termin: Meldung an Abt. X erstmalig bis 30. 9. 1986, danach laufend

1.2.3. Prüfung der Herausgabe von Büchern, d. h. Erarbeitung von Konzeptionen und Unterstützung von entsprechenden Projekten der ZAIG zu folgenden Themen:

- Spionageroman vor dem Hintergrund des Papstattentates ("Tanz der Skorpione" - Arbeitstitel)
  Verantw.: Abt. X (IM "Bober")
  Termin: 1986

- Neuauflage "Who is who in CIA"
  Verantw.: ZAIG

- Broschüren zu aktuellen Themen, wie imperialistische
  Politik, insbesondere CIA gegen
  . nationale Befreiungsbewegungen
  . Afghanistan, Angola, Mocambique und Nikaragua
  <u>Verantw.</u>: ZAIG (Autor: Mader),
  durch Abt. X Zu- bzw. Mitarbeit
  <u>Termin:</u> 1986/87

- Broschüre über den MAD in der Schriftenreihe "Militär-
  politik aktuell" des Militärverlages
  <u>Verantw.</u>: Abt. X
  <u>Termin:</u> 1986

1.3. <u>Film und Fernsehen</u> (Dokumentationen, Spielfilme) teilweise
die unter 1.2. aufgeführten Themen und andere nutzend:

   1.3.1. Dokumentarfilm über Genossen Generalmajor a. D. Fruck
          <u>Verantw.</u>: Abt. X, Schulungsbeauftragter,
                   ZAIG (Autor: Gen. Bentzien)
          <u>Termin:</u> 1987

   1.3.2. Fertigstellung des Spielfilms "Vera Lenz"
          <u>Verantw.</u>: Abt. XII und VII (Fachberatung),
                   Abt. X (Autor: "Engel")
          <u>Termin:</u> 1987

   1.3.3. Spielfilm - Arbeitstitel "Wissenschaftler für den
          Frieden" (Nutzung des Erlebnisberichtes Klaus Fuchs)
          <u>Verantw.</u>: SWT (Fachberatung),
                   Abt. X (Autor: "Engel")

   1.3.4. Fertigstellung des Filmes "Kampfauftrag Frieden"
          (Kundschafter der Abteilung IV) und Entscheidung
          über seinen Einsatz
          <u>Verantw.</u>: Abt. X und IV, Schulungsbeauftragter
          <u>Termin:</u> III. Quartal 1986

1.3.5. Prüfung solcher Themen und der Möglichkeiten ihrer filmischen Aufbereitung, wie

- Frauen als Kundschafter (aus der Summe mehrerer Vorgänge (u.a. auch IM "Hannelore")
  Verantw.: Abt. X, AG S sowie zuständige Abteilungen
  Termin: 1987/88

- Dokumentar- oder Spielfilm als Fortsetzung zum Film "Erkenntnisse - Bekenntnisse" (Angriffe auf DDR-Auslandskader) für einen internen Einsatz
  Verantw.: Abt. III, IX/B und X
  Termin: 1987 (Konzeption)

- Als Patriot/Kundschafter im faschistischen Geheimdienst und im BND (Grundlage u.a. das Buch von H. Felfe "Im Dienste des Gegners")
  Verantw.: Abt. X in Abstimmung mit HA II
  Termin: 1988/89

1.4. Unterstützung der von der ZAIG geplanten Fernsehepisodenreihe "40 Jahre im Kampf gegen den Feind", die im Hinblick auf den 40. Jahrestag der Gründung der DDR und der Bildung des MfS entstehen soll, durch spezifische Materialien/Erkenntnisse aus der politisch-operativen Arbeit der HV A, mit denen der Nachweis erbracht werden kann, daß entscheidende Schläge gegen den Feind geführt wurden, und zwar auf

- politischem
- militärischem
- geheimdienstlichem und
- wissenschaftlich-technischem Gebiet.

Auswahl geeigneter Vorgänge und Erkenntnisse erfolgt u.a. aus den Materialien des Traditionskabinetts, wie z. B. Aufklärung und Entlarvung

- der Bonner A-, B-, C-Waffenrüstung (Pressekonferenzen, Dokumentationen, Auftritte von Kundschaftern);

- von subversiven und militärischen Plänen und Aktivitäten seitens der BRD gegen die DDR (17. Juni 1953, 13. August 1961);

insbesondere der

- IM "Bruno" (Abt. XII)
- IM "Schatz" (Abt. X und IV)
- IM "Kohle"

<u>Termin:</u> III. Quartal 1986
      danach Aufbereitung geeigneter Materialien

2. Traditionspflege im Rahmen der HV A bzw. des MfS

Die Erfassung und Aufarbeitung von Erkenntnissen, Erlebnis- und Erfahrungsberichten, einschließlich dokumentarischer Materialien in Wort, Schrift, Bild/Film/Video und Ton über

- verdienstvolle Tschekisten/Veteranen
  und
- Kundschafter der HV A

und deren Einsatz im Rahmen der Traditionspflege, insbesondere in der Erziehungs- und Schulungsarbeit sowie bei Foren und Vorträgen, erfolgt wie bisher durch den Schulungsbeauftragten der HV A und die AG OB im engen Zusammenwirken mit den jeweils zuständigen Diensteinheiten und, soweit erforderlich, mit ZAIG/Bereich 6.

Dokument 4

1. Entwurf

Entwurf

REGIERUNG DER DEUTSCHEN DEMOKRATISCHEN REPUBLIK
Ministerium für Staatssicherheit
– Der Minister –

(VVS)

Berlin, 2. Januar 1963

B e f e h l Nr.   /63

Die verbrecherische Aktivität der Ultras in den USA, Westdeutschland und anderen NATO-Staaten gegen die DDR und die anderen sozialistischen Länder äußert sich in der letzten Zeit zu einem wesentlichen Teil in Formen und Methoden der Feindtätigkeit, deren Bekämpfung sehr kompliziert ist und hohe Anforderungen stellt. Die imperialistischen Geheimdienste, Agentenzentralen, staatlichen Dienststellen und von ihnen gelenkte Einrichtungen, die Presse und andere Publikationsmittel forcieren die psychologische Kriegführung unter Anwendung aller erdenklichen Mittel, um einer Entspannung und Verständigung im Kampf um die Sicherung des Friedens entgegenzuwirken. Zur erfolgreichen Bekämpfung dieser feindlichen Absichten und Pläne ist es notwendig, den Gegner durch konzentrierte agitatorische, politisch-operative und spezielle aktive Maßnahmen an seiner Basis und in seinem Hinterland zu treffen, ihn zu entlarven, seine Kräfte zu beunruhigen, zu zersplittern und zu lähmen. Im Interesse der Durchführung dieser Aufgaben und zur weiteren Erhöhung der Schlagkraft des Ministeriums für Staatssicherheit

befehle ich:

I.

1. Im Ministerium für Staatssicherheit wird eine Arbeitsgruppe Agitation gebildet, die sich zusammensetzt aus der Presseabteilung, der Abteilung Spezialpropaganda und einem Zentralreferat

2. Der Leiter der Arbeitsgruppe Agitation ist verantwortlich für die Planung und Koordinierung der gesamten politisch-operativen aktiven Maßnahmen des MfS.

3. Zur Erarbeitung der zentralen Rahmenpläne aktiver Maßnahmen wird ein Planungs- und Koordinierungsstab (PKS) gebildet, der vom Leiter der Arbeitsgruppe Agitation geleitet wird, und dem je nach Notwendigkeit leitende Mitarbeiter folgender Dienstbereiche angehören:

   Zentrale Informationsgruppe
   Hauptverwaltung A
   Hauptabteilung V
   Hauptabteilung II
   Hauptabteilung I
   Arbeitsgruppe Agitation

4. Der Leiter der Arbeitsgruppe Agitation hat in bezug auf die Planung und Koordinierung aktiver Maßnahmen, die durch operative Diensteinheiten des MfS durchgeführt werden, Weisungs- und Entscheidungsrecht. Er kontrolliert die Durchführung der Pläne und erfaßt die geleistete Arbeit durch Berichterstattung der operativen Linien.

II.

5. Der mir vorgelegte Struktur- und Stellenplan der Arbeitsgruppe Agitation ist durch Hauptabteilung Kader und Schulung zu bestätigen. Die Planstellen und Kader der bisherigen Abteilung Agitation und des Arbeitsbereiches VII/F der HVA sind in die Arbeitsgruppe Agitation zu übernehmen.

6. Die mir vorgelegte Arbeitsrichtlinie für die Planung und Koordinierung aktiver Maßnahmen des MfS ist den Leitern der operativen Diensteinheiten und Leitern der Bezirksverwaltungen zuzustellen.

7. Der Leiter der Hauptverwaltung B hat die notwendigen technischen und finanziellen Mittel bereitzustellen, die zur Durchführung der Arbeiten in der Arbeitsgruppe Agitation benötigt werden. Die Mittel der bisherigen Abteilung Agitation und entsprechende Mittel der HVA sind in die Arbeitsgruppe Agitation zu übernehmen.

III.

8. Der Leiter der Arbeitsgruppe Agitation untersteht dem Minister. Er arbeitet in Teilfragen mit meinen zuständigen Stellvertretern zusammen.

Dieser Befehl tritt mit sofortiger Wirkung in Kraft.

gez. Mielke
- Generaloberst -

Abteilung Agitation   Berlin, den 7.3.1963

                                                 Streng vertraulich

                          A k t e n n o t i z

Betr.: Aussprache mit Gen. Generalmajor Wolf über die Vorlage
       " Arbeitsgruppe Agitation ".

Am 6.3. hatte ich eine eingehende Aussprache mit Gen. Generalmajor
Wolf über die von mir ausgearbeitete Vorlage zur Schaffung einer
Arbeitsgruppe Agitation.

Gen. Wolf erklärte, der Strukturvorschlag sei theoretisch gesehen
durchaus brauchbar und zweifellos könne man mit einer solchen Struktur auch arbeiten. Er sei jedoch dagegen, weil die Vorlage davon ausgehe, seinen Arbeitsbereich VII F unter dem Gen. Major Wagenbreth von
der HVA wegzunehmen. Gen. Wolf geht davon aus, daß er den Bereich
VII F für seine Führungs- und Leitungstätigkeit in der HVA brauche
und daß er durch Übernahme dieses Bereiches durch die Arbeitsgruppe Agitation eines wichtigen Arbeitsorgans verlustig gehe, das unbedingt zur
Kompetenz der HVA gehöre. Wenn der Bereich VII F zur Arbeitsgruppe
Agitation komme, dann habe er als Leiter der Aufklärung infolge des
veränderten Unterstellungsverhältnisses keinen Einfluss mehr auf diesen Arbeitszweig, der zur Aufklärung gehöre.

Gen. Wolf schlug vor: Der zentrale Planungs- und Koordinierungsstab
solle geschaffen werden und dazu eine kleine Arbeitsgruppe, die die
praktischen Planungs- und Koordinierungsaufgaben durchführt. (Der
von mir entworfene Befehl könne deshalb in Kraft gesetzt werden, wenn
die Festlegung gestrichen werde, die die Einbeziehung des Bereiches
VII F der HVA in die Arbeitsgruppe Agitation betrifft). Parallel dazu
will Gen. Wolf seinen Bereich VII F weiter ausbauen.
Gen. Wolf erklärte weiter, er habe nichts dagegen, wenn auch die Agitation in ihrem Bereich fiktive Maßnahmen und Lancierungen ausbaue.
Das ganze könne ja durch den Planungs- und Koordinierungsstab koordiniert werden. Gen. Wolf ist weiter dafür, daß die ganze Archivforschung
und Auswertung von der Agitation wahrgenommen wird und daß auch der
technische Hauptapparat der fiktiven Maßnahmen (Westpapierverwaltung,

Verwendung der Schreibmaschinen usw.) bei der Agitation liegt. Über alle diese Fragen könne man reden.

Ich vertrete im Gegensatz dazu die Meinung: Eine solche Lösung würde die Arbeit in diesem Bereich nicht eigentlich zentralisieren. Der Weg des kleinen Anfangs zur Zentralisierung dürfte mittlerweile überholt sein. Nur durch eine wirkliche Konzentration der Kräfte von Aufklärung und Abwehr, d.h. durch die Schaffung eines Arbeitsorgans unter dem Minister, das die Möglichkeiten beider Bereiche nutzen und beiden Bereichen Hilfe geben kann, können größere Erfolge erzielt werden.

In meiner Vorlage gehe ich davon aus, daß das Referat I der Abteilung Spezialpropaganda - Aktive Maßnahmen - die Arbeitsgruppe ist, (die auch Gen. Wolf für richtig hält) die als Arbeitsorgan des Planungs- und Koordinierungsstabes die praktischen Seiten der Planungs- und Koordinierungsarbeit in Zusammenarbeit mit allen Linien wahrnimmt.
Mit dem Referat II möchte ich erreichen, daß ein maximaler Teil aller fiktiven Maßnahmen von Abwehr und Aufklärung konzentriert, die technischen Möglichkeiten unter Beachtung der Konspiration in einer Hand zusammengefasst und Arbeitserfahrungen - die nötige Spezialisierung - erreicht werden, die von den Referaten Linien infolge des Charakters der Arbeit nicht erreicht werden können und deshalb größere Wirksamkeit versprechen.

Bezüglich des Referates III - Lancierungen - gehe ich wesentlich davon aus, daß diese Arbeit vom sachlichen durchaus Agitationsarbeit ist und zwar die Ausweitung der Agitationsarbeit auf die ausländische Presse. Das auf diesem Gebiet die HVA infolge ihres Charakters wesentlich helfen kann, liegt auf der Hand, besagt aber noch lange nicht, daß die Lancierung d.h. die Verbreitung unserer politisch-agitatorischen Erwägungen in der Feind- und Auslandspresse unbedingt Aufklärungsarbeit ist.

Der HVA muss zweifellos zugestanden werden, daß sie ein eigenes Arbeitsorgan dieser Art hat, um die inneren Möglichkeiten der HVA zu erfassen und damit zugleich zu gewährleisten, daß die Konspiration der Vorgänge bei den Linien der HVA gewahrt bleibt, weil sich dann HVA-Fremde nicht mehr direkt an die Linien der HVA wenden brauchen. Dieser Apparat aber kann meiner Meinung nach bescheiden sein und sollte dieselbe Rolle spielen, die die speziell für ZER-Arbeit verantwortlichen Mitarbeiter in den Hauptabteilungen der Abwehr spielen: Als Mitglied des Planungs- und Koordinierungsstabes der Verbindungsmann auch zur Abteilung Spezialpropaganda zu sein, der die Linie der jeweiligen Leitung der Diensteinheit vertritt und die Fragen der konkreten Zusammenarbeit wahrnimmt, wobei die Disziplinargewalt und Kontrolle durch den jeweiligen Dienstvorgesetzten gewährleistet ist.

(H a l l e)
Oberstleutnant

Dokument 5

Definition

der Begriffe "spezielle aktive Maßnahmen" und
"spezialpropagandistische Maßnahmen".

I. Spezielle aktive Maßnahmen

Dieser Begriff umfaßt im einzelnen:

1.) Anfertigung von Drohbriefen, anonymen Briefen und Flugblättern, die im Bereich des Gegners verbreitet werden mit dem Ziel,
   - zu desinformieren,
   - den Gegner zu beschäftigen,
   - Verwirrung und Zersetzung hervorzurufen,
   - bestimmte Personen und Sachstände zu entlarven, und
   - politische Gegensätze zu verschärfen,

   so daß direkt oder indirekt progressive Kräfte im Lager des Gegners in ihren Bestrebungen unterstützt werden.

2.) Mit gleicher Zielsetzung Anfertigung fiktiver Schriften (gedruckt oder hektographiert), unter Verwendung realer oder erfundener Kopfbögen, Stempel und Unterschriften, mit Ausnahme solcher fiktiven Druckerzeugnisse, die in regelmäßigen Abständen (Periodika) hergestellt und im Gebiet des Gegners verbreitet werden.

3.) Durchführung von Maßnahmen, die geeignet sind, über die bereits erwähnten Mittel und Methoden hinaus, politisch psychologische Reaktionen im Bereich des Gegners hervorzurufen. Z.B.:
- fingierte Warenbestellungen,
- Telefonanrufe zum Zwecke der Drohung und Verwirrung,
- Durchführung von Schmierereien im Bereich des Gegners.

II. "Spezialpropagandistische Maßnahmen

Dieser Begriff umfaßt die Anfertigung periodisch erscheinender fiktiver Schriften, unter Verwendung realer oder erfundener Kopfbögen, Stempel und Unterschriften.
Auch diese Maßnahmen zielen darauf ab, ähnliche Reaktionen im Bereich des Gegners hervorzurufen, wie es bei der Durchführung spezieller aktiver Maßnahmen angestrebt wird.

Dokument 6

Genossen Minister

zur Information

Kampagne gegen Lübke

Am Mittwoch, dem 2. 2. 1966 fand beim Genossen Albert Norden eine Beratung über die Weiterführung der Kampagne gegen Lübke statt, an der folgende Genossen teilnahmen:

- Genosse Heinz Stadler — Büro Norden
- Genosse Max Schmidt — Sekretär der Westkommission
- Gen. Eberhard Heinrich — Agitationskommission
- Genosse Prof. Kaul
- Genosse Oberstltn. Halle — MfS

Es wurden folgende Fakten diskutiert und die notwendigen Festlegungen getroffen:

1. Pressefahrt nach Leau – Neu-Staßfurt

Am Dienstag, dem 8. Februar und Mittwoch, dem 9. Februar 1966 werden

a) 10 westdeutsche Journalisten aus dem Kreis der Westberliner Korrespondenten,

b) 5 Korrespondenten ausländischer Presseorgane aus dem kapitalistischen Ausland und

c) Journalisten der DDR

in Begleitung je eines Mitarbeiters des MfAA, des Presseamtes und des Nationalrates nach Leau und Neu-Staßfurt fahren, um sich an Ort und Stelle unmittelbar über die von Lübke errichteten KZ-Anlagen zu informieren.
Es wird ihnen Gelegenheit gegeben mit ehemaligen Häftlingen dieser KZ und anderen Zeugen zu sprechen.

Von seiten des MfS wird der Pressebesuch durch einen Mitarbeiter der Abteilung Agitation am Ort vorbereitet, soweit es sich um Zeugen handelt, über die wir verfügen.

Die zuständigen Kreisdienststellen des MfS werden informiert und treffen alle von unserer Seite her notwendigen Vorkehrungen.

2. Über ZK wird organisiert, daß ein ehemaliger französischer
Häftling des von Lübke errichteten KZ Neu-Staßfurt bei
einem namentlich feststehenden französischen Anwalt eine
zivilrechtliche Klage gegen Lübke anstrengt.
Der französische Anwalt reicht diese Klage an Prof. Kaul,
seinen Korrespondentenanwalt in der DDR, mit der Bitte um
Wahrnehmung der Klage.

Daraufhin wird von Prof. Kaul als Vertreter des französischen
Klägers beim Kreisgericht in Staßfurt eine zivilrechtliche
Klage gegen Lübke angestrengt.

Dieses Verfahren wird entsprechend politisch-agitatorisch
ausgewertet. Im Rahmen dieser Auswertung kann Prof. Kaul
in Westdeutschland auftreten, da das Gerichtsurteil zwecks
Vollstreckung an westdeutsche Gerichtsbehörden übergeben
wird.

3. Auf Grund der vor einigen Tagen von Lübke abgegebenen Erklärung, daß er die auf der Pressekonferenz gezeigten
Originaldokumente über die Errichtung von KZ-Bauten, insbesondere bezüglich seiner Unterschrift verleugnet, wird
eine Aktion vorbereitet, Lübke durch international bekannte
Schriftsachverständige der Lüge zu überführen.

Es wurde festgelegt, daß

a) Prof. Kaul über den Westberliner Anwalt Scheidt einen
Westberliner Schriftsachverständigen,

b) der Genosse Max Schmidt über den Parteiweg einen
französischen Schriftsachverständigen und

c) das MfS über die Generalstaatsanwaltschaft den polnischen
Professor Horoszowski (H. ist international anerkannt; er
arbeitete damals beim Globke-Prozeß ein Gutachten für
uns aus)

gewinnen.

4. Im Anschluß an die Sitzung bat mich Genosse Norden unter
vier Augen, ob es dem MfS nicht möglich sei, die Kampagne
gegen Lübke durch spezielle aktive Maßnahmen in Westdeutschland zu unterstützen.

Er hatte dabei insbesondere folgende Vorstellungen:

a) Lancierung des Lübke-Materials in westliche Presseorgane;

b) Maßnahmen, um den Diffamierungsprozeß um Lübke zu
fördern, wobei die sich durch die Koalitionsfrage
gebildeten Fraktionen innerhalb der CDU/CSU ausgenutzt werden könnten;

c) Organisierung des öffentlichen Auftretens eines prominenten FDP-Funktionärs, der unter Berufung auf den "einwandfreien" ehemaligen FDP-Bundespräsidenten Heuss die sich aus der Vergangenheit ergebende Disqualifikation Lübkes für das Amt des Bundespräsidenten feststellt.

Ich schlage vor, eine Durchschrift dieser Information an Genossen Generalleutnant Wolf zu geben, mit der Bitte, die Möglichkeiten zur Realisierung des Punktes 4 durch die HVA zu prüfen.

Leiter der Abteilung Agitation

H a l l e
Oberstlrn.

Dokument 7

100534

33/68

Ministerrat der
Deutschen Demokratischen Republik
Ministerium für Staatssicherheit
Hauptabteilung IX

Bestätigt: *Mielke*
Generaloberst

Vertrauliche Verschlußsache
MfS 008 Nr. 66/68
1.... Ausfertigungen
1.... Ausfertigung .... 13... Blatt

Berlin, den 1. 2. 1968

Durchführungsbestimmung Nr. 2
zum Befehl   39 /67

Inhalt: Die politisch-operative Tätigkeit der Hauptabteilung IX/11 zur Entlarvung und Verfolgung von Nazi- und Kriegsverbrechen

Mit Wirkung vom 1. 2. 68 wurde in der Hauptabteilung IX des Ministeriums für Staatssicherheit die Abteilung 11 gebildet.

Die Hauptabteilung IX/11 hat durch ihre Tätigkeit alle im Bereich des Ministeriums für Staatssicherheit vorhandenen und aus sozialistischen Staaten und anderen Quellen noch zu beschaffenden Dokumente aus der Zeit des Faschismus systematisch zu erfassen und für die politisch-operative Arbeit nutzbar zu machen, um

- alle in Westdeutschland und auf dem besonderen Territorium Westberlin lebenden, im Staats-, Wirtschafts- und Militärapparat sowie in Parteien und Organisationen tätigen Nazi- und Kriegsverbrecher, ehemals aktiven Nazis, faschistischen Agenturen und Militärs zu entlarven,

- die politisch-operative Tätigkeit anderer operativer Linien des Ministeriums für Staatssicherheit durch die Übergabe zur operativen Nutzung geeigneter Archivmaterialien zu unterstützen,

- Ermittlungsakten gegen Personen zu schaffen, die Kriegsverbrechen oder Verbrechen gegen die Menschlichkeit begangen haben,

- den Rechtshilfeverkehr des Generalstaatsanwaltes der Deutschen Demokratischen Republik mit anderen sozialistischen Staaten, Westdeutschland, dem besonderen Territorium Westberlin und dem kapitalistischen Ausland auf dem Gebiet der Verfolgung von Kriegs- und Naziverbrechen zu unterstützen und abzusichern,

- spezielle Forschungsaufträge zu erfüllen.

In Erfüllung dieser Schwerpunktaufgaben sind von der HA IX/11 zielgerichtet und sinnvoll alle Möglichkeiten der politisch-operativen Arbeit zu nutzen und die Zusammenarbeit und Koordinierungstätigkeit mit anderen Diensteinheiten des Ministeriums für Staatssicherheit, staatlichen Organen und Institutionen sowie Organisationen zu gewährleisten.

In der politisch-operativen Arbeit ist ständig der Grundsatz zu beachten, daß alle Originaldokumente und Kopien operative Materialien sind, die in keiner Weise (z. B. durch Notizen, Numerierung usw.) verändert werden dürfen, um deren Beweiskraft nicht zu mindern.

Dokument 8

III. Beispiele der Operativen Agitation

1. Aktuelle Publikationen

Diese Methode der Agitationsarbeit wird zur Vorbereitung und Absicherung bestimmter Maßnahmen der operativen Arbeit des MfS und zur Zerschlagung der Feindpropaganda entsprechend der spezifischen Aufgaben des MfS angewandt. Veröffentlichungen dieser Art werden in Form von Meldungen im Arbeitsbereich der operativen Agitation abgefaßt und im Prinzip als ADN-Meldung verbreitet.

Dabei werden u. a. folgende Komplexe erfaßt:

- Anschläge gegen die Staatsgrenze und gegen die Sicherheit des Reiseverkehrs über die Grenzkontrollstellen der DDR;

- Konterpropaganda gegen den Feind (Entlarvung und Zurückweisung von Hetz- und Lügenmeldungen der westlichen Publikationsorgane gegen die DDR);

- Neonazistische Umtriebe der NPD in Westdeutschland und Westberlin;

- Charakter, Ziele und Rolle der westdeutschen Bundeswehr.

Veröffentlichungen: Presse, Rundfunk, Fernsehen
  1968 - 330
  1969 (1. Halbjahr) - 82

4. **Spezielle Informationsgebung an Partei und Regierung:**

Es erfolgt eine ständige und systematische Analyse der in die DDR gelangenden Hetzschriften westdeutscher Herkunft. Diese Analysen werden zur Veranlassung entsprechender Maßnahmen auf politisch-ideologischem Gebiet nachstehend aufgeführten Partei- und staatlichen Institutionen zur Verfügung gestellt.

ZK - Büro Norden
ZK - Agitationskommission
Staatssekretariat für westdeutsche Fragen

Im Jahre 1968 wurden 8 solcher Analysen angefertigt und im 1. Halbjahr 1969 6 Analysen.

5. **Agitationsarbeit an den GÜST:**

Entsprechend dem Beschluß des Sekretariats des ZK über die Verbesserung der schriftlichen Agitation nach Westdeutschland vom 2. 11. 1966 wurde die Instruktion 1/68 des Minister für Staatssicherheit erlassen, nach der eine Koordinierung und Kontrolle des Vertriebes von Agitationsmaterial an den GÜST durchgeführt und die Wirksamkeit der Materialien eingeschätzt wird. Es handelt sich dabei vorwiegend um Agitationsmaterial, das vom Nationalrat der Nationalen Front und des Staatssekretariats für westdeutsche Fragen herausgegeben wird. In Form von Zeitungen, Zeitschriften und Broschüren werden die dem westdeutschen und Westberliner Bürger meist entstellt bekannten sozialistischen Errungenschaften der DDR den Tatsachen entsprechend vermittelt. Weiter wird zumeist an Hand aktueller Ereignisse in Westdeutschland die imperialitische Politik Bonns entlarvt.

Durch entsprechende Arbeitsverbindungen zu den Herausgebern wird Einfluß auf den zweckentsprechenden Vertrieb genommen und die Herausgeber über die Wirksamkeit der Materialien informiert, um gegebenenfalls Maßnahmen zur Erhöhung der

Wirksamkeit einzuleiten. Auf diese Weise wird auch gewährleistet, daß rasche Nachlieferungen besonders gefragter Publikationen an die GÜST erfolgen.

Die kostenlose Abgabe bzw. der Verkauf solcher Publikationen umfaßt ca. 20 regelmäßig erscheinende Titel und eine Reihe zu aktuellen Anlässen herausgebrachte Schriften. Der Umfang der Publikationen beträgt im Vierteljahr ca. 200 000 Stück
- wie im 1. Quartal 1969 - und hat eine ständig ansteigende Tendenz.

Dokument 9

iterna zum SFB — 3 — ZAIG 17 53451/85

Streng vertraulich

Information G/41838/28/11/85   AG 4

Zuverlässig gelangten Hinweise zu internen Problemen des Senders
Freies Berlin (SFB) zur Kenntnis, die im einzelnen

- den möglichen Einsatz eines leitenden Mitarbeiters des SFB als "Berater" für den SFB-Intendanten und

- die Programmentwicklung des SFB im Konkurrenzkampf zum Sender RIAS

betreffen.

1. Den vorliegenden Angaben zufolge sind Kreise der Westberline CDU, die den SFB-Intendanten,

LOEWE, Lothar,

bei dessen gegenwärtigen Auseinandersetzungen innerhalb des Senders unterstützen, bestrebt, Loewe einen fähigen "Berater" zur Seite zu stellen. Ausgangspunkt für diese Überlegungen war die Annahme, daß Loewe, trotz der bisherigen Durchsetzung seiner Maßnahmen und Pläne, auch in Zukunft weiteren Anfeindungen von "linksgerichteten" Mitarbeiterkreisen des SFB ausgesetzt sein wird. Loewe habe zwar nach wie vor Rückenstärkung von seiten der CDU und seines Rundfunkrates, habe auch bewiesen, daß er gute Ideen zur grundlegenden Umgestaltung des Senders bzw. der Sendetätigkeit entwickeln könne, sei aber gleichzeitig leider nicht in der Lage, sich durch die Anwendung akzeptabler Mittel und Methoden auch die Zustimmung und den Respekt großer Teile seines Mitarbeiterbestandes zu sichern. Dies resultiere vor allem aus seinem ▓▓▓▓▓ und ▓▓▓▓▓ an ▓▓▓▓▓, was der "Berater" unbedingt "ausgleichen" müsse.

Gegenwärtig ist in Kreisen der CDU bereits intern ein Name eines solchen möglichen Beraters im Gespräch, der bisher noch absolut vertraulich behandelt wird, um nicht bereits von vornherein Aktivitäten gegen ihn auszulösen. Es handelt sich dabei um den derzeitigen Leiter der Abteilung ▓▓▓▓▓ in der Hauptabteilung Sendeleitung/Hörfunk,

▓▓▓▓▓ (keine weiteren Angaben).

▓▓▓ selbst wurde bereits daraufhin angesprochen und gab ▓ch mit Vorbehalt seine Zustimmung, befürchtet jedoch, ▓aß er dem nervlichen Streß nicht gewachsen sein könnte. ▓r erwartet, einerseits unter Loewes ▓▓▓▓▓ leiden ▓ müssen und andererseits ständig die Angriffe der SFB-▓itarbeiter auf sich zu ziehen, wenn er zwischen Loewe ▓nd den Journalisten bzw. Mitarbeitern ▓▓▓▓, ▓▓▓▓ und ▓▓▓▓▓▓ soll.

In CDU-Kreisen wird ▓▓▓ als der geeignetste Mann für die Funktion eines "Beraters" angesehen. Er sei klug, standfest, ruhig und besonnen, verfüge über politische "Sensibilität", kenne sich hervorragend in den Problemen des SFB aus, was er bereits mehrfach durch seine Entscheidungen bzw. durch seine Tätigkeit unter Beweis gestellt habe, kurz: er sei für Loewe ein "idealer Partner". Insbesondere im Rahmen der gegenwärtigen Auseinandersetzungen im SFB habe er schon mehrfach die "Wogen geglättet", so daß er eine ▓▓▓▓e noch weitere Eskalation verhindert habe. Damit habe ▓▓ der CDU große Dienste erwiesen.

Gegenwärtig ist ▓▓▓ bestrebt, sich von Freunden und Bekannten bzw. Parteifreunden in bezug auf seine Entscheidung beraten zu lassen. In diesem Zusammenhang will er sich demnächst vertrauensvoll an den Leiter der Hauptabteilung ▓▓▓ und ▓▓▓▓▓▓▓ der CDU-Bundesgeschäftsstelle, ▓▓▓▓▓▓ wenden, der ihn bereits des öfteren beraten hat. ▓▓▓ selber und auch alle in den Vorgang eingeweihten Personen legen dabei Wert auf vorläufige absolute Diskretion, um den Plan nicht von vornherein bekannt werden zu lassen und damit zu vereiteln.

▓▓▓▓ beabsichtigt, ▓▓▓ auch unter dem Aspekt zuzuraten, daß Loewe vermutlich nach Beendigung seiner derzeitigen Amtszeit nicht wieder zum Intendanten gewählt werden wird.

Als erste Aufgabe könnte ▓▓▓ dann z. B. verhindern, daß der derzeitige stellvertretende ▓▓▓▓▓ des SFB- Fernsehens,

▓▓▓▓▓▓▓

Nachfolger des bisherigen ▓▓▓▓▓▓ (HUrfunk und Fernseher ▓▓▓▓▓▓),

wird, wofür er z. Z. der aussichtsreichste Kandidat sei, und in der Zukunft, falls Loewe nicht wieder gewählt werde, sich über diese Funktion den Intendantenposten "aneigne".

2. Die Intendanz des SFB schätzt ein, daß der SFB in den letzt Monaten deutlich Zuhörer verloren hat. Dies sei insbesondere a

starken Konkurrenz durch das Programm des RIAS 2 zuzuschreiben. Dieses ganztägige Programm im Magazinstil mit viel "heißer Musik" vor allem für Jugendliche und stündlich nur drei sehr kurz gehaltenen Wortbeiträgen (3. 30 min) ziehe dem SFB viele Hörer ab. Das Lächeln über die "ganz unprofessionelle Art" der neuen Moderatoren des RIAS 2 sei den SFB-Journalisten deshalb inzwischen vergangen.

Auch aus der DDR liegen im SFB bereits Erkenntnisse vor, denen zufolge viele Jugendliche nur noch RIAS 2 hören, und dies insbesondere in Gruppen (Lehrlinge, Werkstätten u. ä.).

Es bleibe nur zu hoffen, daß dieser "Hörerschwund" z. T. auf Neugier beruhe und sich wieder einpegele. Gleichzeitig versuche der SFB, sich auf die neuen Bedürfnisse der Hörer einzustellen. Er kürze Wortbeiträge und sende Musiktitel nach streng vorgeschriebenen "Anteil-Rastern", die die Musikmischung und -zusammenstellung für jede Sendestunde genau bestimmen.

"Enthüller" Günter Wallraff

Der Mann, der bei der Stasi "Walküre" war

Berlin. Sensationelle Enthüllungen über einen Enthüller: Günter Wallraff, 48, Journalist und Buchautor, soll mit der Stasi gekungelt haben – auch bei seinen Aktionen gegen die "Bild"-Zeitung.

Wallraff soll unter den Decknamen "Wagner" und "Walküre" seit 1968 in den Stasi-Akten geführt worden sein. Die Stasi soll Wallraff auch für seine Rollen als Enthüllungsjournalist geschult haben. Ziel: Destabilisierung der westdeutschen Medien.

Wallraffs Idee, sich als "Hans Esser" in die Redaktion der "Bild"-Zeitung einzuschleichen (März bis Juli 1977 bei "Bild" Hannover), sei bei der Stasi auf Begeisterung gestoßen. Stasi-Anweisung an Wallraff: "Weiter am Springer-Verlag dranbleiben, das ist enorm wichtig für uns".

Stasi-Informant Wallraff sei in der Hauptverwaltung Aufklärung ganz oben bei Stasi-Spionagechef Markus Wolf geführt worden.

Für die Treffs mit dem Führungsoffizier, Oberstleutnant Heinz Dornberger, habe Wallraff mehrmals eine konspirative Wohnung in der Charlottenburger Straße (Pankow) benutzt. Dort soll er auch Berichte über die politische Linke der Bundesrepublik diktiert haben.

Ein Beamter des Bundeskriminalamts in einer Lagebesprechung zum Fall Wallraff: "Wallraff hat Geld von der HVA (Hauptverwaltung Aufklärung) erhalten. Wallraff wurde aktiv unterstützt bei seinen diversen Identitätswechseln. Wallraff hat Informationen gebracht."

Stasi-Führungsoffizier Dornberger (Deckname "Gebhardt") unterhielt einen eigenen Instrukteur für Wallraff. IMB (Informant mit Feindberührung) soll Hans-Joachim S. gewesen sein, heute Chefredakteur einer Tierzeitung. Nach Informationen der .BZ ist S. in einem Fall auch gemeinsam mit Wallraffs Ehefrau mit dem Schriftsteller Heinrich Böll zusammengetroffen.

Wallraff soll sich zu seinen konspirativen Treffs mit dem Führungsoffizier unter der Ostberliner Rufnummer 5594993 in der Normannenstraße gemeldet haben. Er meldete sich angeblich so bei der Sekretärin: "Geben Sie mir Apparat 535" – das Stichwort für Führungsoffizier Dornberger alias "Gebhardt". Mit ihm verabredete Wallraff Uhrzeit und Kontrollstelle für die Einreise nach Ostberlin. Die Grenzer ließen Wallraff ohne Kontrollen und Paßstempel passieren.

Wallraff gestern zu den Vorwürfen: "Eine Verleumdungskampagne". Und: Er will klagen. Er habe nie für das Stasi-Ministerium gearbeitet, lediglich "einige Male" Einblick in DDR-Archive nehmen dürfen.

Wallraff wurde Ende der 70er Jahre durch sein Buch "Der Aufmacher" über angebliche Praktiken der "Bild"-Zeitung bekannt. Nach einem Urteil des Bundesverfassungsgerichts durfte sein Buch nur noch mit geschwärzten Passagen erscheinen.

Wallraff-Freund und früherer KP-Autor Bernt Engelmann ("Wir da oben – Ihr da unten") hat bereits Stasi-Kontakte gestanden.

Stasi-Verdacht: Günter Wallraff, 48, Autor und Enthüllungs-Journalist

Auch Wallraff (Türke Ali) von Stasi gelenkt?

Schwerer Verdacht gegen Günter Wallraff (49), den gefeierten Enthüllungsjournalisten der alten Bundesländer. In vielen Verkleidungen und unter falschen Namen schlich er sich in Versicherungskonzerne,

Enthüllungsjournalist G. Wallraff

Zeitungsverlage und große Industrieunternehmen ein.

Er schrieb darüber Bücher, die in Millionenauflage erschienen. Jetzt kommt heraus: Seit 1968 hatte Wallraff mit dem Decknamen „Wagner" und „Walküre" regelmäßige Kontakte mit dem Ministerium für Staatssicherheit, besprach seine Pläne mit hohen Stasi-Offizieren, nahm die Hilfe von Mielkes Ministerium in Anspruch. Ein hoher HVA-Offizier zu SUPER!: „Wallraff war einer unserer wichtigsten Einfluß-Agenten zur Destabilisierung der Bundesrepublik."

Einfluß-Agent, das wissen hier nur wenige heißt nicht Spitzel. Es heißt auch nicht Spitzel. Mit ihren Einfluß-Agenten wollte die Abteilung Desinformation der Stasi nach den erklärten Willen von Markus Wolf den Rechten Schaden und den Linken nutzen.

Dazu waren die Medien in der alten Bundesrepublik äußerst wichtig. In ihnen wurde das Bild der politischen und wirtschaftlichen Landschaft verzerrt und so dargestellt, wie die Stasi es wollte.

Wallraffs Kontakte mit der Stasi begannen nach Aussage eines hohen HVA-Offiziers 1968 im Rostocker Hotel Warnow. Dort traf er mit seiner Frau Birgit, einer Nichte Heinrich Bölls, alte Freunde, die ihn mit Herrn Dr. Hans-Joachim Swarovski, der Wallraff unter den Decknamen „Grabowski" vorgestellt hatte und später erst inoffizieller werden sollte, bekannt machten. Beim gleichen Treffen war auch Oberstleutnant Heinz Dornberger anwesend. Er wurde Wallraffs unter seinem Decknamen „Gabherd" vorgestellt. Man vereinbarte Treffen für die Zukunft, und Wallraff den Grabowski bei Wies-Reisen aufnehmen

sollte. Günter Wallraff bekam die Ost-Berliner Telefonnummer 166 49 93. Wo er nach dem Apparat 535 fragen sollte. Es wurde zwischen Gerhardt und Wallraff ein Termin und die Grenzübergangsstelle vereinbart, damit Wallraff keine Paßformalitäten über sich ergehen lassen mußte.

Treffen fanden im konspirativen Objekt Charlottenstraße in Berlin-Pankow statt. Hausmeister Horst Ludwig und Köchin Heide Hennig konnten sich noch gut erinnern.

Unter seinem Decknamen „Wagner", später „Walküre", besprach er mit Dornberger seine nächsten Projekte.

Das größte Aufsehen erregte die „Medienfalle" der sozialen Empörung (FAZ) als er sich bei der Bild-Zeitung in Hannover einschlich. Das war keine Idee der Stasi. Das war seine eigene Idee, die

er der Stasi vortrug. Sein Führungsoffizier war begeistert und stellte ihm den Auftrag: „Reißer an Springer dran bleiben. Das ist für uns sehr wichtig."

Als „Türke Ali" schlich er sich in Siemenskonzern Thyssen ein, um die angeblich schlechte Behandlung von Gastarbeitern anzuprangern.

Eine große Rolle präparierte ihm die Stasi mit konspirativen Schminkkosten und falschen Dokumenten.

Mit seinen Kollegen Bernd Engelmann schrieb er gemeinsam das Buch „Ihr da oben – wir da unten". Ergebnis hat mittlerweile zugestehen, mit der Stasi zusammengearbeitet zu haben.

Wallraff streitete gegenüber täglich gegen. Der Verdacht gegen ihn sei eine „Wirkungs-Kampagne". Er habe nie für das Stasi-Ministerium gearbeitet, sondern lediglich „einige Male" Einblick in DDR-Ar-

chiven nehmen dürfen, wobei es meist um die Nazi-Vergangenheit bestimmter Personen gegangen sei. Darin log er. SUPER! habe ihn nicht um eine Stellungnahme zu den Vorwürfen gebeten. Falsch. Kollege SUPER! sprach gestern um 15 Uhr 30 erst mit ihrem Verlag, ganz mit ihrem Kölner Büro. Dort wurde uns mitgeteilt: „Herr Wallraff ist in die Stadt gegangen, er wird sobald melden, wenn er zurückkommt." Als nach einer halben Stunde noch kein Anruf erfolgte, versuchte SUPER! ihn im Zehnminuten-Abstand zu erreichen. Vergeblich.

Noch eine Lüge: Wallraff behauptete gegenüber dpa, er habe am 22. Januar bei der Gauck-Behörde angefragt, ob über ihn dort eine „Opfer-Akte" vorliegt. Der Sprecher der Behörde: „Wallraff hat sich nicht um eine Akteneinsicht bemüht."

Wallraff – Sein Führungsoffizier: „Ich verrate ihn nicht"

Günter „Wagner", „Walküre" Wallraff (49)

Während die deutschen Zeitungen gestern den SUPER!-Bericht über die Zusammenarbeit des Schriftstellers Günter Wallraff („Türke Ali") mit dem Ministerium für Staatssicherheit zitierten, sprach SUPER! mit Wallraffs ehemaligem Führungsoffizier. Der Ex-Stasi-Major Heinz Dornberger (49) sagte: „Das Kapitel Wallraff ist für mich abgeschlossen. Ich werde ihn nicht verraten."

Dornberger, seit Chef, Ex-Oberst Rolf Wagenbreth (62), und seine Offizierskollegen auf der Stasi-Hauptabteilung „Desinformation" haben sich geschworen: „Von uns erfährt keiner was."

Und doch sind sie völlig aufgeregt, denn einer von ihnen hat den „Schwur" gebrochen und „gesungen". Eine Wallraff-Akte des Bundeskriminalamts liegt bereits auf dem Tisch der Bundesanwaltschaft, die gestern mit den Voruntersuchungen begonnen hat.

Führungsoffizier bestätigt

Dr. Hans-Joachim Swarovsky, der Mann, der Wallraff 1962 mit seinem späteren Führungsoffizier Dornberger im Rostocker Hotel „Warnow" zum ersten Mal zusammengebracht hatte, sprach gestern früh mit SUPER!: „Ich habe euren Bericht gelesen. Es stimmt alles." Dr. Swarovsky war Wallraffs erster Stasi-Instrukteur.

Wallraff: Stasi „gerechnet"?

Wallraff hätte die Gelegenheit gehabt, ausführlich in SUPER!, bei der ARD und im ZDF zu den Stasi-Vorwürfen Stellung zu nehmen. Er wollte nicht. Nur dpa gegenüber ließ er sich, „einige Male" in DDR-Archiven genommen zu haben, wobei es „meist" um die Nazi-Vergangenheit bestimmter Personen gegangen sei.

Was heißt das: „meist"? Wie oft war „meist"? Und da „meist" eben auch „nicht immer" heißt – wonach hat er sonst noch gesucht? Wieder Schweigen statt einer Antwort. Dafür eine Antwort auf die Frage, die der Kölner „Express" gestellt hat: „Können Sie Stasi-Agenten?"

Wallraff: „Der sind ein paar Leute begegnet, die rochen danach."

Warum, fragten sich gestern viele, ist die große Fernsehberichterstattung über den SUPER!-Bericht verfolgt hatten, war das Interesse der Stasi an Wallraff so groß?

„Abnorme Persönlichkeit"

Während seiner Bundeswehr-Zeit (1962) war Wallraff zehn Monate zur Beobachtung in einem psychiatrischen Lazarett, aus dem er als „abnorme Persönlichkeit, verwendungsunfähig auf Dauer" entlassen wurde.

Von da an arbeitete er „abnorm" als alle anderen deutschen Journalisten. Seine „Enthüllungsgeschichten" über das angeblich verrottete westdeutsche System. Unter falschen Namen. Mit falschen Bärten.

Ex-Stasi-Major Heinz Dornberger (49), Wallraffs Führungsoffizier, letzte Woche in Berlin

Linke Medien küßten ihn seine Manuskripte aus der Hand. Die DDR verlieh ihm einen Staatspreis, führte seine „Wallküre" in den Staatsbürgerkunde-Unterricht an den Schulen ein.

Gestern abend ließ er in seinem „Hausagentur" dpa vermelden, er wolle SUPER! verklagen.

Dokument 11

Versicherung an Eides Statt von ▮▮▮▮▮▮▮▮▮▮▮▮
▮▮▮▮▮▮▮▮▮▮▮▮
▮▮▮▮▮▮▮▮▮▮▮▮

Eidesstattliche Versicherung

In Kenntnis der Strafbarkeit einer falschen eidesstattlichen Versicherung vor Gericht, erkläre ich, ▮▮▮▮▮▮▮▮▮▮▮▮ ▮▮▮▮▮▮▮▮▮▮▮▮ an Eides Statt zur Vorlage bei Gericht:

Ich war von Ende Mai 19▮▮ bis Sommer ▮▮▮▮ ▮▮▮▮▮▮▮▮▮▮▮▮ bei der Zeitung "Super" in Berlin angestellt. Zu unseren Geschichten und Fotos sind wir sehr häufig über Geldzahlungen gekommen. Wir haben viele Geschichten getürkt oder "hingeflickt", es gab auch Geschichten, an denen überhaupt nichts Wahres war.

Mit der Bundesanwaltschaft hatten wir eine sehr produktive Zusammenarbeit. Die Behörde hatten ihren Vorteil durch uns und wir hatten unseren Vorteil durch sie, speziell durch den Bundesanwalt ▮▮▮▮▮▮▮▮▮▮▮▮ Der Kontakt war für uns wie ein "Sechser im Lotto". Bundesanwalt ▮▮▮▮ hat uns zahlreiche Informationen über Verhaftungen, anstehende Verhaftungen und über Ermittlungsverfahren gegeben. Ein Beispiel ist das Verfahren gegen den NDR-Redakteur Bernd Michels. ▮▮▮▮ hat uns interne Papiere wie Vernehmungsprotokolle geliefert und uns ständig über den aktuellen Stand der Ermittlungsverfahren der Bundesanwaltschaft unterrichtet. Im Gegenzug haben wir Stasi-Papiere geliefert, die wir über von uns bezahlte Informanten erhalten hatten, und Kontakte zu ehemaligen Stasi-Agenten für Herrn ▮▮▮▮ hergestellt.

▮▮▮▮▮▮▮▮▮▮▮▮. Wir hatten regelmäßigen telefonischen Kontakt mit Herrn ▮▮▮▮. Es ist auch vorgekommen, daß wir ihn nachts unter seiner geheimen Privatnummer 0721-▆▆▆▆ angerufen haben, um zum Beispiel in dringenden Angelegenheiten eine Information gegenzuchecken, die wir von anderen Behörden - häufig ▆▆▆▆▆▆▆▆▆▆▆▆ - erhalten hatten. Wir haben Beamte bis hinauf zu einem dem Polizeipräsidenten von Berlin direkt nachgeordneten geschmiert.

[...]

Das Hauptmotiv von Bundesanwalt ▆▆▆▆ für diese Zusammenarbeit war nach seinen eigenen Worten, daß er "Markus Wolf hinter Gitter bringen" wollte. Dafür war ihm "jedes Mittel recht". Mit dem einem ähnlichen Motiv hat er auch den Fall Wallraff verfolgt. Er hat uns sinngemäß gesagt: "Ich will Papiere, ich will Zeugen, egal wie." Das sei "sein Lebenswerk".

Wir haben für die Bundesanwaltschaft sozusagen die Schmutzarbeit gemacht, frei nach der Fernsehserie "Die linke Hand des Teufels". Überall da, wo die Stasi-Informanten der Bundesanwaltschaft keine Informationen geben wollten, sind wir als Reporter mit der dicken Brieftasche aufgetreten, und haben die Informationen gekauft. Wenn auf diese Weise ein Vertrauensverhältnis hergestellt war, konnten wir sagen, "Da kommt demnächst jemand vom Buneskriminalamt oder von der Bundesanwaltschaft und befragt Dich". So haben wir zum Beispiel den Stasi-Offizier Peter Eberlein mit Geldzahlungen von mehreren 10.000 DM dazu gebracht, eine unwahre Aussage gegenüber der Bundesanwaltschaft zu machen. Auch für uns in der Redaktion waren die falschen Aussagen von Eberlein zur angeblichen Stasi-Rolle von Günter Wallraff eine willkommene Sensation. Nach Absprache mit der Verlagsleitung haben wir Herrn Eberlein für die Zeit nach der Wallraff-Enthüllung einen Job mit einem Gehalt von 7.000 bis 10.000 DM in Aussicht gestellt. Eberlein stand etwa alle 14 Tage in unserer Redaktion und fragte: "Was ist mit meinem Geld?". Die Beträge habe ich ihm persönlich in die Hand gedrückt, das Geld war abgezählt, Schein für Schein.

Die Aussage von Eberlein zu Wallraff wurde in der Redaktion vorformuliert. Dabei war uns klar, daß diese "Aussage" in wesentlichen Teilen nicht der Wahrheit entsprach. Die sogenannte "Sonderredaktion", in der ich arbeitete, hat mit quasi geheimdienstlichen Mitteln gearbeitet. Ich war zum Beispiel der "Führungsoffizier" von Eberlein. Als eine Vernehmung von Eberlein in dessen Wohnung im März 1992 durch die Bundesanwaltschaft anstand, haben wir ihn genau instruiert, was er gegenüber dem Ermittlungsrichter Siegmund aussagen solle. Eberlein hat das gemacht, was wir von ihm wollten, dafür ist er von uns bezahlt worden. Bundesanwalt ▓▓▓ wußte von uns, daß wir den Zeugen Eberlein in Richtung auf eine bestimmte wahrheitswidrige Aussage vorbereiteten, und daß er in der offiziellen Vernehmung eine entsprechend wahrheitswidrige Aussage bekommen würde.

Berlin, 25. Juni 1993

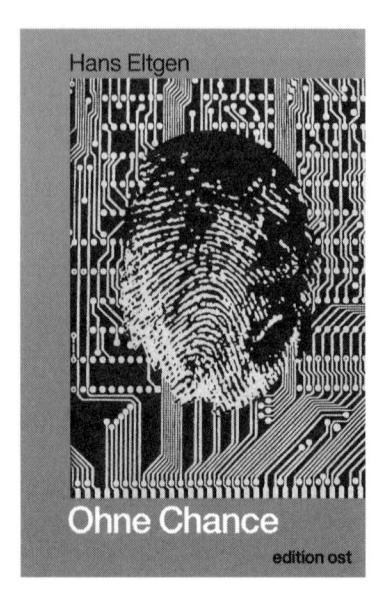

Hans Eltgen: Ohne Chance
Erinnerungen
eines HVA-Offiziers
226 Seiten, DM 24,80
ISBN 3-929161-41-9

Hans Eltgen war OibE, Offizier im besonderen Einsatz. Sein Bericht ist der erste eines Mannes aus der Spezialabteilung der Meisterspione unter Markus Wolf. Er betrieb 35 Jahre lang für die DDR das, was man gemeinhin als Wirtschaftsspionage bezeichnet. Er besorgte für die Landwirtschaft Zuchteber aus Großbritannien und aus westeuropäischen Waffenschmieden die neuesten Entwicklungen, er akquirierte in Lissabon und Oslo, Paris und Rom Mikroelektronik, die auf der Cocom-Liste stand, und spähte in geheime Forschungslabors zu München oder Hamburg nach Verwertbarem für die DDR-Volkswirtschaft. Allerdings: Selbst der von den »Feuerwehrleuten« des Sektors Wissenschaft und Technik der HVA herangeschleppte 32-Bit-Rechner konnte das Ende der DDR nicht verhindern.
Die Darstellungen Eltgens verfolgten nicht die Absicht, die Intentionen seines Arbeitgebers nachträglich gutzuheißen und zu rechtfertigen. Allerdings hieße es die Hälfte der Wahrheit zu verschweigen, wenn Eltgen die Tätigkeit seiner Abteilung ausschließlich als Ausdruck krimineller Energie wertete und verschwiege, daß sie auch Teil des kalten Krieges war.

edition ost

Klaus Roßberg:
Das Kreuz mit dem Kreuz
Ein Leben zwischen
Staatssicherheit und Kirche
192 Seiten, illustriert,
DM 24,80
ISBN 3-929161-60-5

Roßberg legt seine Erinnerungen vor. Der Mann war der Vize-Chef der Kirchenabteilung des MfS und fast drei Jahrzehnte Dolmetscher zwischen Staat und Kirche. Bischöfe und Konsistorialpräsidenten gehörten zu seinen regelmäßigen Gesprächspartnern. Der deutschen Öffentlichkeit wurde der Ex-Oberstleutnant bekannt, als er im Untersuchungsausschuß des Brandenburger Landtags als Zeuge auftrat. Das Gremium behandelte die Stasi-Verstrickungen von Ministerpäsident Stolpe. Die Frankfurter Allgemeine Zeitung schrieb: »Bei der Beurteilung der Glaubwürdigkeit des Zeugen Roßberg bei seinen verschiedenen Aussagen vor dem Parlamentarischen Untersuchungsausschuß im Potsdamer Landtag könnten dessen Erinnerungen dem Generalstaatsanwalt in Brandenburg sicher wichtige Hinweise geben.« Klaus Roßberg war objektiv Teil des Repressionsapparates der DDR, auch wenn er von sich sagt, ein Mann der Kirche gewesen zu sein.
Seine Aufzeichnungen zeigen plastischer und überzeugender als andere Publikationen das hohe Maß an Vertraulichkeit, das zwischen Staat und Kirche herrschte.

edition ost

Karl-Heinz Arnold

Schild und Schwert
edition ost

**Karl-Heinz Arnold:
Schild und Schwert**
Das Ende von Stasi
und Nasi
240 Seiten, DM 24,80
ISBN 3-929161-40-0

Kaum ein Thema hat die Deutschen in den letzten Jahren derart beschäftigt wie dieses. Unzählige Bücher sind bereits erschienen, wichtige, richtige und weniger gewichtige und richtige. Keines jedoch war bislang darunter, das mit dieser politischen Kompetenz und detaillierten Sachkenntnis den Gegenstand MfS behandelt wie das vorliegende.
Arnold kennt nicht nur Akten, sondern auch Menschen. Er weiß um Hintergründe und Zusammenhänge wie kein zweiter. Arnold war von November 1989 bis März 1990 persönlicher Mitarbeiter von DDR-Ministerpräsident Hans Modrow. Er ist als Insider an allen Gesprächen mit Kohl, von Weizsäcker und anderen führenden Politikern beteiligt gewesen, in denen das Problem MfS erörtert wurde. Als rechte Hand von Modrow kennt er alle Interna; sein Kenntnisstand entspricht dem des zeitweilig ersten Mannes der DDR.
Frei von Sensationsgier, aber mit dem Ehrgeiz, einen Mythos zu zerstören und mit Fakten die Diskussion zu versachlichen, stellt er Unbekanntes aus der Geschichte des MfS und seiner Auflösung vor.

edition ost

**Hermann Axen:
Ich war ein
Diener der Partei**
Autobiographische
Gespräche
mit Harald Neubert
450 Seiten, ill., DM 29,80
ISBN 3-929161-61-3

Harald Neubert hat mehrere Monate sehr intensive Gespräche mit dem SED-Spitzenfunktionär Hermann Axen nach dessen Sturz geführt. Axen erwies sich als informative Quelle und Mitgestalter von vier Jahrzehnten deutsch-deutscher Politik.

Anders als die meisten seiner Kollegen im inneren Machtzirkel verfügte er über Bildung, Kultur und Intellekt. Das befähigte ihn, kritisch und selbstkritisch die Vorgänge in der SED und seine Mitverantwortung am Niedergang des Staatssozialismus in der DDR zu reflektieren. Neben vielen unbekannten Details bietet der Band einen Einblick in die Machtstrukturen der SED, die vor 50 Jahren gegründet wurde.

Die Arbeit an diesem Interview, das auch die Grenzen von Axen offenbart, wurde durch sein Ableben im Februar 1992 beendet. Die vorliegende Fassung wurde jedoch von ihm autorisiert. Das Buch enthält ferner Texte von Egon Bahr über Hermann Axen und die Rede von André Brie bei der Trauerfeier in Berlin.

edition ost

**Hans Modrow (Hrsg.):
Das Große Haus**
Insider berichten
aus dem ZK der SED.
288 Seiten
ISBN 3-929161-20-6

Im Großen Haus im Zentrum Berlins befand sich die Machtzentrale der DDR. Hier arbeiteten das SED-Politbüro und der ZK-Apparat mit etwa 2000 Parteiarbeitern, hier wurde entschieden, was im letzten Zipfel des Landes zu tun oder zu unterlassen war. Was wirklich hinter den grauen Mauern geschah, blieb weitgehend verborgen. Bis zum Erscheinen dieses Buches gab es nur denunziatorische Berichte gewendeter Politbürokraten und sensationelle »Enthüllungen« von Außenstehenden, denen das Insider-Wissen notgedrungen fehlte. Sie vermittelten kaum wesentlich neue Einsichten. Die Frage: Wie funktionierte dieser angeblich allmächtige Apparat im Innern? blieb unbeantwortet. Erstmals seit ihrem Sturz meldeten sich leitende Mitarbeiter aus dem großen Haus zu Wort und offenbarten ihr Wissen. Sie taten dies gleichermaßen selbstkritisch wie selbstbewußt und trugen zur Entmystifizierung der SED und zur Wahrheitsfindung bei. Die 1. Auflage des Buches erschien im Oktober 1994 und landete noch im selben Monat auf der Bestsellerliste. Bereits ein Vierteljahr später ging aufgrund des großen Interesses die 2. Auflage in den Handel.

edition ost

**Hans Modrow
(Herausgeber):
Das Große Haus
von außen**
Erfahrungen im Umgang
mit der Machtzentrale.
300 Seiten, DM 24,80
ISBN 3-929161-64-8

Es ist praktisch die Fortsetzung des 1994 von Hans Modrow herausgegebenen Bandes »Das Große Haus«, allerdings mit einem Perspektivwechsel. Berichteten seinerzeit leitende Mitarbeiter aus dem Apparat des Zentralkomitees über Arbeitsweise, Strukturen und Umgangsformen des inneren Machtzirkels der SED, schreiben hier Partei- und Staatsfunktionäre von außerhalb.
Sie reflektieren den ihnen vom »demokratischen Zentralismus« zugedachten Part, und wie sie bei dieser Aufgabe das Große Haus erlebten.
In diesen Darstellungen wird erkennbar, daß das Maß der selbstkritischen Verarbeitung des Themas bei den einzelnen Autoren sehr unterschiedlich ist. Doch so oder so: Jeder Beitrag ist als historisches Zeugnis zu werten. Er benennt indirekt oder direkt, ungewollt oder beabsichtigt, Gründe für das Scheitern der SED.

edition ost

Andert. Arnold. Axen. Bahr. Bahro. Bastian.
Bergmann. Bernstein. Biedenkopf.
Bisky. Bohnsack. Brie. Dähn. Dellheim.
Doernberg. Domma. Eichholz.
von Einsiedel. Eltgen. Erbach. Feldmann.
Ferst. Fink. Fischer. Florin. Frank. Frenzel.
Galtung. Geißler. Gleichmann. Gossweiler.
Göttner-Abendroth. Grunert. Gysi. Heise.
Hellenbroich. Henze. Herger. Herlt.
Herrmann. Heubner. Hirsch. Hocke. Hoff.
Hoffmann. Honecker. Hosang. Hübner.
Jacobs. Jacobus. Karau. Keßler. Kirchhoff.
Kittner. Klemke. Köfer. Köpfer.
Kretzschmar. Kroll-Schlüter. Krusch.
Kühnert. Kusche. Leiterer. Leo. Leuschner.
Leutheusser-Schnarrenberger. Madloch.
Mebel. Meyer. Minow. Modrow. Möller.
Müller. Müllender. Mundstock. Münster.
Münter. Neubert. Niemann. Nitz.
Oschmann. Petersdorf. Poßner. Priess.
Prokop. Reusse. Richter. Roßberg. Sabath.
Schirmer. Schleinitz. Schubert. Schuder.
Schurich. Selbmann. Sedler. Shahar.
Sieber. Sitte. Sölle. Stedefeldt. Steglich.
Strahl. Wedel. Wende. von Werlhof.
von Weizsäcker. von Winterfeld.
Wolf. Wünsche. Zimmermann. Zöllner…

edition ost

Der Verlag für ostdeutsche Zeitgeschichte